CULTURE AND TOURISM
INDUSTRY FRONTIER

文化和旅游产业前沿

第 六 辑

主编 郭万超

社会科学文献出版社
SOCIAL SCIENCES ACADEMIC PRESS (CHINA)

《文化和旅游产业前沿》

顾　　问　厉无畏
总　　编　唐立军
主　　编　郭万超
副 主 编　赵玉宏
编　　辑　王　丽　仇　博

编 委 会　（按照姓氏首字母排序）
　　　　　陈少峰　范建华　范　周　傅才武　郭万超　金迈克〔澳〕
　　　　　金　巍　孔　蓉　李建臣　李向民　厉无畏　刘　康〔美〕
　　　　　祁述裕　唐立军　王学勤　伍义林　杨　奎　杨晓东
　　　　　喻国明　张京成　张钦坤　张晓明　张玉玲　周茂非

编辑单位　北京市社会科学院传媒研究所

主编简介

郭万超 北京大学法学硕士，中国人民大学经济学博士，中国社会科学院经济研究所博士后，新加坡国立大学访问学者。

北京市"高创计划"哲学社会科学和文化艺术领军人才，北京市宣传文化系统"四个一批"人才，北京市级联系专家，北京市特殊人才。现任北京市社会科学院传媒研究所所长，北京市文化产业研究中心主任、研究员、博士后导师。兼职：清华大学文化创意发展研究院研究员、APEC中小企业信息化促进中心数字经济部部长、中国综合开发研究院北京事业部高级研究员，中国政策专家库（国务院研究室）、中宣部、财政部、文旅部、科技部、新华社国家高端智库、中国博士后科学基金、国家版权局（腾讯）网络产业研究基地专家，中央文化产业专项资金等评委，多地文化产业顾问。专著11部，包括《走向文化创意时代》《中国文化产业词典》《北京文化产业竞争力研究》等，诗集1部；主编图书6部，包括《创意城市蓝皮书：北京文化创意产业发展报告》《文化创意产业前沿》《中国互联网文化企业发展报告》等；在《求是》《经济学动态》《人民日报》《光明日报》等发表论文200多篇。10多项成果获副部级以上领导批示或被中央内参采纳。主持国家社科基金（3个）及中央委托等国家项目7个，主持省部级重大等课题40多项。获人事部、《人民日报》和中央统战部等10多项奖励。《人民日报》《光明日报》、中央电视台、中央人民广播电台、凤凰卫视等对其进行过报道或采访。

编委会

（按照姓氏首字母排序）

陈少峰　北京大学文化产业研究院副院长，教授、博士生导师
范建华　云南省社会科学界联合会原主席，研究员、博士生导师
范　周　中国传媒大学文化发展研究院院长，教授、博士生导师
傅才武　武汉大学国家文化发展研究院院长，教授、博士生导师
郭万超　北京市社会科学院传媒研究所所长，北京市文化产业研究中心主任，研究员
金迈克　澳大利亚研究委员会创意产业及创新研究中心研究员
金　巍　中国文化金融50人论坛秘书长，研究员
孔　蓉　国家文化和旅游部艺术发展中心副主任、文旅中国建设工程负责人、产业融合研究学者
李建臣　中共中央宣传部文化体制改革和发展办公室副主任
李向民　南京艺术学院副院长、紫金文创研究院院长，教授、博士生导师
厉无畏　十一届全国政协副主席，中国基本建设优化研究会会长，上海市社会科学院部门经济研究所所长，研究员
刘　康　欧洲科学院院士，美国杜克大学亚洲与中东研究系教授、杜克大学中国传媒研究中心主任
祁述裕　中央党校（国家行政学院）文史部教授、博士生导师
唐立军　北京市社会科学院党组书记、副院长，教授
王学勤　北京市社会科学院党组副书记、院长，教授
伍义林　《北京日报》总编辑，高级编辑
杨　奎　北京市社会科学院副院长，研究员

杨晓东 国务院发展研究中心东方文化与城市发展研究所所长，研究员
喻国明 北京师范大学新闻传播学院执行院长，教授、博士生导师
张京成 北京市科学技术情报研究所总工程师，研究员
张钦坤 腾讯研究院秘书长，国家版权局网络版权产业研究基地秘书长，博士
张晓明 中国社会科学院文化研究中心原常务副主任，研究员
张玉玲 光明日报文化产业研究中心副主任，研究员
周茂非 北京市文化投资发展集团有限责任公司董事长，高级工程师

目 录

文化传播

世界视野下的文化传播与出版 …………………………… 李建臣 / 3

"一带一路"文化交流面临的机遇与挑战 ………………… 王 丽 / 11

"引进来"对我国少儿出版产业发展的推动作用分析

………………………………………………… 王 壮 刘晓晔 / 21

跨文化传播视域下中国对外演出贸易发展路径 ………… 袁梦洁 / 30

融合发展

特色小镇发展现状、问题与融合创新 ………… 孔 蓉 何丽红 / 49

文化与旅游融合：北京经验与政策创新 ……… 郭万超 孙 博 / 63

加快文化和旅游融合推进北京旅游消费升级 … 栾 雨 管文东 / 79

关于粤港澳大湾区文化金融合作的思考 ………………… 艾希繁 / 90

城镇化进程中文化规划的创新路径 …………… 齐 骥 亓 冉 / 98

吉林市文化旅游业振兴发展对策思考 …………………… 周云波 / 111

乡村振兴视域下特色文化产业人才优化路径初探 ……… 陆梓欣 / 121

文化科技

人工智能仿制技术与文化产业的融合创新 …………… 黄　佩　王文红 / 141
基于文献计量的文化科技融合研究现状及趋势分析
………………………………………………… 江光华　刘　静 / 148
我国数字文化产业创新发展的现实瓶颈与突围路径 ………… 赵玉宏 / 162
数字时代的国家治理与舆情治理现代化 …… 陈　端　肖馨宁　张　帆 / 169
动画短片与当代艺术的跨媒介融合 ……………………………… 尹媚丹 / 182
大数据对新闻传播的创新与局限 ………………………………… 高佳妮 / 188

文化版权

基于巴泽尔产权理论的公共文化资源产权界定 ………………… 宋朝丽 / 199
版权保护、文化产业发展与经济增长
　　——基于2005~2016年中国省际面板数据的实证研究
………………………………………………… 陈能军　史占中 / 213
我国少儿出版"引进来"的阶段与特点研究 ……… 刘晓晔　王　壮 / 226
中国文化产业版权保护研究综述 ………………………………… 张　国 / 234

文创园区

创意园区向创意社区转型的重要意义及措施 …………………… 吕绍勋 / 251
历史文化街区更新策略研究
　　——以成都宽窄巷子为例 …………………………………… 刘晓菲 / 259
文创园区在文化产业专业实践教学中的应用 …………………… 张潆方 / 267

北京文产

北京市文化产业发展现状及对策 …………………… 景俊美　李明璇 / 285
北京出版业"走出去"问题与对策研究 ………………………… 仇　博 / 297
北京设计服务业专利发展战略研究
　——以图形用户界面（GUI）专利为例 …………………… 刘　蕾 / 305

文化传播

世界视野下的文化传播与出版

李建臣[*]

摘　要：虽然出版这一概念的出现只有数百年，但是人类的出版活动已存在数千年。进入21世纪以来，人类正在经历一场文明形态大迁徙。数字文明以迅雷不及掩耳之势向我们走来，深刻改变着整个社会生态。传统出版业必然要在这场文明形态大迁徙中脱胎换骨，以全新的产品形态和服务方式完成自己的蜕变。但是，不管形式上如何变化，承载文化传播的使命永远不会变化。

关键词：出版　文化传播　数字文明

首先说说出版的概念及其衍变。要说清楚"出版"（publish）这个词的来源，需要把历史跨度拉大一些。

横跨欧亚非的罗马帝国，官方语言是拉丁语。拉丁语中"publicare"一词，有公开、通报之意。476年西罗马帝国灭亡，分解成十个独立政权。其中高卢地区被法兰克人占领，所以这一地区的语言就复杂了一些。土著的高卢人本来有自己传统的凯尔特语，罗马统治数百年又推行了拉丁语，法兰克人又带来了日耳曼语。在这几种不同语言的混杂融合下，该地区逐渐形成了一种新语言——法语。法语中的"publier"一词，也有公开、昭告之意。

1066年，隶属法兰西的诺曼公爵威廉征服了英格兰，法文后来在英格

---

[*] 李建臣，中共中央宣传部文化体制改革和发展办公室副主任。

兰上流社会中流行。14世纪中叶，英语中出现了"publish"一词，也有布告、昭告之意，当然与拉丁语及法语有血缘关系。14世纪末，这个词开始在图书发行领域使用，表示向社会传播。15世纪中叶古登堡印刷术问世后，这个词开始在出版领域广泛应用。18世纪50年代，日本人把"publish"译作"出版"。19世纪末，"出版"一词从日本传入中国。而此前中国学者大多使用"刊行""印行"等传统词语。

最早使用"出版"一词的中国人，是被誉为"近代中国走向世界第一人"的思想家黄遵宪，时间是1879年。当时他是驻日外交官。1896年清政府颁布《严禁翻刻新著书籍告示》，其中用词还是"刊印行世"。1899年，严复翻译弥尔顿《自由论》时，仍将"publish"译为"刊布"。但在1903年付印时，在《凡例》中则使用了"出版"一词。至1914年民国政府颁布《出版法》之后，出版一词才开始广泛使用。

虽然出版这一概念的出现只有数百年，但是人类的出版活动已存在数千年。这里就涉及如何认识出版行为或如何给出版下定义的问题。可是在不同历史阶段，出版物的形式变化很大，所以我们很难从外在形态上去定义出版。

如果从本质上去认识出版，可以说，出版活动是把有价值的信息，以规范化方式、通过某种载体向公众传播的行为。所以，出版活动至少需要具备以下基本要素。

一是传播的信息要对公众有价值。这是出版活动的基础。信息可多可少。少则一句话，多则一个庞大复杂的知识体系。用前几年的一句流行语来说就是"内容为王"。

二是传播范围要面向公众。你写一首诗，写得再美，锁在抽屉里，或只给你女朋友一个人看，那都不能叫出版。

三是传播方式要规范。要采用社会普遍接受的规范表达形式。比如通过规范的文字表述以及图表、图形、图片等。

四是要借助于某种载体。口耳相传不行。数千年来，出版物载体形式变化很大，如石碑、石板、泥板、铜鼎、铜板、龟甲、竹简、木牍、莎草纸、羊皮纸、贝叶、锦帛等都曾作为载体，后来发展到纸张，近年来则兴起了数字载体。

文字是人类具有里程碑意义的重大发明。它是人类思维能力产生飞跃的重要标志。它使人类告别了愚昧和肤浅,对人类文明发展进步起到了无法估量的作用。

文化传播方式有多种,比如建筑、音乐、舞蹈、戏剧、绘画、雕塑、服饰等都具有文化传播功能。但是毫无疑问,主要承担者、第一主力军是文字,特别是向社会提供知识服务的出版物。春秋时鲁国大夫叔孙豹曾有"三不朽"说法:立德、立功、立言。实际上"德"的标准因时而变,"功"的成果得失无常,真正不朽的只有"立言"。

在文化传播的各种方式中,文字传播范围最广泛、时间最久远、思想最深刻。文字首先便于携带和流传。走丝绸之路、茶马古道可以随身携带大量典籍。你总不能把一个建筑物或一个雕塑扛过去。人类可考的文明史,基本上都源自文字传承。同时文字又是一种抽象的表达方式,形而上,能把人类最抽象、最深刻的概念、思想、逻辑都充分表达出来。

英国哲学家波普有一个著名的思想实验:假如地球上人类的物质文明遭到毁灭,但是图书还在,那么人类文明成果很快就会恢复;如果图书也不在了,那么人类文明成果的恢复将经历漫漫长夜。

人类早期创造的文明有许多。但是,有的文明有文字记载,得到传播,并且对推动人类进步做出了重要贡献,于是这个文明就成了永恒的存在;而没有文字记载的文明,或虽有记载但找不到它推动人类文明进步的痕迹,那么这个文明就会消失在茫茫历史尘埃中,就像从来没有存在过一样。达尔文1871年在《人类起源和性选择》中提出了人类走出非洲观点。可是仅此而已,非洲的文化成果初级得可怜。当然这里不包括地中海沿岸的非洲地区。那里是另外一种文明形态。

再如印第安文明。玛雅文字是美洲留下的唯一古文字。16世纪西班牙人进入中美洲,直接导致了玛雅文字覆灭。最早有记载日期的玛雅文,是刻于292年一块石碑上的铭文,所以玛雅文字至少使用了1500多年。但是,美洲在哥伦布发现之前是与世隔绝的封闭社会。玛雅文字也没有传播到其他民族和地区。所以非洲也好,印第安也罢,他们肯定创造过不少文明,至少在维持种族生存方面,也必然在种植、养殖或渔猎方面有一定成就,可惜没有广泛传播的文明轨迹。

古巴比伦是苏美尔人在两河流域建立的国家，在 5000 多年前就已经相当繁荣，但是在公元前 538 年被崛起于伊朗高原的波斯所灭。古巴比伦文明自此谢幕，苏美尔人生存过的遗迹被黄沙掩埋。1756 年，丹麦派出一支 6 人组成的探险队前往中东。中途死了 5 个人，剩下一个人叫尼布尔，到达了伊朗境内的波斯波利斯。在那里，他在有 2000 多年历史的波斯王宫遗址中发现了一些楔形文字。他抄录下来研究多年，终于破解了这种文字。原来这种楔形文字最初也脱胎于象形文字，经过苏美尔人 3000 多年的使用和改进，字形结构逐渐简化和抽象化，转变为音节符号。苏美尔人在法律制度、宗教、文学、数学、天文学、建筑等诸多方面的文明成就，以及该文化对周边地区文明的发展起到重要的启蒙和推动作用，都是通过楔形文字记载和传播的。现存 4100 年前的《乌尔纳姆法典》和 3800 年前的《汉穆拉比法典》都是用楔形文字写成的。尼布尔的研究成果于 1772 年发表，使苏美尔文明重见天日。

再说说古埃及文明的传播。1799 年 7 月，拿破仑带领法国军队在埃及开罗附近作战。中尉布撒尔在指挥士兵修工事时挖出一块长 107 厘米、宽 76 厘米、厚 30 厘米的石碑，上有用古埃及象形文字、古埃及草书和古希腊文书写的内容相同的铭文。此地阿拉伯语叫拉希德，而法国士兵误传为罗塞达，故而石碑被命名为罗塞达石碑。

再说法国有一个神童叫商博良，5 岁便翻译古文，12 岁开始发表作品，18 岁获得博士学位，19 岁成为教授，并开始破译罗塞达石碑。在破译过程中，又遇到了被称为"第二块罗塞达石碑"的腓力方尖碑。经过不懈努力，商博良解读古埃及象形文字取得重大突破。1822 年，32 岁的商博良把自己的成果公之于世，从此揭开了古埃及灿烂文明的神秘面纱。古埃及从公元前 3000 年至公元前 300 年的 31 个王朝的历史发展面貌，从象形文字中喷薄而出。

古希腊文化对人类文明影响巨大，与数量众多的出版物有直接关系。如《荷马史诗》不仅是文学艺术的高峰，在历史、地理、考古和民俗等许多方面都具有重要价值，是研究公元前 11 世纪到公元前 9 世纪希腊社会和迈锡尼文明的重要史料来源。柏拉图被学界尊崇为古希腊最伟大的哲学家，甚至是整个西方文化史中的伟人，与他撰写了《理想国》《政治家篇》

《法律篇》等一系列扛鼎之作密切相关。亚里士多德被称为古希腊百科全书式的学者，绝非浪得虚名。他留下了400多部作品，如《形而上学》《物理学》《伦理学》《政治学》《修辞学》等。此外还有600多部作品署名不完整，但被学界推测为亚里士多德主编。他的著作构成了一个庞大知识体系。其作品量大并不奇怪，因为他是帝师，亚历山大支持他建设了一个庞大的研究院。

希腊文明向世界传播，有两个重要时期：一是希腊化时代，二是阿拉伯帝国时期。

希腊化时代300年，有两个图书馆必须介绍。一个是亚历山大图书馆，建于公元前259年，托勒密一世推动建立，是古代世界第一座综合性图书馆，拥有丰富的古籍收藏和手稿真迹，如古希腊诗人荷马的全部诗稿，古希腊三大悲剧作家的手稿真迹，西方医学奠基人希波克拉底的著述手稿，大学者亚里士多德的手迹等，藏书量曾达70万卷，被誉为人类文明世界的太阳。图书馆几经劫难，断断续续存在了800年，对推动人类文明进步发挥了巨大作用。所藏书籍大多用莎草纸或羊皮纸书写。莎草纸由盛产于尼罗河三角洲地区一种植物的茎制成。这种纸在干燥环境下可以千年不腐，所以在西方一直使用了400多年才退出历史舞台。现存年代最近的莎草纸实物文件，是一份1057年的教皇敕令，和一卷书写于1087年的阿拉伯文献。

另一个堪与亚历山大图书馆相提并论的是帕珈马图书馆。亚历山大帝国崩溃后，形成了100多个独立政权。其中位于小亚细亚西部的帕珈马王国制定了文化立国的国策。可是托勒密王国垄断了莎草纸生产，而且禁止出口。于是帕珈马王国便发明了羊皮纸作为书写材料。帕珈马图书馆建立后，藏书量曾达到20万卷，为推动希腊文化的传播和促进西方世界在文学、艺术、美术、雕刻、历史、科学等各方面的发展做出了巨大贡献。

阿拉伯帝国是阿拉伯人建立的地跨亚非欧三大洲的伊斯兰国家。7~8世纪，阿拉伯帝国一方面在扩张过程中广泛搜罗世界各地的书籍，另一方面实施了一场持续100多年的翻译运动，把所收集到的古希腊、古罗马、古印度、古波斯、古埃及、犹太等各种古文明的著作，全部翻译成阿拉伯文字，使阿拉伯帝国迅速集东西方先进文明于一身，不仅大大促进了自身文化的飞速发展，也把大量珍贵的文物典籍乃至在欧洲早已失传的学术著作保存下来，如欧几里得、托勒密的数学、天文学著作，希波克拉底、盖伦的医学著作，亚里士多德、柏拉图等人的哲学、逻辑学著作等。到中世纪晚期，这些著作又被译回欧洲语言，对推动世界文明发展产生了巨大作用。但丁《神曲》、薄伽丘《十日谈》、乔叟《情郎的故事》、塞万提斯《堂·吉诃德》等都深受阿拉伯文学影响。

印度文明的传承主要依赖梵文。梵文是一种语言化石，是全球唯一没有经过变形或演变的远古语言，是一种史前世界语。《吠陀经》是印度最古老的作品。其中《梨俱吠陀》成就最高、价值最大，是印度文学的源头，对印度社会生活和文化发展产生了深远影响。《梨俱吠陀》产生于3000多年前，收诗1028首，由梵文写成。梵文大约从2500年前开始以贝叶作为载体。在世界各种古文献中，梵文文献数量庞大，仅次于汉文，远超希腊文和拉丁文。在贝叶上书写的除了梵文，还有巴利文、藏文等多种文字。

谈出版，必须提及的一个重要事件就是1448年古腾堡印刷术的诞生。它给人类带来了一场媒介革命，被认为是现代史上的一件大事，对推动欧洲文艺复兴、宗教改革、启蒙运动和科学革命，都发挥了不可替代的作用。例如宗教改革，马丁·路德的《九十五条论纲》是欧洲宗教改革的标志。星星之火之所以快速燃遍欧洲，得益于印刷术的强力助推。在马丁·路德之前的150多年，英国思想家威克里夫在英译《圣经》过程中，曾提出过同样的宗教改革意见，但是没有印刷术助力，无果而终。

中华泱泱五千年文明史，蔚为壮观。从后来搜集到的4500多个甲骨文和3700多个金文文字来看，汉字在商代即已形成体系。但是，中华文明依然呈现了夏商周断代窘态。即便如此，如果从公元前841年（西周共和元年）开始尊重文化，保护好出版物，那么中国古籍的面貌也会完全不同。因为在随后的春秋战国500多年间，诸子著说、百家争鸣。承载各种思想学说的书籍广泛传播。然而历史不幸，遭遇了秦始皇，一边焚书坑儒，一边颁布《挟书律》，严禁民间和个人拥有书籍，使中华文化遭到一次灭顶之灾。所幸有一位知识分子伏生爱书心切，冒着杀头危险，暗将述录唐尧虞舜夏商周史典的《尚书》藏在墙壁夹层内，逃过焚烧之难。可是22年后，当汉惠帝废除《挟书律》时，伏生掘开墙壁，发现只剩29篇尚可辨析，其他书籍已无法辨认。

在秦始皇之前，是否也发生过类似的文化浩劫？无法推测。但秦始皇之后又发生过十余起文化浩劫，却是记入青史的。所以中国古代浩瀚的文化典籍，能够完整流传到今天的百无一二，绝大多数由于各种原因湮灭在历史长河中。这不能不说是我们民族的一大痛楚。

雕版印刷形成于唐，活字印刷出现于宋，可是服务社会的功能发挥得十分有限。《永乐大典》是2000多位学者用5年多时间完成的一部规模宏大的百科全书，是14世纪之前中国历史文化的集成，共22877卷、11095册、3.7亿字。可是只有一部，还束之高阁。100多年后，嘉靖帝爱不释手，并且还要把它带进棺材里，这才匆忙组织人马再抄一份留在世上。然而世上也没能留住，逐渐丢失，遇到战乱则大规模丢失，命途多舛。目前国家图书馆只剩161册，丢了99%。

《四库全书》也类似。先在全国广泛征集各类典籍，然后由360多位官员学者组成编委会，再从全国遴选3800多位书法家从事抄写，历时10年，最终形成7.9万卷、3.6万册、8亿字的文化集成。完成之后，又用5年时间抄写6部，分别放置，供皇帝御览。此时，雕版印刷技术问世已逾千年，活字印刷也已700余年。但是，不用。

改革开放以来，我国经济、文化、科技、教育各方面发展迅猛，得益于出版物的强力支撑，特别是汉字激光照排技术于1985年研制成功。1987年5月22日，第一张整页输出的中文报纸诞生，标志着我国出版业迈出了数字化一步。数年后，整个出版业"告别了铅与火，迎来了光与电"，鼠标取代了纸笔，"作者手稿"成了历史概念。

2018年全国新闻出版、印刷和发行服务（不含数字出版）资产总额22664亿元，营业收入18503亿元，利润1363亿元，同比均有增长。新出版图书25.22万种，重印书28.55万种，总印数95.43亿册，增长3.24%。据不完全统计，目前资产总额超百亿元的出版传媒集团有17家，主营业务收入、资产总额、所有者权益三项均超百亿元的出版集团有6家。

近年来，随着纸质图书销售实物量增长幅度渐次趋缓，数字出版异军突起。"十二五"期间出版业总营收增长70.5%；其中数字出版增幅达到

318.7%。数字出版新产品、新业态、新服务模式蓬勃发展，已经成为拉动行业快速发展的新引擎、新动力。

进入21世纪以来，人类正在经历一场文明形态大转型。数字文明以迅雷不及掩耳之势向我们走来，深刻改变着整个社会生态。传统出版业必然要在这场文明形态大转型中脱胎换骨，以全新的产品形态和服务方式，完成自己的蜕变。但是，不管形式上如何变化，承载文化传播的使命永远不会变化。

（本文为作者在北京印刷学院的讲座讲稿，编辑刊发时略有删改）

"一带一路"文化交流面临的机遇与挑战[*]

王 丽[**]

摘 要：我国"一带一路"文化交流取得重要进展，既存在新媒体传播、汉语国际化、丰富的品牌传播平台等发展机遇，又面临缺乏对文化交流对象的深入、实施主体交流功能不足以及文化交流载体效能有待提升等重大挑战。分析"一带一路"文化交流面临的机遇与挑战，对"一带一路"对外传播和稳步发展具有重要启发意义。

关键词："一带一路" 文化交流 新媒体

当前，我国"一带一路"文化交流虽然取得了一些重要进展，但从整体上看，中华文化在"一带一路"沿途国家影响力还不是很强，"一带一路"倡议在国际传播上尚处于弱势。"一带一路"沿途国家众多，面临不同的地理环境、历史基础、文化习惯、民族习俗以及宗教思想等，这些差异一定程度上促进了"一带一路"文化交流的多元性和丰富性，同时也为推进"一带一路"沿途国家深入交流合作带来了机遇与挑战。

---

[*] 本文系国家社会科学基金特别委托项目"全球视野下中国道路的内生特性研究"（项目批准号：14@ZH009）阶段性成果。

[**] 王丽，北京市社会科学院传媒研究所助理研究员，美国杜克大学博士后兼访问学者，研究方向为"一带一路"、国家形象、文化传媒。

一　面临发展新机遇

"一带一路"倡议提出以来，中国积极加强了与"一带一路"沿线国家的文化交流，开创了一体化、合作和充分参与的新局面。为了更好地服务国家"一带一路"倡议，文化部于 2016 年出台了《"一带一路"文化发展行动计划（2016—2020 年）》，为促进我国与"一带一路"国家的文化交流制定了规划和发展方向。2017 年 5 月，"一带一路"国际合作高峰论坛在北京举行，进一步增进了"一带一路"沿线国家的共同感情，推动了中国与"一带一路"沿线国家文化交流与合作的蓬勃发展，使"一带一路"沿线国家的文化交流机制化水平不断提升。

"一带一路"文化传播影响力的提升，不能仅仅依靠单一的、静态的口头宣传，而是要促进文化交流方式的多样性和丰富性，我们将继续加强和发展全面的、系统的"一带一路"文化交流与合作。

（一）新媒体是"一带一路"文化交流的重要手段

在"主体间性"特色的"一带一路"文化交流中，不同国家的文化交流建立在相互尊重、平等对话的基础上，以往单纯的口口相传、书籍传播等传统交流方式，因时间和空间制约已经不适应当今文化交流需要。如今，网络、卫星通信等技术为"一带一路"文化传播和文化交流提供了优秀的媒体。具有多样性、流行性和互动性的新媒体使文化交流超越时空的限制，人们可以随时随地感受到不同的文化。[1] 新媒体融合传统媒体，多渠道全方位传播"一带一路"倡议。据统计，很多机构，例如国务院新闻办公室、外交部、新华社、中央电视台和人民网都设立了"一带一路"专题。中央电视台新闻《"一带一路"特别报道》、《"一带一路"内参》、中国"一带一路"网都设立了微博账号。还设立了微信公众号，如"'一带一路'100 论坛""'一带一路'门户""'一带一路'观察"，推出围

---

[1] 唐小松、张自楚：《中国对周边"一带一路"沿线国家的公共外交》，《教学与研究》2016 年第 6 期。

绕丝路故事拍摄的电影,如《大唐玄奘》《功夫瑜伽》等,还有以"一带一路"为主题打造的系列纪录片,像《一带一路》《数说命运共同体》等,都展现了"一带一路"建设的巨大成就。2016 年 12 月 31 日,中国国际电视台正式成立,包括 6 个电视频道、3 个海外分支机构、1 家视频新闻机构和一个新媒体集群,为全球观众提供内容丰富、专业素质高的优质服务。在"一带一路"沿线国家的文化交流中,人们坚持以平等交流方式为核心,充分利用先进的新媒体技术,整合自身文化特色和不同环境,利用新媒体创新发展各种动机的新传播载体,已成为"一带一路"文化交流不可或缺的重要手段。

(二) 语言载体是"一带一路"文化交流的沟通桥梁

作为文化交流的载体,语言是人类心灵沟通的重要桥梁。在"一带一路"文化交流中,面临不同文化的差异,需要了解和通晓对方的语言,因为,语言是相互理解和信任的基础,这也是实现国家对外政治、经济和文化利益的一种手段。自"一带一路"倡议提出以来,中国开展了"促进'一带一路'教育行动",以积极满足沿线国家的需要。仅在 2016 年,国家就派遣了涉及 42 种非通用语言的 1036 人出国学习和培训,填补了 9 种国内空白语言。我们将支持北非和南非的大学或学院开办外语专业,以实现外语专业的全面覆盖。与此同时,17 万人来到中国学习汉语。沿线国家共有 46 万人通过孔子学院和孔子课堂学习汉语。[1] 孔子学院是解决文化"走出去"语言障碍的一种重要组织形式,创办于 2004 年。截至 2017 年10 月,已经在 142 个国家设立了 516 所孔子学院和 1076 个孔子课堂。孔子学院分布在全球 230 个国家和地区,覆盖率为 61.7%。各大洲覆盖率由低到高,分别为大洋洲覆盖率 25%、美洲覆盖率 42.3%、亚洲覆盖率55%、非洲覆盖率 63.3%、欧洲覆盖率 93.5%。[2] 依据《中国语言文字事业发展报告 (2017)》发布的信息,截至 2016 年底,已在全球 125 个国

---

[1] 《20 多万"一带一路"沿线国家学生在华留学》,《经济日报》2017 年 5 月 12 日。
[2] 《砥砺奋进的五年:数据看孔院 (2012-2017)》,孔子学院总部官微,http://www.hanban.edu.cn/confuciousinstitutes/,2017 年 10 月 23 日。

家和地区设立1066个汉语考试考点。其中，中国大陆371个，海外695个。孔子学院已成为促进汉语教学和传播中国文化的全球品牌和平台，为中国与世界其他国家发展友好合作关系、增进世界各国人民对汉语和中国文化的理解提供了便利和良好的学习条件。孔子学院作为中国的国际传播机构，在实现汉语国际化和中国文化对外传播的过程中发挥着重要作用。①

（三）品牌活动的多样性为"一带一路"文化交流提供了重要载体和平台

作为我国政府主导的文化"走出去"的重要品牌机构，海外中国文化中心自从2002年成立以来发展迅速。欧洲、亚洲、非洲、大洋洲和拉丁美洲国家都已设立中国文化中心。截至2017年12月，海外中国文化中心总数增加到35个。仅2017年，中国就在以色列、保加利亚、缅甸和越南建立了中国文化中心。在2017年5月举行的"一带一路"国际合作高峰论坛上，中国还与土耳其、阿根廷和突尼斯签署了建立文化中心的协议。②分布在五大洲的中国文化中心围绕"一带一路"，以文化交流推动我国与沿线国家民心相通，构建起新的对外文化交流网络，不断丰富和拓展对外文化交流的外延与内涵，它使中国文化中心作为文化交流和文化外交桥梁和窗口的作用更加突出。

文化论坛作为"一带一路"文化交流的高端平台，会聚了沿线国家的专家、学者和文化传播者，通过论坛研讨方式加深双方的了解和认识，对促进"一带一路"倡议对外传播具有积极意义。国内政府机构和非政府组织等各方力量积极围绕"一带一路"倡议召开论坛，除了世界瞩目的"一带一路"国际合作高峰论坛，还包括由中国国际教育电视台与中国亚洲经济发展协会、"一带一路"经济文化交流委员会合作举办的"四海同心"一带一路国际文化论坛。论坛的目的是建立一个基于中国传统文化的交流

---

① 张泗考：《跨文化传播视域下中华文化走向世界战略研究》，博士学位论文，河北师范大学，2016。
② 《构建新时代中国文化海外传播网络》，《中国文化报》2018年1月10日。

平台，弘扬中国精神，传播中国价值观，讲好中国故事，彰显中国风采，帮助建设"一带一路"。[①] 还有2017年12月深圳举办的"一带一路"中国文化国际高峰论坛，以及2018年1月在陕西召开的"智慧连接·共创共赢"2018"一带一路"中国文化艺术教育高峰论坛等，为促进"一带一路"沿线国家间的文化交流搭建了重要的平台。

同时，"一带一路"沿线国家也举办了许多国际文化博览会、论坛等交流合作平台。例如，"一带一路"媒体合作论坛为来自所有国家的媒体相互交流与合作提供了一个平台。教育部人文社会科学重点研究基地"一带一路"软力量建设高端论坛和跨学科智库联合体也已正式成立。智库联合体由中国传媒大学国家传播创新研究中心和八所大学的十个人文社会科学重点研究基地联合成立。一批国内外年轻学者和专家在"一带一路"博士论坛上就投资、金融、外交、人文等方面进行了深入交流，讨论了如何推进"一带一路"理念，深化"一带一路"合作。其中，中国医生也展示了他们与"一带一路"相关的研究成果。这些文化论坛以"一带一路"文化交流为主题，成为推动"一带一路"文化建设的重要载体。

二 "一带一路"文化交流面临重大挑战

（一）对文化交流对象的认识不够透彻和深入

"一带一路"沿途国家国情、民情复杂，目前"一带一路"文化传播无法满足沿线国家不同受众的需求。沿线国家对文化交流对象的认识不够深入，现有的认识和理解也存在一定程度的偏差和误解。以中国与阿拉伯国家文化交流为例，中阿交流历经两千多年，源远流长，双方在政治、经济、文化等多个领域都建立了全方位的友好合作关系，我国"一带一路"倡议的提出，为促进中阿文化交流和文明互鉴提供了崭新契机。但是，当前我国很多人仍然对阿拉伯国家的情况不了解，甚至存在误读和负面情绪，将伊斯兰文化视为恐怖主义的根源等。同时，阿拉伯国家的许多民众

---

① 《"一带一路"文化论坛举办》，《人民日报》（海外版）2017年2月20日。

也对中国的发展情况和"一带一路"倡议了解有限,不同程度地存在很多模糊印象,并受到负面报道和虚假信息的误导,对"一带一路"存在很多误解。主要原因在于,中国对阿拉伯国家的研究不够全面深入,在研究方法和理论来源方面都呈现依赖西方化的倾向,缺少中国人自己的实际调研与一手资料,[①] 缺乏对交流对象的系统认知和深层次研究,使对方无法更好地了解"一带一路"倡议蕴含的丝路精神,不能更好地展示中华文化和中国形象。

由于缺乏"一带一路"沿线国家间的交流,"一带一路"的文化交流呈现不平衡和简单化的状态。长期以来,中国将对外传播战略的重点一直放在发达国家。无论是通过媒体报道还是影像影视,海外华人文化活动组织都是针对欧美人的。[②] 通过对北京师范大学文化创新与传播研究院联合国际著名调研平台 Survey Sampling International 所做的"外国人对中国文化认知与意愿"年度大型跨国调查调研数据进行分析,我们发现就中国文化整体认知程度而言,俄罗斯、土耳其、韩国受访者居前三位,南非、以色列受访者认知程度相对最低,法国、德国、美国、澳大利亚、英国等五国受访者居中段。与中国大力向欧美国家投放外宣资源相比,近年来中国在拉美的文化传播投入较少,也比不上在亚洲和非洲的投入,但相对于亚洲、非洲与中东地区而言,中国在拉美经济、文化、社会各领域的介入审慎渐进[③],需要借助"一带一路"倡议深入了解沿线各国的历史文化和社会发展现状,促进拉美民众的情感认同及对"一带一路"的支持和理解。可见,当前"一带一路"文化传播过于偏重传播者的主体意识,片面强调我们传播的内容,忽视了对沿线受众的了解,没有对不同地域、不同国家、不同年龄、不同文化背景、不同宗教信仰下的"一带一路"沿线国家受众进行深入认知和客观判断,缺乏对受众群

---

① 周亭、王润珏主编《融合与创新——"一带一路"软力量建设研究》,中国传媒大学出版社,2017,第119页。
② 杨越明、藤依舒:《十国民众对中国文化符号的认知与偏好研究——〈外国人对中国文化认知与意愿〉年度大型跨国调查系列报告之一》,《对外传播》2017年第4期。
③ 刘康:《利益、价值观和地缘政治:中国崛起的全球民意调查》,范红主编《国家形象研究》,清华大学出版社,2015,第237页。

体的精准设定和传播,这是推进"一带一路"文化交流难以回避的困难和挑战。

(二) 实施主体交流功能不足

一是政府机构职能发挥能力和效率有待提升。当前"一带一路"文化传播尚处在发展阶段,需要政府的大力扶持和帮助。我国中央文化行政部门之间存在交叉管理内容,但因文化管理职能分散和管理交叉盲点,不利于效率的提升和规模化发展,亟须建立综合对外文化传播与外教、科技、旅游、体育、外贸、外援等各个层次的管理体系,缓和当前文化管理效率低下的矛盾,更多地利用市场和非政府组织等社会各界力量,加强与"一带一路"沿线国家受众的沟通融合。通过长期持续性的文化交流活动,形成集对外传播、对外贸易推介和形象推广等多效应于一体的综合性文化交流系统,提升"一带一路"文化传播的影响力,促进"一带一路"文化交流跨越发展。

二是非政府组织在对外文化传播中面临困境。当前我国社会组织在"一带一路"对外传播中做出了一些成绩,但与国际社会组织相比,仍然缺乏话语权和国际影响力。据统计,截至2016年9月3日,在全球4360个具有联合国经济理事会及社会理事会咨商地位的非政府组织中,中国大陆和港澳台地区仅有56个社会组织,仅占1.1%,不符合中国经济和外交大国的地位。美国有951个,几乎是中国的19倍。[①] 另外,缺乏具备广博知识、良好政治素质和专业知识的优秀人才。在"一带一路"文化交流中,要求社会组织工作人员具有丰富的国际事务参与经验、良好的沟通技巧、强烈的合作意愿和良好的人际网络,这些都是当前社会组织需要解决的难题。另外,资金支持力度不够、外部支持机制和自身管理机制不健全。在北美和欧洲,政府的官方发展援助渠道多种多样。政府援助资金的很大一部分是通过社会组织流向世界的。合作模式是政府与国内从事国际事务的社会组织合作,将资金转移给国内社会组织并将其纳入国家财政预算,然后国内社会组织展开与发展中国家的社会组织的合作。目前,中国

---

① 黄浩明:《社会组织在"一带一路"建设中面临的挑战与对策建议》,《中国社会报》2017年6月23日。

政府的官方发展援助资金主要通过政府机构实施，中国的对外援助缺乏私人参与的活力。目前，中国社会组织的能力仍然不足，参与外援机制的程度很低，在中国对外援助中的作用仍然非常有限。[①] 并且由于资金困难导致自身发展不稳定、不持久，在管理体制、交流合作、沟通信息等方面存在很多问题，一些社会组织对"一带一路"文化交流活动的参与是肤浅的和形式化的，它缺乏文化交流的内涵和交流的实际效果，不能真正增进"一带一路"沿线国家人民的共同感情。

三是国内智库没有针对性地对"一带一路"沿线国家进行研究。目前，中国有许多智库在研究"一带一路"，但大多关注宏大的理论构想，或者仅仅围绕沿线国家的历史文化、地理区域、投资风险和宗教思想等基本情况做一些国别或区域的基础性研究，缺乏对沿线国家的详尽调研和与具体产业项目挂钩的调研，比如最近泰国在与中国合作修建高铁问题上的反反复复等问题，就反映了国内智库研究的盲目空想特点。在推进"一带一路"建设中，需要智库积极加强与政府、企业、国外智库等合作，通过联合调研和加强对话，利用各自优势联合研究寻求解决的方法，而不是千篇一律地大作"空中楼阁"的理论文章。例如，如果一些组织擅长青年工作，就必须充分发挥他们的特殊技能，与外国青年组织或青年学者进行广泛接触，更多地了解他们的思想和想法，并与他们一起做更多符合青年自身实际情况的工作。只有充分发挥各自的优势，智囊团才能为"一带一路"研究谱写交响乐和合唱曲。

四是留学生及沿线国家民众等群体对"一带一路"倡议和中国形象的认知不够完整和真实。根据2016年10月北京高校对"一带一路"沿线国家留学生认可度的调查分析，"一带一路"沿线国家很多，不同国家的国情非常不同，对中国的理解和熟悉程度也非常不同。深入访谈和统计结果显示，一些国家和地区对一些能够代表中国的物质文化形象认识不足，不是因为他们持消极态度，而是因为他们不了解和不熟悉中国文化。[②] 根据

---

① 黄浩明等：《中国社会组织国际化战略与路径研究》，《中国农业大学学报》（社会科学版）2014年第2期。
② 哈嘉莹、尚晓燕：《"一带一路"沿线国家来华留学生中国形象认知研究——基于物质文化的调查分析》，《对外传播》2017年第7期。

问卷调查和访谈的结果,破解了一种"刻板印象",即来自"一带一路"沿线国家的学生全面认识中国。长期以来,中国与"一带一路"沿线的一些国家私人联系很少,彼此缺乏沟通和熟悉。此外,亚洲"一带一路"沿线国家的信息水平普遍偏低,有些国家甚至信息非常闭塞,这也是中国形象得不到普遍认可的原因。对于在中国的外国学生来说,他们在中国的个人经历和直接接触会给他们带来很多新的信息,这将引导他们重新认识中国。在深入访谈中,许多在华留学生意识到中国的真实形象不是他们最初的印象。[①] 但我国在对外文化传播方面比较滞后,没有充分运用新媒体和互联网社交资源加大文化传播力度,使留学生和沿线国家民众对"一带一路"和中国道路缺乏全面立体的认识,不利于当前"一带一路"的深入传播和发展。

(三) 文化交流载体效能有待提升

第一,媒体传播缺乏对"一带一路"文化内涵的深入挖掘,传播影响力偏弱。当前,我国传播媒体的总体实力逐步提升,无论是传统媒体还是新媒体,都围绕"一带一路"进行全方位大量报道。从媒体报道内容来看,涉及经济、贸易、风险、社会、历史文化等各个层面,但形形色色的传播流于表面,缺乏对丝路文化内涵的深入挖掘,没有从文化自觉和文化自信的高度挖掘、传播丝路精神和和合理念的时代价值,没有认识到传播方式体现和交流和合文化对促进"一带一路"沿线国家民心相通的重要意义。并且,相对于欧美发达国家,我国媒体在传播效率和影响力上还存在很大差距。根据2017年度世界媒体500强排行榜,来自美国的谷歌(Google)荣登冠军,营业收入高达894.60亿美元;康卡斯特(Comcast)排名第二,营业收入为804.03亿美元;迪士尼公司(Walt Disney)排名第三,营业收入为551.37亿美元。榜单前10名媒体中,有9家来自美国。从入选数量来看,美国占据95个席位,平均营业收入62.47亿美元。中国大陆共有77家媒体入选,数量再次超过日本和英国,仅次于美国,但平均收入(包括香港、澳门和台湾媒体)为8.29亿美元,远低于美国、日本、英国、德国等发达国

---

① 哈嘉莹、尚晓燕:《"一带一路"沿线国家来华留学生中国形象认知研究——基于物质文化的调查分析》,《对外传播》2017年第7期。

家。因此,我国的媒体传播很难与西方发达国家比肩,在深层次的文化理念和传播影响力上都亟须提升。

第二,作为"一带一路"文化交流的语言载体,孔子学院的传播方式有待创新。作为对外传播汉语和中国文化的重要窗口,孔子学院近年来发展迅速,但对文化软实力的强势推广,容易带来"一带一路"沿线国家的误读和排斥,在西方反对势力的挑拨和破坏下,无法取得良好的传播效果。据瑞典斯德哥尔摩大学官方网站报道,该校与孔子学院的合作协议将于2014年底到期后不再续签。同时,美国芝加哥大学也表示不会继续就孔子学院的重建进行谈判。因此,仅仅局限于语言传播,而忽视深层文化交流和文化传播,很难促进"一带一路"沿线国家对我国文化和"一带一路"倡议的认同。同时,由于孔子学院对自身定位认知不足,与当地交流不足,发展缓慢。大多数孔子学院建于2013年之前,它们与新时期的"一带一路"建设缺乏有效的联系,进一步优化区域布局迫在眉睫。根据调查和统计,在"一带一路"沿线的73个国家中,有61个国家建立了229所孔子学院和197个孔子课堂。然而,"一带一路"沿线仍有十多个国家尚未建立孔子学院和孔子课堂。值得注意的是,在"丝绸之路经济带"中占有重要地位的西亚,沿线15个国家只有13所孔子学院和2所孔子课堂。就数量和规模而言,它们无法为全面推进"一带一路"建设提供有效的语言服务和人才支持。[①]

综上所述,面对当前"一带一路"文化交流中存在的诸多问题和不足,我们需要面对现实,在政府的引导下,充分调动社会各界力量,创新"一带一路"对外交流理念,构建多动力交流平台和载体,满足沿线受众需求,在尊重文化交流主要特点的基础上,积极倡导丝绸之路精神和和谐理念,加强与受众价值观、情感和目标的沟通,加强与"一带一路"沿线各国人民和文化的沟通,不断创新"一带一路"文化交流新模式,拓宽"一带一路"文化交流新路径,提升文化产业品牌的国际影响力,构建动态系统的"一带一路"对外传播和交流体系。

[①] 李宝贵、刘家宁:《"一带一路"战略背景下孔子学院跨文化传播面临的机遇与挑战》《新疆师范大学学报》(哲学社会科学版)2017年第4期。

"引进来"对我国少儿出版产业发展的推动作用分析[*]

王 壮 刘晓晔[**]

摘 要：国际交往和合作已经成为当前少儿出版国际化的基本发展趋势，在担负起少儿出版对国家、民族、儿童发展的社会责任的基础上，科学、有序地高质量"引进来"能够从多个方面促进我国少儿出版产业的发展。"引进来"丰富了少儿图书品种和产品形式，扩展了市场规模，促进少儿阅读氛围形成；提供了从选题策划到营销推广的全流程管理样板模式，培养了少儿出版人才队伍，为优化我国少儿出版产业内部整体经营管理提供借鉴；输入 IP 的跨界经营模式，催生出以内容为核心的立体化运营，为少儿出版产业理念创新和产业链延展提供样板；打开国际合作之门，形成"引进来"和"走出去"双向互动，为推动我国少儿出版产业稳步步入国际少儿出版舞台中心区域打下基础。

关键词："引进来" "走出去" 少儿出版 IP经营 出版产业链

---

[*] 本文为北京市教委社科计划重点项目"跨文化传播视野下儿童图画书的文化教育功能研究"（项目号：SZ201910028014）成果之一。

[**] 王壮，博士，教授，北京语言大学出版社副社长，研究领域为出版信息管理、儿童出版与语言教育；刘晓晔，博士，首都师范大学学前教育学院副教授，研究领域为早期阅读与儿童语言教育、儿童读物。

进入21世纪以来，经济全球化加速发展，区域经济合作日趋加深，知识经济发展不断推进。在国际交往和区域合作日趋加深的发展态势下，作为知识经济重要组成部分的少儿出版与国际社会的交往日益深入，成为我国经济文化对外交往与合作的重要组成部分。根据中华人民共和国国家统计局年度少儿出版统计数据，近年来我国少儿图书进口数量与金额持续增长，虽然少儿图书"走出去"呈现出可喜局面，但就进出口总额的对比而言，"引进来"仍然占据优势（见表1）。

表1 2010~2017年少儿图书进出口数量与金额

单位：万册，万美元

	2010年	2011年	2012年	2013年	2014年	2015年	2016年	2017年
进口数量	39.47	78.66	76.14	106.88	172.45	487.48	510.4	690.59
进口金额	375.30	629.25	440.31	476.91	689.53	1614.04	1671.76	2371.98
出口数量	140.47	205.23	538.23	724.39	807.08	556.11	729.87	539.70
出口金额	264.86	280.61	632.49	447.31	547.68	482.41	653.26	802.35

数据来源：中华人民共和国国家统计局国家年度数据，http://data.stats.gov.cn，2019年7月10日。

少儿出版"引进来"是国际文化交流互鉴的重要组成部分，可以深入、系统、有效地促进各国少儿出版求同存异、取长补短，对推动我国少儿出版产业发展，促进我国少儿出版的产业升级，提高少儿出版产业的国际竞争力具有重要作用。客观分析"引进来"的意义，可以帮助我国少儿出版看清现实与问题，勇于探索与突破，面对纷繁多样的国际少儿出版内容与形式，走实走深、行稳致远，走出一条文化自信、文化强国之路。在承担少儿出版对国家、民族、儿童发展的社会责任的基础上，科学、有序的高质量"引进来"，从多个方面加快了我国少儿出版产业的发展进程。

一 丰富少儿图书品种和产品形式，促进少儿阅读氛围形成，为推动少儿出版产业扩展市场规模起到一定积极作用

（一）引进版少儿图书品种丰富，产品形式多样化

20世纪90年代以前，我国少儿图书品种较为单一，儿童文学占市场

的绝对优势，且产品形式和丰富度不足。少儿出版"引进来"让读者看到了另一个世界，其中图画书，题材多样的科普、低幼玩具书、游戏书等形式多样、主题多元的图书极大地丰富了市场，为消费者提供了丰富的市场选项，也为儿童读者创造了丰富多样的阅读体验，满足了不同儿童的认知发展需求和兴趣需要。一些与中国传统故事、寓言相关的少儿图书更是让读者眼前一亮，原来儿时耳熟能详的"盲人摸象"还可以被改编成《七只瞎老鼠》这样趣味盎然的作品。少儿出版的"引进来"不仅极速扩大了我国少儿图书产品市场规模，同时也不断地刺激着本土原创队伍和编辑策划队伍的成长。无论是原创绘本作品《葡萄》向伊索寓言的致敬，还是《耗子大爷在家吗？》等作品对传统口头文学的再造，无疑都充分地反映出我国原创绘本创作的实力与前景。

（二）引进版少儿图书符合儿童受众阅读需求，激发少儿阅读兴趣

国际少儿出版在 20 世纪 90 年代末期出现了繁荣时期，一些具有前瞻性的少儿出版社开始引进和介绍国外优秀少儿图书，但在缺乏良好的少儿阅读氛围的情况下，市场表现并不乐观。一些具有前瞻性的出版社迎难而上，在译介优秀童书的同时，积极联合作家、教师、图书馆员和儿童文学理论研究者等各界人士开展面向少年儿童的阅读推广活动，逐渐形成了积极、稳定的少儿阅读氛围，打造了良好的少儿阅读生态环境。[①]《全国国民阅读调查报告》显示，近年来我国未成年人阅读率稳步提升，在 2014 年后提升明显，八成以上的 0~8 岁儿童家庭有亲子阅读习惯。国家对于少儿阅读的重视、优质少儿读物的引进，加上高效的早期阅读推广活动共同打造了少儿阅读的沃土，共同促成了社会重视儿童阅读、儿童喜欢阅读的良好阅读氛围。

（三）引进版少儿图书中形成很多畅销书，刺激少儿出版市场规模增长

长期以来我国少儿图书市场中教辅读物独领风骚。引进版少儿读物的

[①] 汪菲：《我国引进版少儿图画书出版的实证研究（1978－2008）》，硕士学位论文，华东师范大学，2010，第 47 页。

多样化选题改变了这一单一格局,其中不乏许多经典的畅销书。"畅销书效应"迅速引导市场形成了不同主题、类型的少儿图书读者群体,刺激了少儿市场整体规模的成长。2001年,《哈利·波特》由人民文学出版社引进国内,受到广大读者的热捧;2001年,浙江少儿出版社引进奥地利作家布热齐纳的《冒险小虎队》系列图书,以其冒险、神秘、惊险的情节迅速引爆阅读热潮;2002年初,接力出版社从美国独家引进以10~16岁的青少年为主角和阅读对象的"鸡皮疙瘩"系列图书,这套享誉全球的少儿读物一经出版同样在国内引起了剧烈反响。这一类型的图书引进开创了我国少儿魔幻小说的阅读、引进与出版潮流。而《神奇校车》的成功,则进一步推进了文学与科普的融合,推动了《神奇的小咕噜》等一系列原创叙事型科普作品的问世。这些引进版畅销书促进了国内少儿图书市场的细分,进而促进了少儿图书市场规模的增长。

二 提供了从选题策划到营销推广的全流程管理样板模式,培养了少儿出版人才队伍,为优化我国少儿出版产业内部整体经营管理水平提供借鉴

(一) 引进版少儿图书为我国少儿出版企业产品生产到营销推广全流程管理提供样板

尽管我国原创少儿图书一直精品迭出,许多佳作脍炙人口,为少儿出版业的发展做出了巨大贡献。但是也应看到一些原创作品以低幼图书和教辅图书为主,存在粗制滥造、编凑成书、重复出版等不良现象,这种情况严重制约了我国原创少儿出版的发展。从畅销童书市场来看,各年龄段原创童书市场占有率远不及引进版童书,整体数量差巨大。[1] 引进版少儿图书对本土市场的冲击推动了创作、编辑与研究群体认真研究与思考我国原创少儿图书的出版质量、出版方向与突破口,对少儿图书题材的多样性、选题策划的方法、作家团队的选择与培养、辨析方式、绘画方式,以及纸

---

[1] 彭威、王嘉昀:《中国原创童书与引进童书市场比较——基于当当畅销书排行榜的数据挖掘与分析》,《出版科学》2017年第4期,第64~68页。

质、纸板、异形、布艺等设计特色等问题进行深入的研究。此外，引进版少儿图书成熟的市场营销流程与策略为我国少儿出版企业的营销推广、渠道建设提供了大量可借鉴的经验。时至今日，国内大部分少儿出版企业都已使用市场先期预热、媒体立体宣传、IP跨界营销等基本策略，将少儿图书营销渠道从传统市场渠道扩展为图书俱乐部、超市、学校和社区，并实现了线上、线下的同步营销。少儿出版的"引进来"快速提升了我国少儿出版企业的全流程管理水平。

（二）有助于培养少儿出版领域的编辑、营销及高层管理人才，打造了国际化、专业化版权贸易人才队伍

近年来，原创少儿图书市场占有率较高的出版社都非常重视引进国际市场少儿出版资源，因此在这方面也具有较为丰富的出版经验。引进经验经过时间的积累，逐渐转化为内在的编辑力，提升了原创图书的策划和设计制作水平。[①]当前少儿出版队伍的中坚力量绝大多数都涉足过少儿产品的版权贸易工作，在中国出版产业高速发展的大时代背景下，先进的、国际化的少儿图书出版经营理念和方法，迅速转化为我国优秀少儿出版人才对少儿产品策划、组织、营销、数字化运营的能力，转化为对少儿出版企业的经营管理能力。中国少儿新闻出版总社、童趣出版有限公司、北京语言大学出版社等在少儿出版市场获得较高品牌美誉度的出版单位往往都具有早期的版权贸易经验。少儿出版的"引进来"有力地促进了我国少儿产业内部各类型少儿出版企业整体管理水平的发展与提升，为我国少儿出版人才队伍建设做出了贡献。

三 输入IP的跨界经营模式，催生以内容为核心的立体化运营，为少儿出版产业理念创新和产业链延展提供样板

（一）国外经验催生国内出版企业的跨媒介数字化、立体化运营

少儿出版产业发展与信息化和人工智能时代并行，得以迅速突破传

[①] 杨定安：《引进版图书给我们带来了什么？》，《出版广角》2017年第17期，第12~14页。

统纸媒范畴，具有了跨媒介发展的天然优势。国外少儿出版中传统出版与媒介技术的结合，直接促使我国少儿出版的跨媒介发展和产业升级。例如，海豚传媒集团将"海豚绘本花园"与数字绘本版权结合，通过绘本动画、交互式绘本课程和配套教学视频形成了"海豚绘本花园·数字馆"这一云端智能教学平台，实现了从内容生产者向幼教内容与服务供应商的转变。江苏凤凰传媒集团以8000万美元的价格收购美国有声童书龙头出版企业PIL公司，成立了凤凰国际出版公司，形成智慧教育等业态。[①] 国家新闻出版署自2019年起组织实施包括少儿出版在内的"数字出版精品遴选推荐计划"，引导出版企业培育产品新形态、探索服务新模式，努力构建品位高端、品质优良、品类丰富的立体化数字出版产业生态。国际少儿数字出版趋势，有力地推动了我国少儿出版与传媒、娱乐、教育等相关产业的结合。

（二）国外IP运营经验输入推动我国少儿出版实现跨界经营

少儿图书品牌一旦通过内容与读者进行有价值互动，能够让读者在阅读、娱乐、服装、食品等多个产业内认可和喜爱，实现了粉丝在各个消费领域的转移和流动，这样就形成了优质的IP。《哈利·波特》由图书衍生出电影、DVD、游戏、玩具、文具、服装、主题公园等，就是优质IP的跨界运营，也是全产业链运营。国外基于图书IP的全产业链运营模式也对我国少儿出版形成了巨大冲击，我国少儿出版企业也在积极寻求少儿童书的IP运营和出版产业跨界经营。例如中国少年儿童出版社低幼文学中心联合宝开游戏公司，合作推出了网络游戏图书《植物大战僵尸——武器秘密故事》并大获成功。

（三）国外同行经验推进了中国少儿出版产业理念创新和产业链延展

国外少儿出版优秀的经营理念是精品化、专业化，合作共赢、联合发

[①] 朱静雯等：《产业链演化视域下的凤凰传媒投资战略研究》，《现代出版》2017年第1期，第16~19页。

展，多媒体、立体化、完整 IP 观、跨界经营，立足本土、辐射全球……这一系列经营理念给中国少儿出版产业带来了新鲜的思想，帮助整个产业逐步实现理念创新。少儿原创精品数量多、质量高，体现了我国少儿出版的专业化、精品化经营理念，例如中国少儿新闻出版总社坚持原创本位思想，每年推出大量原创品牌产品。不同少儿出版机构抓住契机，积极寻求合作共赢，例如信谊基金会与明天少儿出版社跨社合作成功推出"信谊世界精选图画书"品牌，并进一步合作出版原创绘本《团圆》，一举夺得丰子恺图画书奖首奖。长江集团旗下湖北少年儿童出版社、湖北美术出版社与湖北海豚卡通有限公司共同出资成立海豚传媒股份有限公司，以图书内容优势，逐渐形成了集图书出版、三维动画、卡通玩具、服装服饰于一体的跨界经营模式，推动我国少儿出版产业链延展，让少儿出版充满市场活力，展现勃勃生机。

四 打开国际合作之门，形成"引进来"和"走出去"双向互动，为推动我国少儿出版产业在国际出版舞台大展宏图打下基础

（一）引进国外获奖作品并推出具有国际水准的原创少儿作品

少儿出版"引进来"让我国少儿出版产业迅速与国际水平的少儿出版佳作产生直接碰撞，国际安徒生奖、凯迪克奖、苏斯博士奖等大量国际大奖作品被引进我国。在对外交流、学习与对国外优秀少儿作品进行深入分析与研究的基础上，我国原创少儿作品的质量得到不断提高，对于少儿作品如何实现儿童性与教育性的有机融合，娱乐性与科学性的完美碰撞，想象力与逻辑性的双重渗透等问题有了更深入的认识。在此基础上，我国原创少儿出版质量得以迅速提升，产生了诸如《羽毛》《孤独麋鹿王》《团圆》《别让太阳掉下来》等大量具有国际创作水准的原创作品。

（二）帮助促进中国建立少儿出版评价机制并不断冲击国际大奖

少儿出版的"引进来"带动了少儿出版产业的整体上升，市场容量扩

大，出版总量也随之逐年提升。出版量的扩大带动了优秀出版物的评价需求，加诸我国推动原创少儿出版发展的政策背景，原创少儿出版物以及国际合作出版的少儿读物日渐增多，原有少儿读物奖项以及评奖机制亟待调整和规范。在对国际安徒生奖、凯特·格林纳威奖、绘本日本奖等奖项进行全面考察和分析借鉴的基础上，设立于1981年的陈伯吹儿童文学奖对评委会组成结构进行了调整，组建了具有多元文化背景的评委会，使评选的作品真正符合时代特征，既具有中国精神，又具有国际视野，能够推动中国少儿文学走向世界。此外丰子恺儿童图画书奖、信谊图画书奖、中国原创图画书时代奖、张乐平绘本奖和青铜葵花图画书奖等兼顾国际和本土特色的图画书大奖相继创立，标志着我国进入了相对规范、全面的少儿读物评价机制建设时期。一些在上述奖项中脱颖而出的作品也获得了国际性少儿出版奖项。

（三）形成我国少儿出版"引进来"与"走出去"双向互动

近年来，我国少儿出版的国际化步履加快，原创少儿读物数量不断增长、质量不断提高。根据国家新闻出版广电总局发布的数据，2018年我国大陆地区有67种原创少儿图书年度印数达到或超过50万册，增长39.6%，占年度印数50万册及以上少儿图书品种的73.6%。而且有越来越多的少儿图书走向国际舞台，摆脱"引进来"数量远远多于"走出去"的出版模式，逐渐形成"引进来"和"走出去"的双向互动。2016年，曹文轩获得国际安徒生奖；2017年，《安的种子》获得美国弗里德曼图书奖儿童文学银奖；2018年，《小兔的问题》被美国图书馆协会授予国际杰出童书奖；2019年，刘先平的《孤独麋鹿王》获得俄罗斯比安基国际文学奖小说荣誉奖……越来越多的原创少儿图书不仅实现了"走出去"，而且已经开始走进世界儿童的心中，获得国际出版领域和少年儿童读者的高度认可，中国的少儿出版正在逐渐走入国际少儿出版的舞台中心。上述事实说明，由于完成了从"中国加工"到"中国制造"的转变，我国少儿出版的对外开放，也由以引进借鉴为主，进入"引进来"与"走出去"双向互动的崭新发展阶段。

五 小结

少儿出版"引进来"极大地推动了我国少儿出版产业发展，但任何事物都具有两面性，我们也不得不正视"引进来"所携带的一些负向因子，例如低水平引进、重复引进、版权囤积、竞价引进等。① 同时也需要关注引进图书的翻译质量和文化适应等细节问题。但无论如何，在全球化时代，我们都需要趋利避害，以客观的态度和自信的姿态看待少儿出版的"引进来"。

"引进来"为中国少儿出版产业输送了快速创新发展和持续成长壮大的养料；"引进来"让少儿出版产业以服务中国近4亿少年儿童精神文明建设为己任，走出了具有中国特色的少儿出版产业发展之路；"引进来"让中国少儿出版产业承载向世界少年儿童弘扬中华文化的历史重任，以国际水准、高质量的原创精品力作讲述中国故事、呈现中国风格，打破文化壁垒。根据北京开卷信息技术公司的连续统计数据，进入21世纪的近20年时间里，我国少儿出版市场监测销售数据以平均每年15%的超高速度持续增长，这在中国出版领域和世界少儿出版领域都是举世无双的。中国少儿出版进入了一个崭新的、参加全球出版角逐的大时代，不断通过原创少儿出版实现中华文化的创造性转化和创新性发展。

---

① 李学谦：《把握新趋势 发力走出去》，《中国新闻出版广电报》2017年3月22日，第1版。

跨文化传播视域下中国对外演出贸易发展路径

袁梦洁[*]

摘　要：自"一带一路"倡议发起后我国国际交流合作日趋活跃，对外文化贸易也面临着前所未有的机遇与挑战。对外演出贸易作为文化出口的重要组成部分，承载着传播中国优秀传统文化的重任。本文首先从宏观角度和微观角度分析了我国对外演出贸易的现状；其次基于跨文化传播理论，从文化定势、文化中心主义、文化维度三个方面对对外演出贸易的问题和障碍进行概述；最后从三个部分，包括构建人类命运共同体、拓宽艺术作品的题材、推动演出贸易平台的构建，就我国对外演出贸易的发展路径提供了探索性研究。

关键词：对外演出贸易　跨文化传播　国际影响力

当前中国对外文化贸易蓬勃发展，文化交流、文化传播、文化贸易都呈现积极的发展态势。随着"一带一路"倡议的展开和各国的拥护与支持，在数字技术飞速发展的今天，我国的对外文化贸易也面临着前所未有的机遇与挑战。演出贸易作为对外文化贸易的重要组成部分，近年来无论是产业规模、作品产出、从业人员等都在稳步增长，但是与其他类型的文化出口产品及文化服务类产品相较而言还存在着很大的差距。

有学者指出："在西方人眼里，就媒体传播而言，'官方的'就是不独

---

[*] 袁梦洁，北京舞蹈学院硕士研究生，研究方向为艺术管理、跨文化传播、对外演出贸易。

立、不可信的，是政治宣传工具。"[①] 故而舞台演出的呈现方式在跨文化传播过程中是具有核心竞争力的，文艺作品对于构建中国形象、传播中国旋律有独特的优势，将艺术作为传播的载体更容易让受众接受并实现有效传播。然而在新机遇面前，要决定用何种方式迎接每一个挑战就需要对中国对外演出贸易的现状与障碍进行剖析。

一 中国对外演出贸易的现状

（一）宏观角度：演出贸易在对外文化贸易中的缺位

近年来中国文化事业稳步发展，对外文化贸易也改变了常年的贸易逆差，中国文化产品持续在国际上扩大份额。2016年，联合国教科文组织发布《文化贸易全球化：文化消费的转变——2004~2013年文化产品与服务的国际流动》，报告指出2013年中国对外文化出口总额高达601亿美元，高出位居第二的美国（279亿美元）一倍还多。这个数据接近于21世纪初全球文化产品出口总额，说明我国已经成为国际市场中文化产品出口大国，在国际市场的占有率与竞争力也得到了很大的提高。

依据联合国贸发会发布的1996~2006年世界各国文化产品和服务贸易数据，对中国文化产品贸易进行细化分析后发现，占主要出口份额的文化产品集中于手工艺品、设计品、视觉艺术品、新媒体、广告服务、建筑设计服务、研发服务等产业的周边环节，而演出贸易（文化休闲娱乐）、影视媒介、音乐媒介等文化服务产品在文化产品贸易中的份额非常少。由表1可见，设计在出口产品中占据绝大部分，其次是广告和市场调查、手工艺品及视觉艺术品。这些产品都是劳动密集型产品且附加值低，因我国制造成本低廉，抓住了这一优势实现了文化产品贸易的长足增长。但是具有创造性的艺术门类，例如音乐媒介、出版物、文化休闲娱乐（演出贸易）等环节占比非常少，其总和也不超过5%，尤其是影视媒介一直到2006年所占份额依旧是零。

---

① 李智：《文化外交：一种传播学的解读》，北京大学出版社，2005，第125页。

表1　1997~2006年中国文化产品出口分布

单位：%

	1997年	1998年	1999年	2000年	2001年	2002年	2003年	2004年	2005年	2006年
手工艺品	11.1	10.7	10.4	10.6	10.3	10.0	9.9	9.2	9.1	9.6
影视媒介	0.0	0.0	0.0	0.0	0.0	0.0	0.0	0.0	0.0	0.0
设计	80.5	80.1	79.8	78.8	77.7	74.2	75.2	76.5	76.7	75.1
音乐媒介	0.0	0.1	0.1	0.2	0.0	0.4	0.5	0.3	0.2	0.2
新媒体	0.9	1.1	1.1	1.2	2.6	6.7	6.3	5.8	6.4	7.4
出版物	1.3	1.4	1.5	1.5	1.7	1.6	1.7	1.8	1.9	2.3
视觉艺术品	6.2	6.6	7.2	7.7	7.4	7.0	6.4	6.3	5.6	5.5
版权	18.2	21.8	24.8	25.5	26.5	24.8	17.1	21.0	11.5	—
广告和市场调查	78.5	73.0	72.9	70.9	66.7	69.7	77.6	75.4	78.7	—
文化休闲娱乐	3.3	5.2	2.3	3.6	6.7	5.5	5.3	3.6	9.8	

近几年来我国在文化出口方面做了很多努力，并且获得了可喜的成果。无论是北京奥运会的成功举办，G20峰会的圆满举行，还是孔子学院的设立，都对中国文化"走出去"发挥了重要作用。"一带一路"倡议的发起不仅为中国经济的稳步发展打下了坚实的基础，成为推动经济全球化的重要动力，对中国文化的国际传播同样具有举足轻重的促进作用。尽管目前文化产品贸易的出口结构发生了变化，文化服务产品的出口也在进一步扩张，但是总体而言大趋势依旧没有质的改变。

我国的文化产品贸易已经成为国际先进，稳居世界第一，国际市场占有率和竞争力是空前的。但是承载着中国优秀文化的艺术作品难以实现有效的传播，进一步说明了我国的文化服务类产品缺乏国际影响力，也对我国对外文化贸易的发展提出了新的要求。李怀亮认为："中国对外文化贸易要从市场占有率向国际社会价值引导力转变。"[①] 从数量到质量的转变是对外文化贸易的迫切需要，同样也是实现中国文化国际化传播的重要举措。

---

① 李怀亮：《从市场占有率到价值引导力：中国对外文化贸易的新趋势》，《人民论坛》2018年第15期，第130~132页。

（二）微观角度：中国对外演出贸易的现状

基于以上对中国对外文化贸易发展趋势与问题的分析，中国对外演出贸易的发展方向也逐渐清晰。

如今中国对外演出贸易的主要内容是剧目演出的出口，以视觉演出与杂技演出为主，西方主流文化认同的艺术门类占比很少（舞蹈、音乐、歌剧等）。以2017~2018年国家文化出口重点项目为例，共扶持了108个项目，演艺类作品有八个，其中杂技剧有三个，纯舞蹈项目仅有一个。在支持的重点项目当中，出版类与影视类占据绝大多数份额，还有少量的游戏类项目也被加入了扶持范围。从这一点出发可见政府扶持方向趋向于多元，并紧跟时代步伐，对传统艺术门类的扶持很少。另外在2017~2018年度国家文化出口重点企业名单中，演艺类企业也寥寥无几，占比约为5%。[1] 从这一角度而言，国家对演出贸易"走出去"的扶持力度并不大，也进一步导致了演出贸易在文化出口过程中没有得到很好的传播效果。

另外，对外演出贸易的剧作受市场及受众的影响，同时海外市场对中国文化仍保有奇观化的猎奇心理，进一步导致作品有投其所好的倾向。长期以来在海外市场中，"中国功夫"一直是被不断翻炒的冷饭。早在2000年，中国对外演出公司就与少林寺合作出品了《少林雄风》，对少林武僧的练武生活进行了生动的刻画，"中国功夫"题材的作品也由此开始不断在海外市场涌现。《功夫传奇》《少林武魂》《风中少林》等作品走进了国际视野，其中也有作品获得了不俗的成绩，但值得我们思考的是能够彰显中国博大精深文化的只有功夫吗，答案当然是否定的。想要实现演出贸易"走出去"，甚至"走进去"，首先就需要对产品本身进行打磨，将中华优秀传统文化进行提炼、升华才是加强国际社会价值引导力的重要因素。

---

[1] 商务部服贸司：《关于公示2017~2018年度国家文化出口重点企业和重点项目名单的通知》，http://www.mofcom.gov.cn/article/h/redht/201711/20171102671183.shtml，2017年11月14日。

二　跨文化传播视域下对外演出贸易的潜在困境

我国对外演出贸易面临着诸多挑战与障碍。跨文化传播具有三个要素，包括认知要素、言语语言、非言语语言，其中认知要素包含了文化价值观、世界观、社会组织等多方面因素，这三个要素是影响跨文化传播有效性的关键点。基于跨文化传播的三个要素我们可以进一步探索传播过程中的困难和挑战。第一点是文化差异问题，包含了认知要素、言语语言和非言语语言三个方面；第二点是文化的深层结构问题，这一点同样也是跨文化传播中难以攻破的重难点；第三点为跨文化传播的方式，能否在不违背在地语境中的规律、关系原则、期望的情况下实现有效的传播；第四点是传播主体的传播内容是否能做到真实客观，传播内容是从传播主体自身的文化角度出发的，这就要求传播主体从他者的角度考虑来把控内容，在传播过程中排除对他者文化潜在的敌意与偏见。从这四个问题出发可以发现艺术类的演出有着不容忽视的优势。第一，艺术形式的演出可以打破言语语言的传播阻碍；第二，艺术形式的演出不包含对他者文化的敌意与偏见，传播方式更柔和，软性地实现跨文化传播的目的。

在各国综合实力竞争激烈的国际背景下，文化软实力越来越成为民族凝聚力与国际影响力的重要指标。跨文化传播过程中不可避免地受政治与经济因素影响，逐渐形成了文化霸权，使不同文化间的矛盾冲突日益加剧。强势文化的施压必然会导致弱势文化的低微，形成不平等的单边文化传播。现在依旧是西方主要媒体影响世界舆论的走向，我国总是处于"哑巴吃黄连，有苦说不出"的境地，或者是表达了却传播未果。习近平总书记指出："要着力推进国际传播能力建设，创新对外宣传方式，加强话语体系建设，着力打造融通中外的新概念新范畴新表述，讲好中国故事，传播好中国声音，增强在国际上的话语权。"找到阻碍中华优秀传统文化传播的潜在困境是至关重要的，不仅要从传播主体出发去思考，他者文化中的客观因素也是跨文化传播过程中需要考虑的。

(一) 文化定势，思维固化

"定势"最先由美国政治评论家沃尔特·李普曼（Walter Lippmann）在1922年出版的《公众舆论》（*Public Opinion*）中提出，其含义为由于人们所处的地理环境、文化环境、社会环境都不同，一个人无法对世界上所有的事物进行全面的了解。为了更为快捷便利地了解一项事物，就将具有相同特征的族群塑造成相同的形象。简而言之，就是对一群人或某项事物的刻板印象（stereotype）。而文化定势，又被称为"文化的刻板印象"。有学者称，文化定势指的是人们在跨文化交际研究或跨文化实际交往中对不同文化背景的民族和国家成员笼统的、简单的看法。[1]

在对外演出贸易的跨文化传播过程中，文化定势的问题并不局限于出口演出作品的内容上，即传播主体的主观问题上，而且他者文化对我者的既定看法难以破除。例如西方国家都认为中国人无法完美演绎古典芭蕾，认为古典芭蕾是源自意大利的高雅艺术，我国则处于儒家文化的东亚文化圈。再比如上文说到的"中国功夫"题材的作品在他者文化中得到了广泛的好评，这也进一步说明了他者文化对我者带有的刻板印象，因为此类型的作品符合他者文化长期以来对我者的文化想象。周宁认为："西方的中国形象，是西方文化投射的一种关于文化他者的幻象，它并不一定是再现中国的现实，但一定表现西方文化的真实，是西方现代文化自我审视、自我反思、自我想象与自我书写的方式，表现了西方现代文化潜意识的欲望与恐怖，揭示出西方社会自身所处的文化想象与意识形态空间。"[2]

故而对外演出贸易会受到文化定势的影响，继而形成表达了却传播不出去的局面，因为承载着中华优秀传统文化的艺术作品或许不符合他者文化对我者文化的想象。就这一点而言，作为传播主体在跨文化传播过程中不能随波逐流，不能跟随他者对我者的文化定势所偏移。只一味地想要在他者文化中夺得市场竞争力或影响力而投其所好，那么我者就丧失了对传播内容的主动权。"中国功夫"同质性作品涌现就是追随了他

---

[1] 陈霞：《对文化定势的浅析》，《湖北函授大学学报》2011年第12期，第153~154页。
[2] 周宁编《世界之中国：域外中国形象研究》，南京大学出版社，2007，"前言"，第7页。

者文化对我者文化的刻板印象，虽然在西方市场饱受好评，市场收益也很可观，但是加剧了西方国家对我国优秀传统文化的偏见，导致视野越发狭窄。

（二）文化中心主义阻碍传播的有效性

文化中心主义（ethnocentrism）又称为种族中心主义，指的是易于将本民族的生活方式、价值观、宗教信仰及行为规范看作更好的，是优于其他种族和文化圈的。文化中心主义与文化定势的差异在于前者相较于后者富有强烈的优越感与偏见，而后者则偏向于对事物的既定看法。

对外演出贸易在跨文化传播的过程中是面向多个文化圈层的，欧洲文化圈、美洲文化圈等都有其特定的自然、地理、社会背景。对特定的文化圈层甚至个体属性差异极大的异文化，该族群往往会以自身的文化为标准对他者文化生产偏见或对其批判。例如傅满洲这个虚构的形象，他于1840年诞生于英国小说家萨克斯·罗默创作的《傅满洲》系列小说。傅满洲留清朝发式且清瘦，学识渊博却又阴险狡诈，这样的形象从诞生至今都深深地刻在西方人心中。在他们心中，傅满洲人面兽心、口蜜腹剑，是"种族主义之恨"的代表人物。华裔男子作为美国主流社会边缘化的群体，傅满洲带有强烈的种族歧视和性别歧视韵味。傅满洲这个形象就是依托于西方中心论的，是基于当时的社会历史条件因素从该族群的主观意向出发而诞生的反面角色，带有强烈的种族优越感与偏见。

在对外演出贸易当中也存在这样的文化中心主义现象。我国的杂技艺术在西方有很大的影响力和市场，海外观众也被中国的杂技艺术所折服，叹为观止。但是有些作品因身处他者文化圈层当中而不被接受，例如肩上芭蕾版本的《天鹅湖》，海外市场的反馈是他们认为肩上芭蕾违背了古典芭蕾的审美趣味，扭曲了古典芭蕾的审美标准。先不论艺术形式本身的审美价值、艺术风格，从舆论导向就能够反映出他者是站在文化圈层制高点对作品进行评论的。但是要改变文化中心主义带来的阻碍，不单需要演出作品自身提高和进步，还需要多方面的支持以及他者文化对我者观念的逆转。

(三) 文化维度对跨文化传播的影响

文化维度（cultural dimension）概念最早由荷兰学者吉尔特·霍夫斯泰德（Geert Hofstede）提出，包含了个体主义与集体主义、权利距离、不确定性规避、男性和女性倾向、长期和短期取向等，是影响文化与文化之间交际的重要因素。身处不同文化圈的人们的认知、思想、行为等方面的差异都可以用文化维度来解释。

文化维度对演出贸易的影响体现在跨文化交流领域，例如高语境与低语境之间的差异。高语境更倾向于非言语之外的暗示，非言语的表达会内化于个人，而低语境则与之相反，所要传达的信息都可以置于清晰的编码当中。我国的语言结构属于前者，而美国则是典型的低语境体系。语境高低的不同，导致的交流障碍会进一步削弱对外演艺贸易的传播效果，我者在与他者沟通交流的过程中会依赖高语境的沟通方式，这样就会在交流过程中产生理解的偏移，继而拖慢效率，甚至会形成歧义。

另外，文化维度之于对外演出贸易而言还包括操作运营上的影响，文化圈层的不同进一步影响了不同国家、族群的合作方式、经营方式、管理方式等。对于跨文化传播而言，只有了解他者文化中各方面行为的规律，熟悉他者的运行轨迹，尊重对方的传播规律才能达到我者想要实现的传播目的。例如英国著名音乐剧制作人马克·戈谢表示，在公司运营方面自己并没有内部的营销团队，是由 AKA（英国最大的演艺营销公司）来负责剧目的营销工作。在跨文化传播的过程中就需要了解他者文化圈的运行轨迹，在不违背原则的情况下两方和谐共处、通力合作。

为了避免演出贸易在跨文化传播中的文化维度弊端，我者在传播过程中就需要了解我者文化维度与他者文化维度的差异和偏好，进而高效率地完成演出贸易的交流环节，避免造成不必要的麻烦。

三 中国对外演出贸易发展路径探索

习近平总书记指出："随着我国经济持续健康发展、综合国力和国际影响力不断提升，国际社会对中国的关注在加深，中国道路愈来愈成为人们研究的对象。这为我们做好思想舆论工作提供了重要机遇。我们要因时而动、顺势而为，把思想舆论工作大大向前推进一步。"另外，"一带一路"倡议的多方响应也让中国声音被更多人知道。在这样的新机遇背景下，对外演出贸易的发展也会面临前所未有的挑战。想要推动对外演出贸易，抑或实现对外文化贸易从市场占有率向国际社会价值引导力转变，就要在市场竞争力、社会影响力和价值引导力等方面入手，而如何提升这三种力量就需要我们进一步探索。

（一）构建人类命运共同体

从2013年习近平总书记提出建设"新丝绸之路经济带"和"21世纪海上丝绸之路"的合作倡议至今已经走过了六个春秋。经过多年的夯基垒台、厚积成势，"一带一路"总体框架布局已经完成，形成了精诚团结的全球经济新局面。作为构建和合共生的人类命运共同体中重要部分的文化演出贸易，就需要将视野与远景放得更为长远。在他者文化圈中寻求跨文化的有效传播，势必会联系到在他者文化中的形象构建，我们很难摆脱传播过程中的跨文化抵抗现象。如果我们将希望放在他者文化对自身的反思上，那么我们永远也不会实现理性的跨文化交流。因此，为了削减跨文化抵抗现象的影响，作为传播主体的我们就需要采用"曲线救国"的方式实现有效传播。

1. 理念创新，削减文化抵抗现象

跨文化抵抗现象的出现虽是不可避免的，但可以从内容上入手来减轻文化抵抗现象的反应。对他者文化圈进行传播的内容不与意识形态过分联系，能够不被过度阐释，但能一直表述中国优秀文化价值。首先传播内容可以从形而上的精神层面入手，例如禅宗的恬淡风骨、中国独特的艺术精神、大音希声的美学态度等，这些元素并没有与意识形态过分联系，又能够体现我国的优秀传统文化。而与之相反，彰显我国的军事、经济实力，抑或航空航天技术这样的题材就会引起他者文化圈的抵抗现象，产生负面效果，从而使优秀文化的传播变成了"中国威胁论"的暗示。例如2014年福建省歌舞剧院的《丝海梦寻》通过福建普通人家两代人对海洋追求与探索的故事，描绘出了浓郁的闽南风格与异域风情交织，以及壮观的贸易景象，进一步展现了海上丝绸之路的历史进程与当下人们对"一带一路"倡议的期待。

另外，传播内容的理念可以采用真、善、美、和平、自由、博爱等人类共同的追求，抑或是紧密联系时代发展脉搏的题材，从更为宏观的角度通过中国独有的符号化体现来向世界阐释自我。例如张艺谋导演的观念演出《对话·寓言2047》，这部作品已经连续做了两季，掀起了零差评的舆论风潮。演出通过将我国非物质文化遗产的各个艺术形式与现代先进的科学技术相结合打造了一场视觉盛宴，而其核心精神就在于探讨人与科技的关系。该作品参与了美国与爱丁堡艺术节的演出，受众对于这部作品的关注点不仅是张艺谋个人的明星效应，而是作品中科技与艺术的多元合作。

国外媒体对中国的负面评价，除了杜撰虚假的信息之外，更多的是对已有信息的过度解读，比如看到了对我国科学技术的宣传就会联想到"威胁论"。针对这个问题就需要我们尽可能对他者文化的价值偏好进行预判，继而选择无法被过度解读的作品，故而在跨文化传播过程中对外演出贸易的题材内容选择就更为重要了。

2. 水滴策略，"软性"传播

"绳锯木断，水滴石穿"是我国的传统智慧，比喻只要有恒心，不断努力，持之以恒，事情就可能成功。但是在跨文化传播当中，水滴石穿更包含了传播策略的智慧。针对上文所述的文化抵抗现象，水滴策略也是削弱文化抵抗影响的方式之一。在传播过程中不能急于求成、好大喜功，更重要的是传播的有效性，即传播对象是否从认知、情感、态度、行为多个方面都产生了变化。故而"润物细无声"的水滴型传播方式对于增强演出贸易跨文化传播的有效性有着很大的助益。

美国以好莱坞大片向中国慢慢侵蚀，到如今成为我国电影进口的主要国家就是水滴策略的范例之一，但也是反面典型。美国学者约翰·耶马曾公开表示美国真正的"武器"就是好莱坞的电影产业。美国选择了受众基数庞大的电影产业，通过大众传播的方式进行文化倾销。美国大片的主题大多包含世界和平、自由平等这些易被人接受的理念，但在其中暗含了美国的政治理念、意识形态和生活方式，潜移默化地影响了年轻人的生活方式、思维方式、消费方式等。

美国电影产业对各个国家文化侵蚀的后果和影响是毋庸置疑的，但这其中也有我们可以学习借鉴的地方，所谓"取其精华，去其糟粕"就是如此。在跨文化传播过程中的对外演出贸易大多数带有国家合作交流的目标，是为了促进两国文化的交流而进行的，但是外交目的之外的演出贸易应该选择更为柔和的传播方式。例如通过让我国艺术从业者加入海外院团、以艺术家之间的合作创作等方式来实现演出贸易的跨文化传播。削减文化抵抗的影响除了规避他者文化圈中的文化定势，还应该从传播主体的角度出发进行考虑。潜移默化地深入他者文化比强势进驻更为有效，作为传播主体不能只追求报纸头版的光鲜，更应该将细水长流作为更长远的传播目标。软性传播运用在广告当中已经是老生常谈，而将软性传播运用在演出贸易中还很少见，这也是对外演出贸易传播过程中可以参考的。但需要注意的是，软性传播的渠道是需要慎重选择的，软性传播虽然具有渗透力强、时效性强等优势，但也包含了传播速度慢、静态性等弊端，故而如何进行软性传播，继而为对外演出贸易助力是需要细细斟酌的。

（二）拓宽艺术作品的题材范围

党的十八大以来，习近平总书记在多个场合从多个角度谈到要在对外宣传中"讲好中国故事"。2016年2月，在党的新闻舆论工作座谈会上习近平总书记对讲好中国故事的具体内容进行了具体阐释："要讲好中国特色社会主义的故事，讲好中国梦的故事，讲好中国人的故事，讲好中华优秀文化的故事，讲好中国和平发展的故事。"演出这种艺术形式对讲好中国故事有着天然的优势，既能动之以情又能晓之以理，但是为了促进对外演出贸易的良好发展，如何讲故事、讲什么故事则需要进一步探索。

1. 从微观角度讲好中国故事

一台优秀的演出可以直指人心，引导受众思考，在生活背景、文化背景都不同的状态下，短时间内与作品在同一种情绪里对话、感知、理解和分享，继而在内心留下历久弥新的烙印。这就是共情的作用，而内容的共情能力对内容传播有非常重要的作用。跨文化传播中尤其需要对作品的共情能力加以考量。我国对外演出贸易以往都是出"奇"制胜，不论是中国功夫、杂技这种技巧上的奇，还是内容、题材上的奇，都是另辟蹊径的宣传路线。不可否认的是奇观化的表演形式会获得一定的市场知名度或占有率，但并不是长久之计，永恒的、普适的、真理的才是演出内容的主要方向。

前些年我国在美国时代广场投放的国家形象宣传片《People》就是共情能力较弱的作品，短片中一幕一幕画面都是我国的精英人士，从科学家、企业家到艺术家，然而根据收到的反馈，美国人在短片中除了姚明之外谁也不认识。同时期墨西哥也在时代广场投放了短片，表现的主体都是人民，呈现了其乐融融的歌舞场面，更富有感染力。这个案例更加说明了跨文化传播中艺术作品共情能力的重要性。传播主体很容易"推己及人"，往往站在主观角度去思考问题，以自身的体验和感受为标准来判断事物的走向。在跨文化传播中则更需要站在他者的位置上去思考问题，将自我"客体化"，以第三者的视角来表征、监控和调节自我与他人的关系。①

对外宣传上我们更倾向于宏大的叙事与场面，效果却差强人意。总结以往经验，宏大的场面或许更需要微观角度的呈现。2015年习近平总书记在美国华盛顿州演讲时，讲述了自己在梁家河插队的故事。从自身细节出发把中国梦同人民对美好生活的向往紧密结合，通过切身感受到的小变化反映了我国在时代浪潮中的大变迁，共情就是这样产生的。一味地追求恢宏的效果显得空洞浮华，以小见大则增添了一叶知秋的艺术情趣。

2. 提供思考，不只是呈现答案

无论是戏剧作品、舞蹈作品，抑或是影视作品，我国都对大团圆结局有着极大的偏好，大团圆结局在中国已经逐渐变成了一种富有民族特色的审美趣味。苏珊·朗格在《情感与形式》一书中曾对东西方喜剧与悲剧的偏好原因有过描述。她指出，西方文化认为人生在有限的时间里应做命运的主人，强调了自我坚持抗争以捍卫价值观的庄严悲剧感；东方文化则认为人生轮回都是因果报应的映射观念，使东方人有着笑对人生、苦中作乐的态度。

---

① 吴飞：《共情传播的理论基础与实践路径探索》，《新闻与传播研究》2019年第5期。

例如中国传统文本《梁山伯与祝英台》，虽然男女主角看似在社会的重压下殉情，在另一个维度却幻化成双宿双飞的蝴蝶，这也在结局上做出了尽可能的大团圆。在东方的"大团圆"审美趣味中形成的作品更多的是对过程的体悟，结局只是为观众交代了一个完整的答案。相对于东方而言，西方的悲剧审美下的作品则不急于做判断、提供答案，而是为观众提供延伸思考的空间。朱光潜曾说过："悲剧满足于作为一个问题展示在人面前的那些痛苦的形象。"[①] 从心理学角度分析，悲剧相较于喜剧更能引起警示性共鸣，震撼力更强。悲剧比喜剧形成的延展力更深层，在人的潜意识里忧患意识或许比愉悦乐观更占上风，所以大多数受众记忆深刻的往往是悲剧。细数我国的演出作品，绝大部分都是喜剧结局，或是在大悲之后收获了喜。喜剧从某种角度而言是在逃避现实，而我们对于优秀艺术作品的要求往往囊括了对现实世界的观照和警示作用。故而在跨文化传播过程中共情能力的体现也在于对传播的渗透上，引发受众的思考比敞开给出答案更让受众记忆深刻。

笔者并非拿悲剧与喜剧来比较优劣，而是通过两种题材艺术形式的横向对比挖掘出更适合演出贸易的跨文化传播路径。上文提到了艺术作品共情能力的重要性，优秀的艺术作品如若能为受众提供思考，而不只是提供一场审美的集中体验，这样则能提高该作品的共情能力，继而提升传播效果。

（三）推动演出贸易平台的构建

推动对外演出贸易的发展应健全演出平台的铺设，国家院团与民营演出机构之间可以实现演出资源共享，例如平台的共享、剧目作品的借鉴学习、民营机构积极与国营演出集团合作等，拓展文化交流演出的机会，塑造中国文化"走出去"演出剧目的影响力。

1. 平衡演出资源，促进演出与旅游的整合

目前国家院团与民营演出机构的演出资源呈现不平衡的态势。国家院团的重要使命是完成国家层面的文化交流活动，但对于推动对外演出贸易而

---

① 朱光潜：《悲剧心理学》，人民文学出版社，1983，第212页。

言，仅仅停留在文化交流上却不利于中国文化"走出去"。以国家院团中国对外演出集团为例，截至2010年共向海外派出各类艺术团组达216个，在世界80个国家和地区的210座城市演出19700场。而民营机构相较之下处境困难，天创国际演艺公司在2009年携《功夫传奇》进入英国伦敦大剧院，连续演出27场，观众上座率为60%。基于以上数据可以看出国家院团与民营机构演出资源不平衡的现象。相关政府机构应积极搭建海外的演出平台，从文化交流拓展到文化贸易，让市场来当演出贸易的试金石，不断打磨出优秀的演出作品，继而促进演出贸易的发展。在民营演出机构增强自身能力的基础上，利用好运营效率高、管理机制扁平、创作空间大、市场自由度高等优势，提升我国演出贸易的国际影响力。

2019年3月，文化和旅游部发布了《关于促进旅游演艺发展的指导意见》，报告指出要深化跨国跨境的演出合作机制，推动与周边国家和地区率先开展旅游演艺交流合作，组织开展跨境节庆共办、品牌共建、文化援助等活动，优先推动国家边境旅游试验区和边境全域旅游示范区创建单位打造跨境旅游演艺节目。鼓励旅游演艺经营主体加强与境外知名演出团队的合作，允许依法引进境外资本投资国内旅游演艺市场。[①] 在文化、旅游深度融合的当下，要把握演出业与旅游业之间的产业衔接，加强与"一带一路"沿线国家的文化合作。旅游业带动演出业，演出业同样也能够成为旅游业的助力，例如爱丁堡艺术节、阿维尼翁艺术节等都是以艺术为载体促进了当地的旅游业发展。另外，实现跨文化传播并不一定要在海外才能够实现，他者来到我国被中国传统文化所感染同样也是跨文化传播，这对我国演艺节目与旅游业的融合提出了更高的标准与要求。总而言之，对外演出贸易的发展不仅取决于走出国门，其核心更在于优秀的作品是否能被更多受众看到、接受，继而影响其行为。

2. 孵化知识产权，树立品牌意识

当前我国的对外演出贸易都是以剧目输出为主。剧目输出虽风险较低、回报稳定，却无法产生辐射面广的推广效果，且传播效率与市场影响

---

① 文化和旅游部：《关于促进旅游演艺发展的指导意见》，http://zwgk.mct.gov.cn/auto255/201904/t20190401_841268.html，2019年3月14日。

力都较低。以国家艺术基金2019年度对外交流推广项目的自主情况来看（见表2），演出类作品都以海外展演的形式实现交流。反观我国对于海外演出的进口情况，演出版权形式的引进占比很高，音乐剧版权的购入更是空前。例如《猫》《摇滚年代》《灰姑娘》等音乐剧都是通过购买海外版权在我国演出的。版权输出型相较于剧目输出型避免了剧目输出时烦冗复杂的演出流程，降低了贸易壁垒、加快了资本回收。当前我国对知识产权输出的重点是书籍类，国家文化出口重点企业和重点项目中书籍版权的项目占比很高。同样无论是书籍或演出，知识产权的塑造和维护都是重要的一项。

表2 国家艺术基金2019年度对外推广项目

	项目名称	立项主体名称
1	藏剧《朗萨雯波》巡演	西藏自治区藏剧团
2	壮剧《冯子材》巡演	广西壮族自治区戏剧院
3	舞剧《花儿》巡演	宁夏演艺集团歌舞剧院有限公司
4	音乐剧《丝路恋歌》巡演	四川民族歌舞团

另外，我国在对外演出贸易中还应注重树立品牌意识，增强品牌的影响力。品牌意识常被用于企业的经营策略，对制定战略、塑造品牌形象有重要的促进作用，是现代竞争经济中能够引领企业制胜的战略意识。在演出行业，品牌的塑造同样会对作品本身有着助益，应树立品牌继而利用其影响力提升作品的传播范围和效果。例如成立于2003年的开心麻花，经过十八载的努力形成了强有力的品牌号召力与影响力。截至2018年，开心麻花净利润增长441%，年度大剧场演出超过1000场次，这个数字上是其他民营戏剧机构难以比肩的。开心麻花的成功不仅建立在作品的精良上，更在于其对品牌的塑造和树立。舞蹈行业中同样也有利用品牌来促进演出贸易的，杨丽萍成立的文化传播公司将自身的影响力、号召力和企业品牌融为一体，打造了富有民族特色的舞蹈演出形态，也成为国家文化出口重点企业之一。上文提到的《对话·寓言2047》是由张艺谋执导的系列作品，张艺谋力图将该演出打造为品牌演出，为后续的对外演出打下坚实的基础。开心麻花、杨丽萍、张艺谋都通过品牌的塑造来突出市场的竞争重

围，对企业的品牌定位、战略、运营、管理、作品等方面进行把控，来区别于其他院团或是海外市场，实现差异化竞争。于对外演出贸易而言，只有有了强大的演出企业、艺术院团品牌，才会有强大的国家品牌。

结　语

在国际形势日趋紧张的当下，各国对文化传播的力度都会进一步加大，对外演出贸易也面临着空前的市场竞争局面。我国对外演出贸易的下一步目标，还是要实现从市场占有率向国际社会价值引导力的转变，而这样的转变就需要从跨文化传播的角度切入理论指导实践，避免在传播过程中走不必要的弯路。我国的对外演出贸易未来还会有很多困难险阻，要从传播主体、传播内容、传播渠道、传播方式等多方面提升传播能力与效果，继而实现中国优秀传统文化"走出去""走进去"。

融合发展

特色小镇发展现状、问题与融合创新

孔 蓉 何丽红[*]

摘 要：特色小镇作为国家供给侧结构性改革的重要平台，在促进新型城镇化建设和经济转型升级方面发挥着重要抓手作用。作为文化工作者，应立足于新时代大文化观，以贯彻落实国家战略性部署为己任，着力于"文化+"跨界融合，以文化建设推动特色小镇向高质量、内涵式、可持续发展的新模式转变，以特色小镇作为文化新经济实践场，推动文化产业创新发展。

关键词：特色小镇 文化产业 文化+

党的十九大胜利召开以来，在习近平总书记新时代中国特色社会主义思想指引下，我们要站在国家经济、政治、文化、社会、生态等前瞻性、全局性战略部署层面，以宽阔的视野、精准的目标、清晰的路径、务实的操作，探索中国特色小镇的创新性发展。

一 特色小镇发展现状简析

（一）国外特色小镇发展成因分析

特色是一个事物或者一种事物显著区别于其他事物的风格、形式，是

---

[*] 孔蓉，文化和旅游部艺术发展中心副主任、"文旅中国"建设工程负责人、产业融合研究者；何丽红，博韬创略文化创意有限公司策划总监。

由事物赖以产生和发展的特定的具体环境因素所决定的，是其所属事物独有的。国外特色小镇是在内外两种力量共同作用下产生的，经过不断积累、沉淀、演变，最终慢慢形成。

其一，国外特色小镇大多因文化传承的内因而铸就。欧美国家是以小镇为单元的国度，很多小镇在几百年的历史传承中留下了一代又一代人的印迹，无论是建筑肌理、人文风情、商业形态还是生活习惯、传统工艺，都代表着一种文化传承和精神象征。这种历史文化传承以及人们的小镇生活习惯是西方特色小镇形成的重要原因。目前因文化传承而产生的小镇类型多样，主要包括能人返乡创业类、文化传承延续类和名人催生类。

其二，由城市外疏、收入均衡等外因形成特色产业小镇。从20世纪中期开始，欧美国家进入"逆城市化"过程。大都市周边的小城镇土地便宜、环境宜居、交通便利，以及欧美发达国家各地区收入相对均衡，推动人口外溢和居住郊区化。很多企业把总部或部分核心功能搬迁至大都市周边的小城镇，通过企业或产业带动周边小镇的发展，打造全新的以小镇为单元的经济增长极。政府通过城市规划积极引导有基础的特色产业小镇的发展。目前因"逆城市化"而产生的小镇类型多种多样，主要包括企业总部型和新产业型。

这些小镇经过时间和空间的沉淀，除去形态和类别的差异，它们都有一些共同的核心要素：有足够支撑特色小镇品牌的价值取向和精神标识（人文精神与企业文化）；有呈现主题特色和表达品牌人格化的系列文化元素（识别系统）；具有体现本土文化空间高度、信仰象征的精神、政治地标（价值高地）；注重打造教化民众、传承文化遗产和作为精神凝聚点的文化传承教育体验公共空间（公共服务）；拥有独具特色又具上下游关联性的产业生态（产业链条）；具有缩小了的城乡差距与文化自信差距的人文生态（人文涵养）；以沉浸式、体验式将小镇特色自然景观与自然生活状态有机融合（情感体验）。

特色小镇中华自古有之，只是未冠以"特色"二字。国外的特色小镇究其特色，几乎都具有人格化的品牌口碑，强化了精神上的认同感和归属感，因此名扬世界。我们在学习借鉴时，不仅要看到其产业特色、经济贡献指标及物化载体、空间形态，更需要深度剖析其背后深层次的意识形态理念与无形的价值支撑体系。

纵观国外系列特色小镇发展成因及发展历程，主要得益于对"四力"的强化与落实。

高举高打文化生命力，铸就小镇特色品格。国外特色小镇的发展跳出小镇区域，跳出产业门类，在文化、产业、生活、生态的高度寻找更高的价值点，通过虚实结合、长中短期利益平衡的方式，让小镇更具有持续竞争力和长久生命力。

深度培育产业驱动力，实现三产联动发展。国外特色小镇以一类主导产业为支撑，依托本产业相关的龙头企业做大做强，发展特色产业，带动经济增长。对于特色小镇产业进行深度培育，实现关联性产业的融合发展，培育产业集群、产业生态圈，扶持龙头企业，由此构建起小镇长久的产业驱动能力。

提升强化旅游辐射力，增强小镇外向度。在国际特色小镇的发展中，旅游是特色小镇的某种基质与外来驱动力，通过调动游客市场的积极性，吸引更强的消费力，扩大影响传播力，也是打通三产的重要通道。

筑巢引凤，构筑生活吸引力，营造小镇生活新空间。国际特色小镇都是最适合人居住的小镇，是一个生活环境与生态环境有机融合的优质生活平台。通过现代科技手段及丰富的生活配套服务设施打造宜业、宜居、宜游的休闲氛围，构筑小镇高品质生活吸引力和居住者的归属感，从而吸引人才与企业入驻。

（二）国内特色小镇发展历程及存在问题

1. 特色小镇发展沿革及现状

国内特色小镇建设始于2014年，浙江省为解决经济区块发展不平衡问题首次提出"特色小镇"概念，希望以此形式推动区域经济转型升级，涌现出以梦想小镇、云栖小镇为代表的一批特色产业小镇。截至2015年底，浙江省首批37个重点培育的特色小镇已集聚企业3300家，引进1.3万余名人才，并带来含金量较高的新增投资、新建项目和新增税收。

此后国家发展改革委等相关部门，根据国家供给侧结构性改革发展的要求，以区域产业转型与消费升级为主要推动力，促进区域发展动能转换，将特色小镇作为推进供给侧结构性改革的重要平台。2016年，《国务院关于深入推进新型城镇化建设的若干意见》发布，提出加快培育特色小城镇。住建部等相关部门充分发挥特色小镇有利于促进城市和小城镇协调发展，有利于辐射带动新农村建设的作用，将特色小城镇作为深入推进新型城镇化的重要抓手。2016年10月，住建部公布第一批中国特色小镇。2017年7月，住建部公示全国第二批276个特色小镇，全国特色小镇数量达到403个。

区域发展有别，各地特色小镇发展呈现较大差异性。其中长三角地区经济发展活跃、居民收入水平相对较高，为特色小镇发展奠定了较好的经济基础。京津冀地区相比之下，特色小镇数量偏少，但基于大城市的产业辐射与消费带动潜力，未来具备较大发展空间。苏、浙、鲁三省在政策性层面上更加注重特色小镇培育，因此特色小镇总量位居全国前三，第二批特色小镇入选数量是第一批入选数量的2倍。

文旅类小镇占据半壁江山。超过60%的特色小镇为传统产业升级，如旅游、文化、农林牧渔等，其中以旅游产业为主的小镇占比达到37%，连同占比16%的传统文化产业，仅文旅类型小镇超过特色小镇总量一半。信息、健康、时尚、金融、环保等新兴产业占比30%左右，相对较少。但为促进产业转型升级，国家在第二批特色小镇申报时提出"以旅游文化产业为主导的特色小镇推荐比例不得超过1/3"，旨在对新兴产业给予更多的政策倾斜。

多层次、复合型模式初具特色。文旅特色小镇依托在地自然资源、人文资源，以及文化产业、休闲体育产业、休闲农业、医疗康养产业等特色产业，形成具有一定特色的复合型旅游产品，拓宽了传统以门票收入为主的盈利模式。从一级地产开发到小镇运营，不同产业类别带动小镇多方位业态功能升级，探索多层次盈利模式。

2. 特色小镇国家出台政策及相关评价标准原则

（1）国务院及有关部委推动特色小镇发展出台的系列政策

在《国家新型城镇化规划（2014－2020年）》的指导下，国务院及各相关部委纷纷出台了推动特色小镇建设的政策意见，不仅推动特色小镇多元发展，也对发展过程中的矛盾与不足进行动态调整与纠偏。

2015年国务院发布《关于积极发挥新消费引领作用加快培育形成新供给新动力的指导意见》，提出发挥小城镇连接城乡、辐射农村的作用，提升产业、文化、旅游和社区服务功能，增强商品和要素集散能力，鼓励有条件的地区规划建设特色小镇。

2015年12月底，习近平总书记对浙江"特色小镇"建设做出重要批示："抓特色小镇，小城镇建设大有可为，对经济转型升级、新型城镇化建设，都具有重要意义。"国务院、国土资源部、住建部、发展改革委、国家体育总局等纷纷落实指示精神，出台了系列关于特色小镇的新型城镇化和经济转型为重点的政策法规。

2016年2月，《国务院关于深入推进新型城镇化建设的若干意见》发布，提出加快培育特色小城镇，发展具有特色优势的休闲旅游、商贸物流、信息产业、先进制造、民俗文化传承、科技教育等魅力小镇。

2016年4月，国土资源部发布《国土资源"十三五"规划纲要》，提出用地计划向中小城市和特色小城镇倾斜，向发展潜力大、吸纳人口多的县城和重点镇倾斜。

2016年7月，住建部、国家发展改革委、财政部联合发布《关于开展特色小镇培育工作的通知》，提出"到2020年，培育1000个左右各具特色、富有活力的休闲旅游、商贸物流、现代制造、教育科技、传统文化、美丽宜居等特色小镇。"

2016年10月8日，国家发展改革委发布《关于加快美丽特色小（城）镇建设的指导意见》，第一次明确了特色小（城）镇包括特色小镇、小城镇两种形态；同年10月31日，国家发展改革委公布《关于加快美丽特色小（城）镇建设的指导意见》，提出绿色引领，建设美丽宜居新城镇，鼓励有条件的小城镇按照不低于3A级景区的标准规划建设特色旅游景区，将美丽资源转化为"美丽经济"。

2017年5月9日，国家体育总局下发《关于推动运动休闲特色小镇建设工作的通知》，标志着我国体育健康特色小镇建设工作的正式启动。

2017年12月4日，国家发展改革委、国土资源部、环保部、住建部联合发文《关于规范推进特色小镇和特色小城镇建设的若干意见》，为特色小镇建设规定了五条基本原则：坚持创新探索，防止"新瓶装旧酒"；坚持因地制宜，防止盲目发展、一哄而上，不搞政绩考核；坚持产业建镇，防止千镇一面和房地产化；坚持以人为本，防止政绩工程和形象工程等；坚持市场主导，防止大包大揽和加剧债务风险。

2018年中央经济工作会议首次提出以人的城镇化为目标、高质量发展特色小镇。

2018年全国农村工作会议将特色小镇作为乡村振兴战略的一个重要支撑。

（2）相关部委颁布的特色小镇评价标准原则

目前部分国家部委及相关省份已提出特色小镇建设目标、原则、重点任务及评价体系要求。国家部委层面主要有国家发展改革委、国土资源部、环保部和住建部四部委提出的特色小镇评价标准，农业农村部、国家林业局、国家体育总局等相关部委提出的评价标准重点以及评价体系。

国家发展改革委等四部委：立足促进新型城镇化建设和经济转型升级目的，以特色小镇和小城镇建设作为供给侧结构性改革的重要平台，因地制宜、改革创新，发展产业特色鲜明、服务便捷高效、文化浓郁深厚、环境美丽宜人、体制机制灵活的特色小镇和小城镇；以坚持创新探索、坚持因地制宜、坚持产业建镇、坚持以人为本、坚持市场主导为基本原则；以准确把握特色小镇内涵、遵循城镇化发展规律、注重打造鲜明特色、有效推进"三生融合"、厘清政府与市场边界、实行创建达标制度、严防政府债务风险、严控房地产化倾向、严格节约集约用地、严守生态保护红线为重点任务及评价体系。

农业农村部：立足农村资源禀赋和特色产业基础，以"互联网＋"为手段，充分发挥市场主体作用，创新制度机制，高起点、高标准、高水平培育一批特点鲜明、产业发展、绿色生态、美丽宜居的农业特色互联网小镇；坚持政府引导与市场主体，坚持创新驱动，坚持绿色发展，坚持合作共赢，坚持试点先行；加强农业小镇的互联网特色建设，发展农业农村数字经济的新业态新模式，培育绿色生态优质安全的农业品牌，建立可持续发展机制。

国家林业局：立足林业发展，以提供森林观光游览、休闲度假、运动养生等生态产品与生态服务为主要特色，以融合产业、文化、旅游、社区功能的创新发展平台为建设目标；坚持科学规划与有序发展，坚持试点先行与稳步推进，坚持政府引导、林场主导与多元化运作；以建设地点区位良好，具有一定规模，建设积极性高，当地政府重视，有政策扶持，主导产业定位准确，主要依托森林资源和生态优势的绿色产业，接待条件良好、基础设施完善、公共服务设施完善为重点任务及一级评价指标体系。

国家体育总局：以加快推动体育领域供给侧结构性改革为目的，将运动休闲特色小镇建设和脱贫攻坚任务紧密结合起来，多措并举、综合施策、循序渐进、以点带面，促进体育与健康、旅游、文化等产业实现融合协调发展，带动区域经济社会各项事业全面发展；以因地制宜、突出特色、政府引导、市场主体、改革创新、融合发展、以人为本、分类指导为基本原则；以特色鲜明的运动休闲业态、深厚浓郁的体育文化氛围、与旅游等相关产业融合发展、脱贫成效明显、禀赋资源的合理有效利用为重点任务及一级评价指标体系。

按照中国七大地理区域，我们分别选取了每个地理区域中国家级特色小镇数目最多的省份，对其推动特色小镇建设提出的目标、原则和任务要求进行了梳理。

通过对已颁布实施的系列评价标准进行调研分析可以看到：①一级指标类型仅分为产业形态、美丽环境、设施服务、体制机制四大类；②指标描述以定性为主，未建立科学量化的层级指标分类体系，无采样建模数据支撑，标准评判弹性过大、精准度不够；③评价标准原则对文化等软性要素关注不多，缺失较多；④评价重点基于建设阶段，对发展的成长性评价相对较少，投入与产出效能评价不足；⑤评价的标准化、体系化、数字信息化建模架构有待升级。

3. 特色小镇建设发展过程中面临的主要问题

综合分析特色小镇现状，其发展过程中存在的主要问题是以下三点。

（1）偏重产业经济效益，"三生融合"尚未呈现。政府部门立足行业、地区发展需求，根据供给侧结构性改革和新型城镇化发展的要求，促进区域产业升级以及新型城镇化的发展，但是过于关注产业经济发展和投入指标，对生态、人文、社会综合治理等方面关注不够。未来发展须以人为本，统筹协调人与自然、人与人、人与经济之间的和谐平衡关系，真正实现特色小镇生态、生活、生产的"三生融合"，体现高质量、内涵式、可持续发展。

（2）评价标准注重"形而下"物化载体，缺乏"形而上"人文精神及价值观导引。特色小镇是中国特色社会主义建设的组成部分，应围绕社会主义核心价值观建设，以特色小镇文化IP为载体，通过特色小镇文化建设，系统地向社会公众主动展示传播，增进互动交流，着力传播中华民族优秀文化精神，营造积极向上、和谐稳定、繁荣发展的民族精神与社会主义核心价值观。充分展示中华文化精粹，畅通中华文化和价值理念的传播渠道，以产品、业态、产业的立体化呈现方式，通过文化消费打造中华文化软实力。

（3）开发主体参与广度与市场推动力不足，传统业态相对单一，新兴产业培育不足，开发运营管理滞后。目前特色小镇的开发、建设运营主体以房地产企业、国企央企、部分产业内容商、地方政府为主，各类主体虽然具有相对开发优势，但在执行过程中，由于行业资源、产业要素、建设链条分割，政府主导与地产强盛，市场化程度不够，出现了诸如招商引资分散、项目分割碎片化、核心产业不突出、全产业链配置不全、文化特色不凸显等现象，从本质上呈现房地产化和重复建设的倾向。重建设、缺内容、轻运营，存活率、竞争力、未来成长性都较低。

二　文化在特色小镇战略性迭代中的地位与作用

（一）新时代下特色小镇发展模式的转型升级

以党的十九大召开为标志，中国进入新时代。在习近平总书记中国特色社会主义思想的带领下，在十九大描绘的宏伟蓝图下，继往开来，需要对特色小镇的建设发展从政治高度、产业深度、社会广度上展开思考，深刻理解特色小镇内涵，明确特色小镇定位，针对存在的问题与不足，制定可执行的目标与路径，推动效益成本兼顾。

根据特色小镇发展的阶段性特征及未来趋势，可以将其大致归纳为以下几种模式。

①产业园区升级模式（1.0版本）：以浙江区域经济产业发展的转型升级为蓝本，打造开放式产业集聚的特色产业小镇。属性定位于产业经济领域。

②行政镇域升级模式（2.0版本）：以新型城镇化建设升级为蓝本，打造产业转型升级及新型城镇化背景下的特色小镇及小城镇。属性定位于产业经济与城镇化领域兼顾。

③产业经济兼顾行政镇域模式（2.5版本）：以国家发展改革委项目制及住建部新型城镇化建设为蓝本，着力于产业、行业特色，打造新型特色小镇及小城镇。属性定位于经济社会综合发展领域。

④高质量、内涵式、可持续发展模式（未来3.0版本）：以国家相关战略部署为蓝本，联动经济、政治、文化、社会、生态统筹协调发展，打造以人的城镇化、高质量、永续发展为目标的中国特色小（城）镇。属性定位于社会经济综合发展与国家战略紧密结合的领域。未来将与乡村振兴战略、优秀传统文化传承与发展、生态保卫战等互为支撑。

（二）文化在新时期中国特色小镇建设发展中的地位与作用

中国特色社会主义发展进入全面建成小康社会的决胜阶段，在统筹推进"五位一体"总体布局、协调推进"四个全面"战略布局、为实现中华民族伟大复兴的中国梦不懈奋斗的时期，在中国经济发展进入新常态、践行五大发展理念的新阶段，特色小镇承载着中华文脉传承、文化自觉建立、文化自信培育、文化繁荣复兴、文化软实力提升、传统产业转型升级、新产业要素集聚与价值链提升、城乡二元统筹、满足人民美好生活需求与美丽家园建设等诸多重任。尤其在彰显中华民族精神标识、树立社会主义核心价值观、打造人文精神价值高地方面，文化有着不可推卸的责任与无可替代的作用。文化引领与贯穿中国特色小镇建设与发展始终，是时代赋予我们的历史重任。

结合中国特色社会主义建设，特色小镇应当体现国家意志与综合竞争力，是贯彻落实优秀传统文化传承与发展、乡村振兴战略、生态文明建设、产业转型升级、新型城镇化建设的供给侧聚合点，是将生态资源、文化资源、产业资源有机融合并转化为国家、产业和社会核心竞争力的有效空间载体。

文化基因是相对于生物基因而言的非生物基因，主要指先天遗传和后天习得、主动或被动、自觉与不自觉而植入人体内的最小信息单元和最小信息链路，主要表现为信念、习惯、价值观等。特色小镇文化建设与发展的主要任务是以文化基因的繁育为核心，以文化元素的提炼、创意和再生设计为手段，对属地特色自然资源、人文资源、产业资源等关联性资源进行一体化深度整合，打造集合理念识别、行为识别、视觉识别、社会反馈等的系统化的特色小镇文化IP，将特色小镇构建为生态、生活、生产有机融合的生态型空间体系，并使其成为具有历史记忆、传承文化、现代时尚、面向未来的生命体。

其一，以特色小镇的文化基因整合价值、利益、情绪、传统作为创新动力，赋能社会与经济。主要以具有农耕特质、民族特色、地域特点的物质文化遗产与活态的乡土文化、民间艺术、戏曲曲艺、手工技艺、民族服饰、民俗活动等非物质文化遗产为基础，创造性地将传统优秀文化与现代文明相结合，系统推进传统文化创新传承与创造发展，打造中国特色文化IP，探索以文化与空间的有机融合，推动文化产业内部、产业与社会各领域之间生态化、协同化发展，建设新产业发达、文化繁荣、价值广泛的"文化中国"。

其二，通过社会综合治理创新体系建设使特色小镇成为物质文明与精神文明同步发展的新载体。以先进社会主义文化理念与社会主义核心价值观为导引，以高度的文化自觉与文化自信激发人的精神力量，以人的城镇化为目标，以高质量发展特色小镇为实践场，集聚优质人才与新产业要素，推动城乡二元统筹，以点带面，集群式联动形成网格化布局，支撑乡村振兴，最终实现人的全面发展和社会的文明进步。

其三，通过文化价值再造，提升创新经济的"软动力"。以文化与新经济技术、逻辑、模式相结合而创新的文化新经济产业开发，跨行业融合发展推动文化产业与传统产业的转型升级；以一二三产融合发展孵化培育新业态、新产业。推动产业附加值与无形资产的提升，重塑传统产业要素与价值链，为传统产业提供新的成长和变革空间，培育新型产业，促进产业迈向全球价值链中高端。中国特色小镇将成为中华民族复兴和国家富强的重要活体细胞，成为世界文化之林中焕发异彩的中华文化基因繁育之地。

中国特色小镇承载着确定中华文明延续的自主地位、重建中国文化自信、培养文化精英意识、提高公民人文素养、原真性还原传统人文结构和逻辑体系的历史责任和当代使命，发挥从乡村文化建设到人文新城、从文化教育到全面复兴优秀传统文化的纽带和桥梁作用。通过集群式特色小镇文化传承创新体系建设，确立中国在世界文化丛林中的文化定位，在人与自然关系的生态文明中的文明定位；在人文资源保护与发展、有形与无形资产经营中、国家软实力竞争和产业价值链条中的产业定位；在世界历史时空中认识和导读中华文化缘起、逻辑、关系和重大成果的历史定位。

文化是特色小镇的个性灵魂，文化是特色小镇的内核，文化特色是特色小镇隐形的DNA。以文化为抓手、以文化为支撑，中国特色小镇作为社会主义经济与文化繁荣兴盛之地，立足国际化趋势和创新性发展态势打造文化与经济的引导力、创造力、竞争力，构筑中国精神、中国价值、中国力量，为世界贡献中国智慧与中国方案。这是文化在中国特色小镇建设与发展中的作用与意义。

三 关于推动特色小镇文化建设与发展的实施路径

（一）制定"中国特色小镇文化建设与发展导则"，构建具有科学性、规范性、成长性的"中国特色小镇建设与发展评价标准体系"

以文化作为引领和贯穿特色小镇建设与发展的主线，实现生态、生活、生产的有机融合、协调发展，我们可以多维度、立体式把特色小镇划分为三个类别。

第一类，以中华优秀文化传承保护与发展为目的的传承型特色小镇。秉承文化价值与生态价值的叠加，倡导"各美其美，美其所美"，以极具个性、高品质、生命力奠定其社会存在价值和市场消费地位。此类小镇遴选于中国文化名镇、名村，以及会集名人、名品、名产等资源的名地，立足于区域性物质与非物质文化遗产资源禀赋，它们是中华优秀文化体系建设的基石，承载文脉传承、人文涵养、增进自信的重任。此类小镇比较多，约占50%。

第二类，以产业集聚为目的的产业型特色小镇。秉承文化价值与工业价值的叠加，倡导传统产业的价值链提升与新产业、新经济模式探索，立足于经济发达地区，遴选于产业集聚区、企业总部基地、知名旅游景区、大城市周边等，是传统经济转型升级和新经济模式试点、示范型小镇，承载经济转型升级、结构性调整的国家战略重任。此类小镇占比约为40%。

第三类，以打造全球竞争力为目的的国际型特色小镇。秉承国家全球战略价值，它们是经得起国际同行考验以及获得国际社会和消费者认可的特色小镇，是未来具有龙头带动作用和标杆示范效应，在国际舞台展示中国精神、中国价值、中国力量的精英类特色小镇，承载为世界做出中国贡献的责任和使命。此类小镇占比为10%左右。

根据不同类型特色小镇在社会价值与经济价值、社会效益与经济效益、单项竞争力与综合竞争力等方面平衡点的不同，建立"中国特色小镇建设与发展评价标准体系"，体系由筛选系统（主文化识别系统、分类系统）和评定标准系统（总体评价系统、分项评价子系统）两部分组成，以导则和实施细则发布为目标和路径，配合相关行业部门建立政策体系框架，实施央地动态监管。三种类型的特色小镇各有交叉和递进的关系，呈现开放式生态型结构，通过自愿申报和评价标准规范分类获得相应定性资质、荣誉称号、政策和资源扶持及动态成长空间，顶层架构分为导则及实施细则、评价标准系统、政策扶持体系、动态监管机制四个部分，构成特色小镇建设发展良性循环的内在支撑。

（二）聚焦战略性数字文化产业与文化旅游新兴产业，探索文化新经济产业开发新模式

文化新经济是用新经济的技术、逻辑、方法，来对文化产业进行跨界创新、迭代创新，从而促进文化产业的整体提升和可持续发展。探索文化新经济产业开发，旨在推动文化产业自身的转型升级以及"文化+科技、金融、信息、工业、农业、体育、健康、教育"等跨界融合发展，培育新业态、新模式、新消费、新增长，以创新、创业双孵化培育壮大文化产业

的市场主体。

综观世界，先进国家的优质文化内容无可抵挡地流入文化信息匮乏、文化内容产品低劣的发展中国家和欠发达国家，美、英、德、法、日、韩等国投入庞大的预算搞活创造性产业，不仅出于经济原因。一个国家文化的重要性关乎民族与国家的命运和在世界舞台上的普适话语权与国家软实力。

特色小镇建设应落实国家供给侧改革方针，顺应信息时代、互联网时代、知识经济时代的全球发展趋势，顺应先进生产力、生产方式的变革潮流，突破以土地、能源、材料等为主打的传统产业资源要素的制约瓶颈，推动以非物质资源、无形资产等无形价值渗透到传统产业的价值链，为传统产业的成长和变革拓展空间。以特色小镇为载体的文化新经济产业生态体系，以文化创新、跨界融合催生共享经济、消费经济、数字经济、授权经济、会展经济、生态经济等新经济形态，打造特色小镇新经济产业生态体系的价值链、创新链。以特色小镇为孵化器、加速器，注重对已具规模的新兴产业做大做强，给正在成长的新兴产业预留发展空间，对萌芽状态的新兴产业超前谋划布局。鼓励、扶持、推动文化聚合、实体经济、科技创新、现代金融、人力资源在镇域范围内的协同创新发展。

（三）结合国家关于优秀传统文化复兴、乡村振兴、生态保卫战、新经济发展等战略性部署，构建特色小镇体系化建设与发展的顶层设计，实现多点联动，跨行业有机融合

新时代下的特色小镇建设与发展，应秉承"立足国家战略、实现文化繁荣、传播核心价值、践行以人为本、建设生态文明、对接国际理念、推动区域发展、引领创新驱动"的理念。中国特色小镇既是弘扬中国特色社会主义文化的自觉选择，也是推动新经济发展的实践场。未来特色小镇建设的核心任务，应该通过文化聚合，形成包括规划布局、特色风格、业态配置、运营模式、投资结构、营销手段、公共服务、社区自治等方面的综合性创新模式，探索建立以企业为主体、市场为导向、产学研用政深度融合的新经济创新体系。

我们在2017年的工作实践中，重点围绕评价标准建设、试点模式实践、国家工程实施、重点课题调研四个层面展开。以特色小镇调研课题为切入，试行产学研用政一体化工作方式。一是在调研基础上将课题成果转化为导则与标准体系建设；二是将课题延伸落地，在全国选取8个文旅融合试点项目开展央地共建；三是通过国家财政立项"文旅中国"建设工程，作为"十三五"时期推动文旅产业发展的具体抓手；四是探索以文化新经济产业开发聚焦"文化+科技+金融"，筹建文化新经济国家工程中心。2018年重点探索数字文化产业与空间融合发展的IP TOWN模式试点深化及泛娱乐IP与文旅项目的转化。

发展中国特色小镇，是新时代的一项创新性战略，是历史责任与使命，也是时代机遇与挑战。我们必须践行国家大政方针，把特色小镇创建工作做实、做专、做精，做出品质、做出品牌、做出效益，为国民经济和社会转型升级注入文化血液，推动社会主义精神文明和物质文明协调发展，让中华民族复兴之梦早日实现。

文化与旅游融合：北京经验与政策创新

郭万超 孙 博*

摘 要：北京市拥有独特的资源优势，在融合发展上大有可为。在文化与旅游融合发展的元年，北京市立足全国文化中心和国际一流旅游城市的总体目标，将文化与旅游融合发展同全市中心工作紧密结合，在科学总结以往创新实践的基础上，以推动文化和旅游供给侧结构性改革为主线，以提质增效、产业联动、跨界融合、综合治理为重点，发挥文化和旅游在培育发展新动能、服务民生新需求、塑造经济新支点、释放消费新潜能上的重要作用，全面推进文化与旅游实现"真融合""深融合""广融合"。

关键词：文化 旅游 融合发展 北京市 政策

以习近平同志为核心的党中央高度重视文化建设和旅游发展，把文化与旅游融合发展摆在突出位置，进行战略谋划。北京市拥有深厚的文化底蕴、广阔的旅游市场、独特的资源优势、蓬勃的创新活力、多元的融资渠道、良好的营商环境，在融合发展上大有可为。2019年是文化与旅游融合发展的元年，我们立足全国文化中心和国际一流旅游城市的总体目标，将文化与旅游融合发展与全市中心工作紧密结合，以推动文化和旅游供给侧

---

* 郭万超，北京市社会科学院传媒研究所所长、北京市文化产业研究中心主任、研究员；孙博，中共中央党校（国家行政学院）博士，北京市文化和旅游局研究室主任科员。

结构性改革为主线，以提质增效、产业联动、跨界融合、综合治理为重点，发挥文化和旅游在培育发展新动能、服务民生新需求、塑造经济新支点、释放消费新潜能上的重要作用，全面推进文化与旅游实现"真融合""深融合""广融合"。

一 北京市文化与旅游融合发展的实践创新

（一）强化文化主题引领，打造经典文化旅游线路

以文化内涵挖掘为根本支撑，以资源集成利用为抓手，串珠成线、以点带面。如深入挖掘中轴线文化内涵，开展中轴线南段遗产文化体验探访路线打造，初步规划设计一条主线和两条支线，以文化故事讲述的方式活化展示古都文化风采。以运河内涵挖掘为主线，开发大运河观光游、文化游、夜游、休闲游、深度体验游五大主题游线路。又如将红色传承、赏花踏青、节气文化相结合，在清明节期间推出"徒步走，瞻仰英烈致敬之旅"、"海棠美，故宫以东红色之旅"等18条"清明踏青红色游"主题线路。再如将北京主题的文艺精品力作与丰富的名人故居资源相结合，设计推出以文化解读、场景还原、生活体验为主题的文学旅游精品线路，彰显京味京韵的文化魅力。最后，以轨道交通为主线，围绕怀密线、西郊线和S2线，系统梳理沿线站点周边文化和旅游资源，打造"北京最美轨道交通线路""开往春天的地铁专列"等文化旅游线路品牌。

（二）强化文化创意设计，塑造景区发展新优势

推动景区文化内涵表达方式、传播承载方式的创新，延长景区产业链，把传统的"门票经济"改为"税收经济"。如开创性地将市属公园景区纳入文化文物单位创意产品开发设计政策扶持领域，以天坛、颐和园、景山为代表的重点景区，开发的爆款文化创意产品已经成为新的旅游吸引物和网红热点话题。又如将文创点与公园风景区景观相融合，文创店成为新的文化景点：动物主题的动物园鹈鹕商店、植物特色的北京植物文创旗舰店等以其独特的外观设计、主题鲜明的橱窗设置和专属的产品

服务供给成为景区新的靓丽风景线。再如将文化带入景区，用中国的传统文化为景区赋能，《国家宝藏》节目将文化藏品与实景体验相融合，以物为核心将传统文化引入线下场景，以寻根探秘为吸引，让"国宝"跟更多人见面，让沉浸式体验引发游客对文化的感悟，提升民众的文化获得感。

（三）依托首都独有资源，塑造文化旅游竞争优势

比如利用北京知名高校、研究机构、国际组织集中的优势，在高端研学、学术交流、教育培训等领域打造"北京服务"品牌，抢占细分领域市场先机。又如依托北京知名文化地标，推出独特的文化艺术体验旅游服务，首都剧场和人艺话剧培育了众多专程来京观看剧目的"拉杆箱游客"；798艺术区、朗园等文化产业园区成为新的来京旅游必去"打卡地"。再如深挖北京革命文化资源，北大红楼、香山双清别墅等成为各地红色教育旅游的重要目的地。依托北京作为政治中心、国际交往中心在举办具有国际级影响力的节庆、承办外事活动和赛事上的优势地位，开发文化活动经济，塑造区域文化旅游吸引新承载平台。将延庆本地文化与世园文化、园艺文化、会展文化相结合，推出22条世园主题线路。世园探秘之旅、世园延庆之旅、世园文化之旅为延庆文化旅游增添了独具一格的吸引力。

（四）强化文化内容支撑，激发文化旅游消费活力

对接文化旅游体验消费新需求，创新传统文化讲述方式，让经典与民众"零距离"。如慕田峪长城体验馆文化项目、印象长城影像区、长城工匠区及长城讲习社等板块让游客亲身体验长城文化魅力；前门非遗体验中心、"大城小像"城市微缩体验馆让北京非遗文化资源走入民心。对接夜间文化旅游消费新需求，推动文化旅游场所实现夜间开放，故宫"上元灯节"、"夜游天坛"等成为社会热议话题；以"夜游北京、夜品京味、夜赏京戏"为主线，打造夜间文化消费圈，点亮文化"夜北京"。对接阅读消费新需求，培育"书香北京"品牌。如角楼图书馆、春风习习艺术图书馆等一批阅读空间，成为城市文化旅游新地标；亲子阅读体验、专业读书沙

龙、知名学者领读等特色阅读活动吸引书迷集聚；三联、西西弗、诚品等实体书店打造 24 小时城市书房，让阅读无处不在。

（五）以文化旅游为核心，找准区域发展新支点

一是为老城注入文化新元素，大栅栏胡同区引入 PAGE ONE 书店、集成家庭式旅馆、实体书店、演出场所等复合业态功能，以独特的商业业态、传播方式和活动内容，让历史文化街区重新焕发生机。二是立足核心区降密疏解、减量提质发展定位，用多元化的呈现方式提升胡同文化内涵，以区域居民生活方式、生活态度、饮食起居等文化风貌为特色，重点推出以胡同、四合院为代表的民俗文化体验项目，文化旅游成为"共生院"建设的首选内容。三是盘活空间资源，以文化带动社区经营创新。有效盘活老旧厂房资源，箭厂胡同文创空间、方家胡同文化创意园区成为区域发展新亮点。营造多元文化空间，如砖塔胡同的正阳书局、茶儿胡同的公共文化会客厅形成主客共享的京味儿文化交往空间。四是将城区更新与风貌保护相结合，以文脉传承塑造区域文化旅游新亮点，如北京坊在改造过程中，严格进行文物保护，严控新建建筑高度，摒弃不和谐的建筑元素，注重保留原有历史风貌，保留区域内劝业场等中西文化建筑群，复兴"一主街、三广场、多胡同"的民国风格建筑游览新格局。

（六）创新文化传承方式，传统文化焕发新活力

一是以文博旅游为重点，让传统文化成为旅游体验新首选。国博的精品文化展成为旅游产品项目设计的新重点，社区博物馆、专业博物馆、名人故居、乡情陈列馆等传统文化设施承载地成为文化旅游新型目的地。二是以文创产品开发为重点，以精致美观、丰富多元、实用可亲的文化产品为载体，让旅游者把文化带回家。以文化内涵为旅游服务注入灵魂，如将故宫文化与美食体验相结合的角楼咖啡馆、冰窖餐厅等创新举措让文化融入"食住行游购娱"的旅游全过程，让文化充满烟火气，让旅游体验提质升级。三是创新传统文化的表达方式，如故宫以"千里江山图"为灵感创作的音乐"丹青千里"，以故宫猫为主题的系列文创产品，以萌萌哒的雍正帝为代表的有趣动图形象、游戏程序和文创衍生品，让厚重深邃的历史

文化以轻松、现代、互动、实时的方式走近受众，以平易近人的讲述、有趣多元的表现、时尚创新的元素让传统文化活起来。四是打造传统艺术节庆新品牌，让传统文化"火起来"。比如连续举办三届的中国戏曲文化周以广泛的戏曲剧种覆盖面、线上线下并行的互动模式、固定的黄金旅游时间设定成为百姓体验戏曲文化的盛大节日，助力丰台区成为全国戏曲文化体验中心。

（七）聚焦资源利用集成创新，擦亮文化旅游金名片

强化区域资源统筹利用，如以通州文化、漕运文化、运河文化为载体，有序串联河源区、通州区、都市区文化景观资源，营造通州文化与大运河文化联动发展格局。建立线性文化遗产资源统筹开发思路，串联沿线城市资源，以大运河非物质文化遗产联展、区域精品剧目展演、文化产业展会区域协同专项板块等方式，整合形成区域品牌效应，发挥北京在大运河文化旅游融合发展中的核心腹地作用。再如，门头沟区以古道文化为核心，以西山永定河文化带建设为载体，打造京西古道博物馆、牛角岭关城等特色景点，开发京西古道冰雪彩灯嘉年华等非遗特色项目，形成以爨文化、家文化、四合院元素为特色的斋堂镇"爨舍"精品民宿集群，京西文化旅游焕发新生命。

二 当前文化与旅游融合发展工作中面临的问题

（一）文化与旅游融合资源开发不足

一是资源整合开发力度不足，相应统筹联动机制亟待完善。如央地协同互动的资源合作开发模式较为单一；各区资源尚未实现统筹联动，没能形成整体规模效应；以"三大文化带"为核心的沿线兄弟省市资源整合开发机制尚需进一步健全；市场主体、社会资源参与开发的激励机制仍待探索。

二是资源开发思路较为传统。开发重点仍偏重于对自然景观、有形空间、硬件设施的建设利用上，对于优秀文化内容、现代时尚生活和数字虚拟创意等无形资源的开发力度不够。资源转化模式较为单一，产业链条延伸不足，资源价值增值空间有限，网络分包、项目众筹、共享经济等新型资源开发利用模式应用不够。

三是资源开发水平不高。对于可以进行相应宜游化改造和市场化开发运作的文化资源研究不透，文化资源存在定位不清、解读不精、挖掘不深、特色不彰的问题，没能对文化资源是否适宜开发进行有效的分类，与旅游资源对接的关键点尚在摸索中。京郊的传统村落、民俗风情、乡村风貌等旅游资源尚处于浅层次、低质量的开发利用水平，尚未形成明确的文化主题；对于地方文化特色的开发利用不够深入，没有形成区域特色和竞争优势。

（二）文化与旅游融合发展空间布局亟待优化

一是文化旅游线路仍集中于核心城区，导致核心区域旅游密度过大，与区域整体降密疏解、提质增效的减量发展思路不相匹配，游客体验的舒适度、满意度不高，核心区居民的获得感和幸福感不强。

二是文化旅游融合发展点位规划与城市总体规划布局对接不足，城市副中心、大兴机场、天竺保税区、首钢二通厂等新兴发展区域的文化旅游专项规划设计亟待启动，相关重点区域的文化旅游核心承载资源亟待发掘，北京新兴的文化旅游增长极和旅游新地标尚需培育打造。

三是文化旅游融合发展仍立足于传统的行政区域规划，各区之间文化旅游布局存在定位雷同、重复建设和同质竞争的问题，区域间未能形成多点成线的联动发展格局。突破行政层次限制，与相应文化主题、文化事件、文化风貌相匹配的带状发展格局亟待形成。

四是京津冀文化旅游区域协同发展格局尚未形成。融合协同发展缺乏相关规划和行动计划，区域一体化的合作营销、市场推广、协调管理和行业监管机制仍需完善，区域间文化旅游主题线路和内容需要进一步丰富，旅游交通、智慧旅游和公共服务的便捷化、均等化和共享化水平需要进一步提升。

（三）文化与旅游融合的市场体系尚需健全

一是文化市场与旅游市场的资源对接机制尚未完全形成。消费共建、客源互送、信息共享等相应机制均需要进一步建立健全。城市居民高品位的文化休闲度假需求与京郊特色民俗文化旅游市场供给之间的有效对接机制尚未形成。

二是文化与旅游市场主体改革进展不一，相关主体融合发展存在一定的合作壁垒。公益性文化单位与相关主体共同从事旅游产品开发和服务供给等市场行为的合作形式尚未明确。国有文化单位的市场化、公司化运营改革进展与相关旅游主体的规范化运营程度存在落差。

三是文化和旅游市场秩序有待进一步规范。如文化和旅游新兴业态的行业监管问题有待解决，文化和旅游综合执法衔接机制有待进一步健全，文化和旅游市场安全监管和秩序整顿力度有待加强，知识产权维权服务、消费者利益保护、扫黑除恶等专项整治行动的成果需要通过长效机制予以巩固。

四是文化和旅游要素资源配置的市场化运作程度不高，大量文化和旅游资源仍未有效盘活，相应要素市场仍存在设置空白，缺乏有影响力、公信力和统筹力的资源交易平台。

（四）文化与旅游融合的消费活力尚待激发

一是文化和旅游产品供给与消费升级需求之间对接不足，产品结构调整速度和幅度仍然跟不上旅游者日益增长和变化的消费需求。比如缺乏个性化、定制化、特色化的文化旅游产品；符合青年人消费偏好的多元、时尚、创新的文化旅游产品供给不足；分众化的文化旅游产品供给思路尚未形成，对对接不同群体消费需求的垂直细分领域挖掘不深；老年人、亲子家庭、高端商务、研学会展等新兴旅游消费需求的专业化、特色化、品质化产品供给不足。

二是缺乏叫得响、留得住、传得广的高品质文化旅游产品。比如代表性旅游景点的衍生产品开发多停留在提取形象的浅表阶段，没有形成独有的文化 IP 资源，文化含量不足，难以形成有影响力的产品品牌体系。又如没能推出具有北京特色、首都风范和国际水准的精品旅游演出剧目，符合来京游客消费偏好、常演常新的驻场演出剧目供给不足。

三是文化旅游消费环境仍需优化。比如北京各大商圈的文化旅游特色不鲜明，产品供给同质化问题较为明显，缺乏有核心吸引力和竞争力的特色品牌商品。再如针对夜间文化旅游消费需求的产品数量不多，开展夜游服务的景点不多，夜间文化休闲消费产品形式较为单一。

四是文化旅游消费的便利程度仍有待提升，比如一些文化场所尚不能为游客提供移动支付、信用支付和数字支付服务，剧场等主要文化消费场所的舒适度有待提升，交通便捷程度不高，车辆停放、餐饮服务等配套消费服务供给不足。

（五）文化与旅游融合的公共服务体系仍需完善

一是文化与旅游融合发展的配套服务设施网络体系亟待健全。在旅游交通设施配套上，主要文化消费场所的周边旅游交通线路畅通程度有限；热点地区周边公交系统超负荷运转；专项的文化观光体验旅游线路设置少，串联景点少，重要资源点没有被纳入线路；与夜间文化消费需求相匹配的公交延时运营机制仍待完善。又如名人故居、胡同会馆、剧院戏楼等文化场所尚未完全被纳入旅游标识系统体系，重要景区的旅游标识系统文化内涵不足，没能体现北京文化特色。

二是公共文化服务设置的宜游化改造仍需推进。比如一些重要的文化项目建设缺少旅游元素的先期植入；重要公共文化服务场所的接待能力难以应对日益增长的外来游客文化需求。旅游景区提供文化服务的能力也亟待提升，比如符合实景演出、驻场演出、剧目演出需要的景区文化设施设置不足，旅游集散中心、咨询中心、服务中心开展公共文化服务的空间承载能力有限。

三是主客共享的公共文化服务供给模式仍待建立，比如首都市民系列文化活动、北京文化惠民消费季等品牌惠民服务是否可以考虑增加对外来游客的专项服务或畅通活动参与渠道。在文化消费集中区域、重点旅游景区和文化地标建筑物中的公共文化交往空间设置仍然有限；公共文化服务供给向基层微观设施延伸的"最后一公里"问题仍广泛存在。

（六）文化与旅游融合的体制机制改革仍需深化

一是文化旅游综合协调管理机制仍需完善。文化旅游管理是全市性、综合性工作，目前市、区两级联动，各部门协同合作的综合协调机制尚未建立，文化与旅游融合发展的相关政策在具体落实上仍存在障碍。

二是文化与旅游融合发展相关主体构成复杂，各主体间的利益诉求存在较大差异，政府与社会主体、在地居民与外来游客、所有权主体与运营管理方之间的利益协同机制仍未形成。文化与旅游融合发展的动力机制不明。

三是影响文化与旅游融合发展的关键要素领域亟待深化改革，比如在土地要素供给上，文化旅游项目的供地保障机制仍需完善，老旧厂房转型发展文化旅游项目的土地变性问题仍未得到解决。再如对于利用宅基地使用权投入民宿经营的评估作价机制、利益分享模式仍需进一步探索规范，否则个体投入民宿经营的积极性受到影响。

四是文化与旅游融合领域的"放管服"改革推进力度和对外开放程度仍有提升空间。比如外资企业在文化旅游项目运营过程中的外汇兑换管理问题，又如对于外国游客放开移动支付额度问题、游客进行文化消费和购物的免税退税问题，再如对于外商投资文化娱乐领域的控股比例和行业限制问题。

（七）文化与旅游融合发展的基础支撑仍需巩固

一是文化和旅游领域相关法律法规的健全问题，比如由于上位规范性文件的缺乏，文化和旅游市场监管缺乏有力的执法依据、程序规范和职责划分。又如在文化IP资源保护上，相应知识产权的法律法规难以适应新兴产权呈现模式的需要。再如对于共享经济、项目众筹、产品众筹等文化旅游商业新模式缺乏有效的法律法规进行规范，相关利益主体和消费者权益保护面临困境。

二是文化与旅游融合发展相关的数据统计口径、对象、方法均需要重新建立健全，与产业发展需要相适应的实时统计监测体系、数据发布体系和授权应用体系均存在一定的机制空白。

三是文化与旅游融合的标准体系仍需要建立，比如关于文化旅游服务供给的质量标准体系，相关场馆设施的建设、运营和管理标准体系，相应文化旅游服务的评价标准体系都亟待建立。

四是文化和旅游的智能管理服务体系仍需要建设。比如能够实现数据信息共享和深度应用的跨部门、跨层级、跨业务的文化旅游大数据中心仍未能形成，信息不对称、数据碎片化引发"数据孤岛"现象，影响提高监管效能和精细化管理水平。再如针对文化和旅游体验感受升级的需求，相应的智能讲解、智能出行和自助服务系统均需完善，比如推出实现文化旅游出行、游览、住宿、反馈全程智能化监控的应用程序，推出整合点位周边文化旅游消费资源和服务的文化旅游数字地图。

三　推进文化与旅游融合发展的对策建议

坚持"能融尽融、宜融则融，以文塑旅、以旅彰文"的原则，在文化与旅游融合发展上践行首善标准，发挥示范作用，提升工作站位，拓宽工作思路，创新工作方法，将北京打造成为世界文化名城和国际一流旅游城市。

（一）夯实文化与旅游融合发展基础

一是建立健全文化和旅游资源保护利用体系，将文化和旅游资源普查工作作为全市重点工作，建立市、区两级的资源普查体系，加快相关文化旅游资源的整理、分类和建档保护，编制资源开发名录，建立文化资源和旅游市场资源的对接平台。

二是完善文化和旅游数据资源支撑体系。加大文化资源与旅游地理数据的整合力度，推出北京文化旅游数字地图。加强文化和旅游消费大数据分析系统建设，分析文化旅游消费偏好、消费构成和消费群体，构建文化旅游消费服务质量监测系统。开展文化与旅游融合发展统计监测，更新统计方法，推进结果应用，服务决策需求。

三是提升文化和旅游智慧服务水平。推动人工智能、大数据、物联网、云计算等先进技术在文化和旅游数据汇集、管理、评估方面的广泛应用。进一步提升文化旅游智慧景区建设水平。支持全息成像、虚拟现实、情感感知等关键技术在文化内容创作，文化产品研发，虚拟景区建设，文化遗产数字复建、展陈、传播等方面的示范应用。

四是完善文化旅游用地保障机制。探索推进农村集体土地经营权投入模式创新，盘活乡村民宿建设用地资源。探索对老旧厂房/腾退空间、低效楼宇等转型发展文化旅游项目实行土地变性、租金减免、优先供地等优惠政策支持，提高对重点文化和旅游项目的用地审批效率。

（二）加大对融合发展市场主体的培育力度

一是结合高端服务业发展和总部经济建设，履行对相关企业的服务承诺，通过管家式服务、定制服务包等方式吸引国内外知名文化旅游企业、跨国旅游企业总部入驻北京，推动优势文化企业、旅游企业跨地区、跨行业、跨所有制兼并重组；推出一批文化旅游产业集团、细分领域头部企业和行业标杆示范企业。

二是支持新型文化旅游市场主体发展。加快扶持和引进一批旅游平台经济、分享经济、体验经济、数字经济领军企业。扶持特色文化旅游企业，鼓励发展专业文化旅游经营机构，支持文化旅游创意企业、文化旅游电商、旅行代理商发展。建立完善以民宿、非遗工作坊、创意设计工作室为主的小微文化旅游企业综合支撑体系。

三是大力推进相关文化旅游主体市场化改革进程，推动公益性文化单位法人治理机制改革进程，推进旅游景区经营管理模式创新，探索通过特许经营、授权开发和委托合作等方式支持国有公益性文化单位和市属公园进行产品开发与服务供给模式创新。

（三）健全文化与旅游融合发展资金支撑体系

一是发挥政府资金的投资引导效应，研究在已有文化发展基金框架下设立专项基金服务文化和旅游融合发展。用好用足已有资金政策，推动已有各类政府投资基金对文化和旅游项目、企业在同等条件下优先予以支持；支持文化和旅游企业申请"投贷奖"政策支持，扩大入选企业范围，适度降低申请门槛。依托北京产权交易所和北京文化产权交易中心，推动各类文化和旅游企业产权、股权、经营权集中交易，优化资源配置。

二是支持社会资本投入文化和旅游领域，吸引大型文化企业和旅游集团通过直接投资或参股等形式参与相关产业发展。引导社会资本设立以文化旅游小微企业为核心市场主体的创业投资基金、风险投资基金等。

三是落实相应的税收优惠政策，如对于国有文化企业转企改制的所得税减免政策、经认定的动漫企业税收优惠政策，探索扩大相应税收优惠政策服务主体范围。支持金融机构设立文化专业银行，开展知识产权质押、景区经营权质押、门票收入质押贷款等服务。鼓励银行保险机构推出文化旅游消费信贷、完片担保、艺术品保险等文化旅游金融服务新产品。

（四）建强文化和旅游人才队伍

一是建设文化与旅游融合发展高端智库。依托首都高校、研究机构、社会组织和国际组织建设高端智库，为文化和旅游战略规划、理论研究、项目评审提供智力支持。建议建立全市文化和旅游专家资源库，成立文化旅游战略咨询委员会或专家委员会。

二是探索加大相关专业人才的引进力度。在已有的高层次人才引进项目中加大对文化旅游高端人才的引进批准力度，建立相应的绿色审批通道。探索对国际级文化旅游人才实行特殊的子女教育、入籍落户、居留签证优惠。与天津、河北、长三角、珠三角等相关区域就文化旅游高端人才引进和对口挂职交流加强业务合作。

三是强化人才培养，引导建立文化旅游企业与高等院校、科研机构的合作机制，通过实训基地、对口培训等方式形成文化旅游人才合理培养体系。加强文化和旅游从业人员培育，加大对科技研学体验、文化创意开发、旅游规划设计、文化旅游管理等需求领域重点人才的培训工作。建立多层次人才培训机制，加强从业人员精准培训，提升从业人员文化素养，建设高素质、专业化的文化旅游服务人才队伍。通过职业保险、职称评定、荣誉授予等加强文化和旅游行业对人才的吸引力，增强从业人员的行业认同感、荣誉感和使命感。

（五）优化文化与旅游融合发展空间布局

一是在《北京城市总体规划》指导下，聚焦全国文化中心建设，坚持规划引领，高水平构建涵盖老城、中心城区、市域和京津冀的文化与旅游融合发展空间体系，形成"一核三带一线一圈"的空间布局。

二是牢牢抓住疏解北京非首都功能这个"牛鼻子",以全市"疏解整治促提升"专项整治活动为契机,控制和降低核心区的旅游密度,将首都核心区打造成为世界级文化旅游典范区。

三是聚焦乡村振兴战略,培育一批特色文化和旅游村镇,打造一批有质量、有特色的乡村文化和旅游精品路线,建设一批体现京韵农味的乡村精品民宿和精品酒店,推动京郊农村成为产业兴旺、生态宜居、乡风文明、生活富裕的美丽乡村。

四是构建以重点项目为支撑的发展格局。以项目为载体,推进资源整合、布局优化、产业融合,充分发挥环球影城等重大文化旅游示范项目的引领带动作用,带动区域产业联动发展,推动关键环节实现突破。加快文化旅游项目开发,做好项目谋划、论证和储备,吸引国家级重点项目落地北京,带动投资,推动发展,创立品牌。

(六) 释放文化和旅游领域消费活力

一是创新文旅消费模式。聚焦文化旅居、亲子家庭、研学教育、网红打卡等新兴领域,创新文旅产业的呈现方式和体验模式,加速文旅融合的速度和深度。培育数字文化产业,创新虚拟旅游业态,支持分时分权度假、共享经济、俱乐部等新型文旅商业模式应用。发展文化旅游夜间经济,通过夜游京城、夜赏京戏、夜品京味,点亮文化和旅游消费的"夜北京"。

二是推动文化和旅游供给侧结构性改革,提高文化和旅游消费品供给体系质量。开发以北京礼物为代表的特色京味文化旅游产品,将非物质文化遗产、戏曲曲艺、老字号等京味文化的典型代表向旅游者展示。推动天坛、颐和园等市属文化文物单位和市属公园开发旅游文创产品。

三是优化文化旅游消费服务。支持文化场所的宜游化改造升级,提升旅游服务的支撑能力,探索将文化场所纳入游客集散监测系统,提高文化旅游体验的舒适度和满意度。完善重要文化旅游项目周边交通设施、餐饮住宿、金融支付等配套服务体系,探索设置旅游专线,延长公交运营时间。推动文化场馆、公共服务机构延长营运时间,支持24小时城市书房建设发展。

（七）培育文化与旅游融合发展新业态

一是推动传统业态优化升级，逐步从依靠传统核心资源支撑、旅游者规模增长向产业深度融合、产品技术创新驱动转变。支持剧场、演艺、动漫游戏等文化产业与旅游业融合发展，提升传统景区景点等旅游场所的文化元素，增加文化体验项目，运用现代高新技术，创新演出形式和内容，创作一批高质量的文化演艺产品，支持驻场演出、旅游演出、剧场体验、在线直播等业态发展。开发文化产业园区经典旅游线路，发展文化创意体验游。

二是建立推动数字文化旅游产业发展的有效机制，推进文化旅游与前沿科技领域融合发展，加快新一代技术在文化创意领域的应用，打造具有国际影响力的数字文化旅游创意品牌，发展一批文化旅游特色产品。依托北京科技中心建设，打造国家数字文化旅游产业集聚区。

三是推动文化、旅游与其他产业融合发展，加快文化和旅游与农业、教育、康养等产业深度互融，发挥产业联动效应，培育新的增长点、形成新动能。大力推动"文商旅"融合发展，打造文化旅游商圈，深入挖掘商业区文化体验、休闲享受、娱乐消费功能，推出文化旅游消费线路组合。加大创意策划投入力度，开拓影视娱乐、演艺体验、休闲娱乐多元业态，打造一批富含京味京韵、传统与时尚相容的文化娱乐品牌。

（八）完善文化和旅游公共服务供给体系

一是鼓励文化公益惠民服务活动与旅游者相结合，提高旅游者对首都文化的生活化、体验化、实景化感受。拓展公共文化服务配送范围，推动公共图书、文化活动、公益演出进入景区。依托旅游景区和城乡公共休闲空间，开发民间文艺表演、游戏游艺、农事体验等观赏性、时尚性、参与性强的文化娱乐项目。推动首都市民系列文化活动向旅游者开展延伸服务。

二是全面提升博物馆、文化馆（非遗体验馆）、公共图书馆、文化广场等公共文化机构的内外共享程度，实行错时开放、延时开放，服务来京游客和市民文化需求。推动公共文化服务设施的合理布局和宜游化改造，推动在城市公园绿地、郊野公园、口袋公园等公共活动空间开展文化旅游活动，建设市民和游客的公共交往空间，实现主客共享，满足游客参观、体验、休闲的文化消费需求。

三是组织市民和旅游者共同参与"我们的节日"系列文化活动，扩大对传统节日的旅游宣传和旅游产品供给。鼓励市属文艺院团与故宫、长城、颐和园等代表性景点合作，推出一批叫得响、传得开、留得住的旅游演出精品，满足旅游者文化消费需求。

（九）推进文化和旅游领域对外开放

一是以"一带一路"沿线国家和城市为重点，遵循共商共建共享原则，加强文化旅游合作交流。统筹用好友城交流平台，着力打造"魅力北京"品牌，以统一形象亮相国际舞台。充分发挥世界旅游城市联合会的平台作用，深化与联合国世界旅游组织等国际旅游组织合作。通过举办香山峰会和参与著名国际旅游论坛、会展，提升北京旅游的国际话语权和影响力，提高国家文化软实力。

二是塑造文化旅游对外交流品牌。持续扶植活动、节庆、会展三大系列品牌项目，持续推动文化"走出去"，游客"走进来"。推动"欢乐春节""北京文化周""北京之夜"等品牌文化旅游活动提质升级、扩容增效。加快提升中国（北京）国际服务贸易交易会、北京国际旅游节等重大节庆活动，增强和提高北京国际旅游博览会、北京国际商务及会奖旅游展览会等旅游会展在国际相关行业和领域的影响力和市场占有率。

三是深入推进服务业扩大开放综合试点工作，大幅放宽市场准入，提高文化和旅游服务贸易对外开放水平。

（十）抓好文化与旅游融合发展服务保障

一是健全工作机制。加强文化与旅游融合发展的市级统筹力度，将相关重大项目纳入全市重点工作部署，建立部门联席会议会商机制，重大事项由市委、市政府会议审议。各区应完善相应组织架构，明确责任分工。

二是加强顶层设计。大力挖掘首都文化内涵，将城市作为核心吸引物，以文化城，以文营城，塑造城市文化旅游核心吸引力。对接城市总规，将文化旅游与城市规划建设相融合，发挥文化旅游在城市更新、区域发展、乡村振兴等方面的支撑作用。

三是推进任务落实。市级相关部门要在职责领域范围内研究制定任务落实细则，各区要制定具体落实方案。探索将文化与旅游融合发展纳入绩效考核范畴，强化考核结果在资金拨付、项目引进、干部任免等事项上的应用。

四是营造良好的市场秩序。对接文化旅游综合执法改革，进一步创新和完善综合市场治理体系，健全相应的协同执法机制。落实文化和旅游领域行政审批服务改革要求，规范审批流程，明确权力事项，提高审批效率。加大行业监管力度，通过对相关主体的等级评定、标准制定、服务规范等提升行业的服务品质。加强信用监管和诚信体系建设，建立数据共享平台，推动信用联合奖惩机制，维护公平竞争秩序。加大对专项领域、重点业态、核心区域的市场专项整治力度，营造放心、贴心、舒心的文化旅游环境。

加快文化和旅游融合推进北京旅游消费升级

栾　雨　管文东*

摘　要： 北京市文化和旅游局发布的《北京市文化旅游领域开放改革三年行动计划》提出，从2019年到2021年，北京将在审批许可、扶持政策、重点项目、市场监管等方面推进文旅领域的服务业扩大开放发展，激发北京文化和旅游市场的投资和消费。本计划对扩大市场准入、政策扶持、文化创意产业可持续发展等方面都做了详尽的规划，为北京文化旅游产业的发展提供了有力的支持。

关键词： 文旅融合　北京旅游　消费升级

在文化和旅游政府职能融合的大背景下，积极主动推动二者全面深度融合，是推动北京旅游消费升级、拉动经济增长的重要突破口。对此，农工党北京市委组成专门调研组，围绕北京如何借助文化禀赋优势，满足多元化、高品质旅游需求，进一步增强旅游目的地吸引力，展开了深入调研，并撰写了研究报告。

一　现阶段北京在文旅融合、助推消费升级方面的扶持政策及整体表现

从有关部门获悉，北京市文化和旅游局发布的《北京市文化旅游领域

---

* 栾雨，加拿大国民银行法务总监；管文东，农工党北京市朝阳区委秘书长。

开放改革三年行动计划》提出，从2019年到2021年，北京将在审批许可、扶持政策、重点项目、市场监管等方面推进文旅领域的服务业扩大开放发展，激发北京文化和旅游市场的投资和消费。

在扩大市场准入方面，北京将进一步开放审批许可。如扩大文娱业聚集的特定区域，在全市范围内允许外商投资设立娱乐场所、演出场所经营单位、演出经纪机构，不设投资比例限制；允许外商投资音像制品制作业务；允许在京设立的外商独资经营旅行社试点经营中国公民出境旅游业务等。

在政策扶持方面，北京将在首都国际机场口岸、大兴国际机场口岸推行全国版离境退税系统海关核验工作，实现境外旅客本地退税、异地退税同平台；宣传推广过境免签政策；完善市内免税店税收政策，促进入境游消费。

让文化创意产业可持续发展，必须加快文化金融融合发展。对此，北京出台促进首都文化金融发展的意见，建立文化产业"投贷奖"联动管理机制。2017年、2018年对银行开展文化产业贷款业务共给予32家次、8750.2万元奖励，对文化企业贷款共给予3.69亿元贴息支持。同时，搭建文化金融服务平台，建成"文创板""文创金服"两个线上文化金融服务平台。截至2019年8月，两个平台累计服务文化企业1.2万余家，受理融资申请超过900笔，成功对接融资302.6亿元，引导银行设立文化特色机构。目前全市共有近40家文化产业特色支行，为北京文化旅游产业发展提供了有力支持。

二 北京市文化旅游融合进程中存在的几个突出问题

（一）北京作为文化古都，其文化内涵对于旅游还没有形成明显的推动作用

数据显示，2018年度北京市旅游总收入为5921.2亿元，同比增长8.3%，共接待国内外游客31093.6万人次，同比增长4.5%。纵向来看，北京市旅游总收入增速自2014年以来基本保持在9%以内，增速放缓趋势明显（见图1）。自2014年以来，北京市年游客接待量（国内外游客）增速一直在5%以内（见图2），增速同样低于全国旅游业大盘。

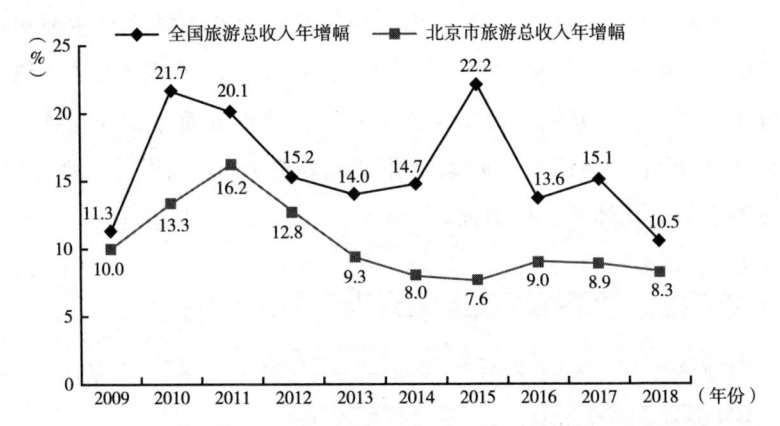

图1 2009~2018年北京市旅游总收入年增速与全国旅游业大盘对比分析

资料来源：北京文旅局统计信息。

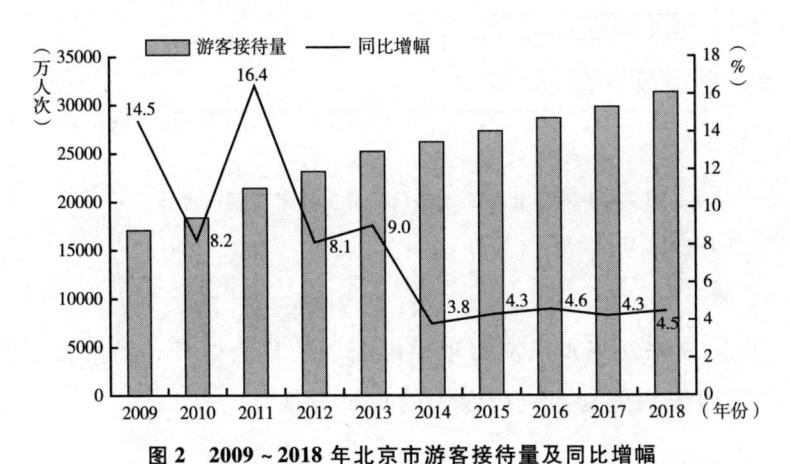

图2 2009~2018年北京市游客接待量及同比增幅

资料来源：北京文旅局统计信息。

（二）作为文旅融合的重点考核指标，北京文旅体验满意度和服务水平亟待提高

根据某旅游机构调查的数据，北京文旅体验项目有服务差评投诉等情况出现。满意度分析显示，2018年度北京文旅景区、线路等游客满意度为85.7%。细分主题方面，以历史遗迹类产品的满意度最高，为89.3%；其次是演出类，满意度为87.5%。城市观光、游乐场的满意度低于整体满意度水平（见图3）。北京核心旅游区差评点主要有"人多拥挤""停车难/

贵""工作人员服务态度差"等方面，博物馆、展览馆差评点主要集中在"可参观展品少""停车难/贵""部分展区不开放""交通不便""语音讲解不好用""用餐不方便且贵"等方面。文化演出方面（主要是各类剧场及旅游演艺节目）差评点主要集中在"座位预约不方便""票价偏高"等，旅游中的文化体验有待加强。

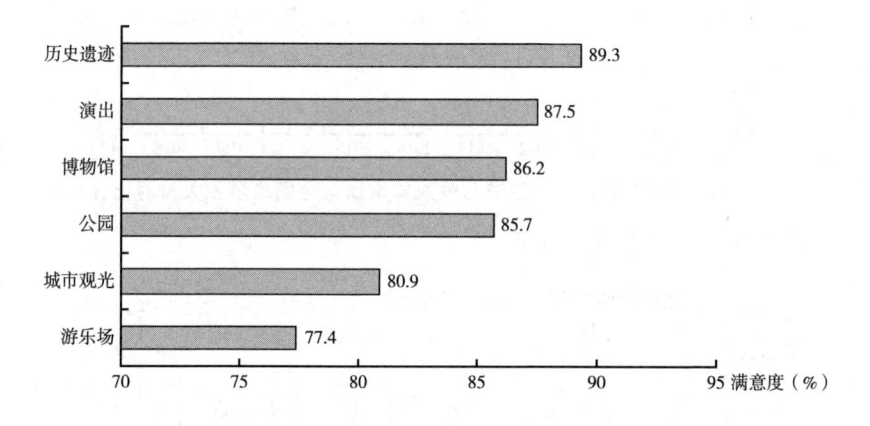

主题	满意度（%）
历史遗迹	89.3
演出	87.5
博物馆	86.2
公园	85.7
城市观光	80.9
游乐场	77.4

图3 2018年北京文旅热门细分主题游客好评度分析

资料来源：同程旅游。

（三）未来北京重点文旅项目能否以文化为依托，助推文旅产业融合和消费升级还需要进行深入的布局与规划

由外资运营、2016年开业的上海迪士尼，仅一年就实现收支平衡。每年吸引近千万客流，实现几百亿元的营业额，不仅带动了周边地区经济，还推动了上海周边旅游的协同发展，并一枝独秀与其他主题公园拉开了较大的差距。2021年在北京通州开业的重点文旅项目——环球主题乐园，能否像上海迪士尼一样与北京当前文旅项目实现差异化经营，助推北京文旅产业的消费升级及京津冀旅游项目的协同发展，还有待观察。目前国内发展强劲的自主品牌主题公园中还没有北京企业的身影，长隆集团、华侨城目前暂时处于国内领先行列，已占领市场先机，北京要利用好这个国际著名IP，发展好本地文旅经济，应做深入的研究与规划。

（四）中小型文旅企业仍然存在融资难、融资贵的问题

1. 当前文旅企业，尤其是中小文旅企业的融资量与其发展势头和未来发展趋势来说极不匹配，亟须加以扶持。

据金融机构不完全统计，截至2019年上半年，国内约有26家文旅企业获得了金额不等的民间融资，融资额约为72.2亿元，这26家企业涵盖酒店、旅行社、民宿短租、长租公寓、旅行体验预订（目的地旅游产品预订）、机票预订、公务出行、营地教育、研学旅行、乡村资源开发、IP衍生品等十余个细分领域，这对于几万亿市值的文旅产业和国家大力促进此行业的发展决心来讲，可谓九牛一毛。其中绝大部分企业不是来自北京的，主要集中在长三角和珠三角地区。

表1　2019年1~6月国内部分文旅企业融资情况

融资企业	融资企业所属行业/属性	融资金额
深圳云推科技有限公司（鲸晴旅游系统）	旅行社信息化解决方案服务商	350万元
窝趣	长租公寓	2亿元
铂雅公务航空集团	公务出行等	10亿元
盒子空间	短租服务提供商	2000万元
深圳儿童周末	户外教育	数千万元
不荒田园生态	乡村资源的整合与开发	近千万元

2. 投资领域出现中西部文旅投资热的情况，导致北京地区文旅企业吸引民间资本投资热度降低。

2019年上半年，珠三角、长三角、环渤海、中西部区域新签约、开工文旅项目涉及投资金额占新增投资总金额比重分别为13.42%、11.53%、27.78%、47.27%，其中中西部地区几乎占了1~6月新增文旅项目总投资的一半。除此以外，从新签约、开工文旅项目个数来看，中西部地区的占比也超过了47%。总体而言，相比其他区域，中西部文旅地产的投资和开发迎来了"难得的春天"。与此同时，北京地区文旅企业对民间资本的吸引力相应降低。北京作为一个文化古都，文旅行业的发展也走在前列。文化旅游，北京仍是国内、国际游客的首选城市之一，因此必须在原有的基

础上鼓励中小型文旅企业创新提升,充分利用中小企业灵活、适应能力强的特点,使古都文旅焕发新生,实现消费升级。

(五)北京文旅市场划分不细、内容线路体验深度不强,针对特色文旅项目的宣传途径较少,有待优化加强

1. 传统强势旅游品牌亟须深挖历史文化内涵,焕发古都新貌,凸显北京全国文化中心的地位。故宫、长城、颐和园、天坛被业内概括为北京传统四大旅游名胜,许多初次到访北京的海内外游客,都将自己交给了这样的"北京一日游"。对于北京旅游业来说,四大旅游名胜的重要性毋庸置疑,但是,北京作为中国的文化、政治中心,只有将文化更好地与旅游融合,形成良性运行的文旅产业,使游客在旅行中体味北京文化、获得深度的文旅体验才能更好地促进消费。

2. 从整体来看,北京文旅融合亟须均衡发展,并需要在均衡中打造出新的亮点,打造新的文旅强势名片。北京不少区域存在发展不均衡的情况,很多区县缺少好的项目,外地客人不会去,所以从均衡性和充分性来讲,一定要搞新的文旅名片。而且北京的一些文化元素尚未被充分利用,比如四合院在参观方面仍有所欠缺。尽管有胡同游,但游客就是走不进四合院,而且四合院没有系统的讲解,很难让游人走进去后感受建筑格局之美和建筑背后的故事。

3. 随着科技的不断发展进步,旅游群体也发生着变化,目前的文旅项目、宣传途径略显滞后。相关调查机构统计,"90 后"年轻群体渐渐成为文旅市场主力,应根据他们的特点设计相应的文旅路线及体验项目,并采用各种新技术及新媒体传播方式。在兼顾传统群体的同时,开发文旅新增长点也是促进消费升级的一个有效手段。

三 具体建议

(一)根据北京深厚的文化内涵、旅游市场现状和未来文旅融合发展方向,增加推广渠道及方式,促进文旅消费的增长

1. 与城市有机更新紧密结合,增强文化吸引力。将文化和旅游融合发展与城市有机更新紧密结合起来，服务城市发展，提升城市形象，增强北京文化的吸引力，吸引更多的游客到北京深度游，体会北京文化。

2. 与国际交往中心建设有机结合，凸显国际化引领地位。在扩大对外交流方面，加强国际交往中心建设，研究制定促进入境游的具体措施，打造高质量发展、高水平开放平台，发展旅游国际贸易，吸引国际高端休闲、商务的游客，例如增加免税店和退税机制促进境外游客来京旅游消费。

3. 与科技加强融合，助力打造全国科技创新中心。整合数字文化资源，建立新营销渠道，运用大数据等现代化技术手段对文化和旅游指标进行统计监测，建设公共服务数字化平台；加强对古迹资源的合理开发利用，并加大在媒体平台上的宣传力度，例如大力发展博物馆旅游、研学游等；引入社会资本和民间力量，推动社会资本与文化文物单位合作，推出高端、高科技文创产品，拉动实体经济发展与网络销售，并可与时下关注度较高的视频网站、社交平台合作，推广北京文旅项目。

（二）提升文旅服务业水平及满意度，优化文旅项目的配套服务

1. 以市场为导向，引进相关科技企业，应用大数据等手段提升文旅行业服务水平。第一，制定符合北京文旅产业特色的标准。旅游六要素"吃、住、行、游、购、娱"所涉及的信息面非常广，信息数据分散在各个行业、各个部门，信息数据的编目及存储方式各不相同，因此，旅游信息数据的整合是提升文旅产业服务水平的依据。第二，利用大数据分析。体验者对于文旅相关信息数据的需求贯穿其旅游的全过程，对信息的实时性、有效性、前瞻性要求较高，如未来几天所关注景区的天气、交通及预期的人流量、酒店订房情况，目前所处景区人流分布情况等。这就要求旅游信息数据的整合不只做到全面、快速、准确，还要具备统计分析的功能，能结合所汇总的数据，对当前及未来游客所关注的各类信息进行分析判断，并提出意见建议。而前瞻性的分析及预测，不仅是目前不断增长的自驾游、自助游游客更为迫切的需要，也是各景区有效预防旅游应急事件发生的数据支撑。

2. 引进国内外高端人才，提升专业化管理水平。2018 全国各地开始了人才争夺大战，纷纷出台政策吸引人才落户。北京面临文旅行业消费升级

的契机，在给予企业优化扶持的同时，应该对相关人才的引进和留京给予一定的帮扶，因为行业的发展、企业的提升都需要人才的推动。第一，建议针对文旅行业实行更加开放便利的境外人才引进和出入境管理制度，允许取得永久居留资格的国际人才及取得工作机会的人才从事更多相关的工作，有更多的发展空间，他们在带来国际先进经验的同时，也会提升北京本地文旅行业水平。第二，对于北京这样高校林立、人才储备丰富的城市，应在人才的挽留上出台相应的政策，例如针对创新的奖励补贴、解决子女入学及配偶工作、提供住房补贴等优惠，并根据人才的贡献给予个人所得税减免的优惠。这些政策如能实施落地，将对人才产生巨大吸引力，并能在一定程度上提升文旅行业的整体水平。

（三）依托通州环球影城项目的兴建，借鉴上海迪士尼成功经验，结合北京文旅市场的特点不断开发新型、前沿性、开拓性文旅项目，促进京津冀文旅一体化发展

1. 建构现代国际文化，有序增加高精尖、主导性的标志性文旅项目。北京是全国文化中心，2022年冬奥会的筹办也在如火如荼地进行中，国际化主题公园的建设是推动文化产业与旅游产业深度融合的良机，可以注入更丰富的现代国际文化，使北京国际交往中心、国际文化交流中心和文化对话中心的地位更加巩固，发挥的作用更大。发展国际文化交流和建构现代国际文化是北京作为首都和国际交往中心的重要职能，建议以此为契机增加高精尖项目、主导性的标志性项目，推动文化、旅游、商业一体化发展，利用文化资源进行商业化改造。

2. 借鉴上海迪士尼成功经验，在依托国际品牌文旅项目的同时，打造和培育北京特色品牌，进一步发展文化创意产业。近年来，北京大力发展文化创意产业，形成了具有全国领先优势的创意产业文化，建议借鉴国际经验，发挥促进文旅与经济融合创新发展的作用，打造北京特色的传统节庆活动品牌；推动文艺院团、剧场和旅游融合，打造标志性的驻场演出；并参考上海经验带动周边旅游提质升级，延伸京津冀旅游线路。

表2　上海迪士尼及周边旅游路线（旅游公司热卖路线）

1	上海+苏州+杭州+乌镇+迪士尼6晚5日
2	上海+西塘+迪士尼4日3晚半自助游
3	上海+乌镇+杭州+迪士尼5日4晚游

3. 重点打造好环球影城项目，并发挥好其先锋引领作用。环球影城位于北京通州，也就是北京副中心所在地，可以参考上海迪士尼周边区域经济发展模式，打造具有北京特色的宜居城市文化。北京有比较丰富的公共文化资源，可以更多地吸引相关企业、人才落户，共同发展文旅经济。宜居城市文化成了今日北京城市文化的重要组成部分，并发挥着重要的作用。

（四）完善创业板、科创板的发行上市和注册制改革，为北京中小型文旅企业融资提供更加有力的政策支持

1. 充分利用好新一轮资本市场改革利好政策，大力促进北京文化和旅游企业上市融资。在新一轮的经济改革中，提高金融服务实体经济能力，研究完善创业板、科创板发行上市、再融资和并购重组制度，创造条件推动注册制改革，资本市场或再迎来重大改革。而这一次将是科创板和创业板的利好，也将为北京文化和旅游企业上市融资提供政策支持。

2. 充分利用好国家最新扶持政策，鼓励符合条件的文化企业进入中小企业板、创业板、新三板、科创板等进行融资。近年来，为调动企业上市积极性，降低企业上市成本，北京持续优化政策环境，先后颁布实施了很多相关法规政策，形成更加系统全面的扶持企业上市政策体系。2017年12月25日，国务院办公厅发布《国务院办公厅关于印发文化体制改革中经营性文化事业单位转制为企业和进一步支持文化企业发展两个规定的通知》，提出要鼓励符合条件的已上市文化企业通过公开增发、定向增发等再融资方式进行并购和重组。建议鼓励符合条件的文化企业进入中小企业板、创业板、新三板、科创板等进行融资。

3. 通过推进创业板注册制改革，为更多不同类型的中小型文旅企业发

展提供融资帮助。众所周知，我国文化旅游企业以中小微企业为主，制约其成长壮大的痛点主要是融资。创业板在科创板之后推进注册制改革已经是大趋势，无论是原本定位于服务中小企业的初衷，还是通过制度改革争取优质企业上市，通过推进创业板注册制改革，能够满足更多不同类型的中小型企业发展需求。

（五）应对北京文旅市场中年轻消费群体的崛起，增加新的文旅内容及体验，并充分利用新媒体、5G等技术提供科学引导、智慧服务

1. 把握新的消费趋势，从供需两侧发力，构建文旅消费新生态，大胆尝试开发体验式消费项目。数据显示，在"90后"年轻消费群体中，文旅消费的占比明显提升，服务性、体验型消费的比重也在显著增加，博物馆、演出、个性旅游、体育赛事等是他们最喜欢的文化休闲方式。不仅如此，随之而来的还有消费心理、消费方式等的重大改变，比如信用消费的增加、租赁经济的兴起等。建议把握新的消费趋势，从供需两侧发力，构建文旅消费新生态，多开发体验式消费项目，如鼓励发展与自驾游、休闲度假相适应的租赁式公寓、汽车租赁等服务，着力开发商务会展、研学旅游、文化深度体验旅游、自驾车旅居车深入本地的体验型旅游、体育旅游、森林旅游等产品。技术的进步也给文旅消费生态带来了新变化。

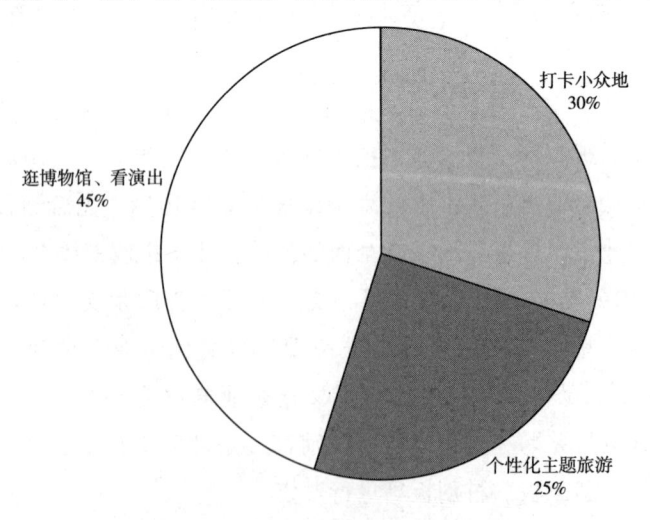

图4 年轻消费群体的文化消费方式

- 打卡小众地 30%
- 逛博物馆、看演出 45%
- 个性化主题旅游 25%

2. 推进"互联网＋旅游"，强化智慧景区建设，实现实时监测、科学引导、智慧服务等。文旅产业各领域也涉及互联网和5G技术的应用，建议提升文化和旅游消费场所宽带移动通信网络覆盖水平，在具备条件且用户需求较强的地方，优先部署5G网络。

良好的文旅消费生态形成需要在供给和需求两侧同时发力，还需要跟上急剧变化的各种消费趋势。政府正是从这一角度出发，在惠及消费者、为经营者提供指引等方面提出了多项举措，同时又力图跟上新时代文旅消费动态变化的过程，真正推动文旅消费成为国民消费的主力军，从而也使文化产业、旅游业真正成为经济发展"主战场"。北京在这样的背景下，文化产业的规模不断扩大，结构不断优化，发展质量和效益不断提升，支柱地位更加巩固，成为拉动首都经济发展的重要增长点。目前，北京文旅产业进入新的战略机遇期和高质量发展的关键期。对此，我们要认清形势，把握大势，增强文旅产业高质量发展的紧迫感和责任感，使文旅产业成为北京高质量发展的新引擎。

关于粤港澳大湾区文化金融合作的思考[*]

艾希繁[**]

摘　要： 文化金融合作对于粤港澳大湾区发展具有重要意义。粤港澳大湾区文化金融合作基础良好、前景广阔，但目前仍存在一些机制障碍。粤港澳大湾区文化金融合作亟待进一步做好顶层制度设计、文化金融政策协调、创新文化投融资方式、加强文化"走出去"金融合作等方面的工作。

关键词： 粤港澳大湾区　文化金融合作

2019年2月18日，中共中央、国务院印发《粤港澳大湾区发展规划纲要》，粤港澳大湾区建设进入新阶段。粤港澳大湾区建设是习近平总书记亲自谋划、亲自部署、亲自推动的国家战略。粤港澳大湾区发展基础优良，2018年GDP规模达到10.8万亿元人民币，折合1.62万亿美元，占全国经济总量比重约为12%。[①] 在经济总量上超过纽约湾区、旧金山湾区，接近东京湾区。近年来，粤港澳三地在"一国两制"框架下，加强经济合作、人文交往，在电影产业、粤剧表演、音乐、创意设计、文化投融资等方面开

---

[*]　国家社会科学基金艺术学重大项目"文化产业的金融支持体系研究"（项目号：16ZD08）阶段性成果。

[**]　艾希繁，经济师，东北大学工商管理学院博士研究生，中国人民大学法学硕士，研究领域为文化产业发展与文化法治。

[①]　国家统计局：《2018年国民经济和社会发展统计公报》，http://www.stats.gov.cn/tjsj/zxfb/201902/t20190228_1651265.html，2019年3月10日访问。

展了卓有成效的合作。不过粤港澳大湾区文化金融的深化合作仍存在一些机制障碍，亟待进一步做好顶层制度设计、文化金融政策协调、创新文化投融资方式、加强文化"走出去"的金融合作等方面的工作。

一 文化金融合作对于湾区发展具有重要意义

金融作为现代经济的核心，在经济社会发展中发挥关键的作用。文化产业具有高投入、高产出的特点，文化产业发展需要大量投资。以美国旧金山湾区好莱坞电影产业投资为例，每年金融体系对好莱坞电影的投资超过20亿美元。全球每一部叫好又叫座的电影大片，背后都有雄厚的金融资本支持。目前单部影片的金融投资数额巨大，电影史上第一部3D电影《阿凡达》资金投入达2.8亿美元，最终获得接近10倍的票房收入。纽约湾区作为全球媒体中心、艺术品之都，离不开华尔街的金融支持。旧金山湾区硅谷聚集上千家风投公司，为"科技+创意设计+传媒娱乐"等产业融合提供资金支持，为苹果公司等大型跨国文化科技企业提供强有力的支撑。美国金融资本在全球布局投资文化产业，极大地推动了美国文化创意产业的国际化发展。东京湾区动漫业发展、日本动漫全球推广与东京股票交易所充裕的资金支持分不开。纽约湾区、旧金山湾区、东京湾区文化金融合作的经验表明，湾区文化发展离不开金融的强有力支持，全方位的文化金融合作可以有效推动湾区城市群的经济发展和文化繁荣。粤港澳大湾区加强文化金融合作，有助于推动文化发展，对于推动港澳地区的文化认同、提升我国文化产业竞争力、带动区域发展具有重要意义。

二 粤港澳大湾区文化金融合作具有良好基础

粤港澳大湾区文化金融合作的基础坚实、前景广阔。一是粤港澳大湾区同根同源，同属广府文化，城市之间文化交流合作频繁。粤剧在香港、澳门受到广泛欢迎。改革开放以来，香港流行音乐、影视等通过广东传播到全国，开创了港片、粤语流行歌曲风靡一时的黄金时代。粤港澳大湾区城市资源禀赋优良并且发展各具特色。香港作为国际金融中心,金融、教育、科技资源丰富,对全球金融市场具有影响,香港电影和创意设计享誉东南亚,并具有世界影响力。澳门拥有发达的旅游业。广州作为国家中心城市、广府文化中心、千年商都,文化、教育资源丰富。深圳作为经济特区、全国性经济中心和国家创新城市,拥有大量文化科技创新企业和深交所上市平台。

二是粤港澳大湾区文化产业已形成千亿级产业集群。粤港澳大湾区经济活跃,文化产业发展迅速,已形成千亿级产业。据统计,2017年,粤港澳大湾区的文化产业增加值约为5050亿元,约占全国文化产业增加值的14.5%,其中大湾区广东珠三角9市(广州、深圳、珠海、佛山、惠州、东莞、中山、江门、肇庆)文化产业增加值约为3968亿元。根据香港特区政府统计,2016年,香港文化及创意产业的增加值为1096亿港币,折算为961亿元人民币,对香港本地生产总值的贡献率为4.5%。根据澳门统计数据,澳门2016年文化创意产业的经济贡献值约为123亿澳门元,折算为109亿元人民币,约占澳门生产总值的3.66%。[1] 粤港澳三地有许多文化携手共同发展的成功案例,比如在香港武侠小说、香港电影、粤语音乐的创作、推广等方面全面合作,特别是借助内地广阔的电影票房市场、文化消费市场取得长足发展。

三是粤港澳大湾区拥有完备发达的金融体系。香港作为国际金融中心,从1978年改革开放以来,一直是内地最大的外资来源地,港资占内地引进外资累计总额的52.1%。香港为内地特别是广东发展提供了强有力的资金支持,2018年上半年广东省吸收香港实际外资621.5亿元,增长2%,占全省吸收外资的78.6%。[2] 2017年1~10月,大湾区广州、深圳等9个内地城市吸引港澳跨境直接投资资金93.3亿美元,跨境净流入53.08亿美元。[3] 近年来,内地加大对香港、澳门的金融开放,自CEPA及其补充协议投资协议、经济技术合作协议签署以来,粤港澳经济金融合作交往更为

---

[1] 徐咏虹主编《广州文化创意产业发展报告(2018)》,社会科学文献出版社,2018,第237~239页。
[2] 广东省商务厅:《上半年广东实际利用外资790.7亿元》,https://finance.ifeng.com/a/20180801/16420289_0.shtml,2019年3月10日访问。
[3] 陈云贤:《推动粤港澳大湾区金融发展》,《中国金融》2018年第21期,第11页。

紧密。截至2018年底，港澳与广东累计跨境人民币结算金额超12万亿元，办理跨境人民币贷款业务备案金额1658亿元。① 广东企业积极在香港资本市场融资，截至2018年底，广东省在香港上市企业达230家，总市值约7.3万亿港元，总融资额约7496亿港元。② 粤港澳银行业、保险业、证券业等紧密合作，相互设立分支机构，港资积极进入广东金融市场，已有10家香港银行在广东所有21个市设立了30家分支机构，占广东外资银行网点总数的56%，但证券和保险行业进驻数量分别只有2家和1家，③ 业务范围涉及企业及个人业务、人民币和外币业务。港资证券、基金、保险、期货机构也受益于CEPA在珠三角积极设点开业。广东金融机构也积极在香港设立金融网点，截至2016年底，香港有21家内地资本背景的挂牌银行（或分行），总资产达7.7万亿港元，市场占比达32%，其中粤资银行在香港开设83个营业网点，挂牌证券公司有20家。④ 2014年广州越秀集团以116亿港元价格收购香港创兴银行，受到广泛关注。

四是文化金融合作稳步开展。粤港澳大湾区文化企业积极融资，按照文化产业统计新标准，截至2017年底，沪深股市共有文化上市公司192家，总市值约2.37万亿元，分别占沪深股市上市公司总数和总市值的5.5%、4.1%。⑤ 广东文化上市企业融资最为活跃，共募集资金234.01亿元，占比为12.59%。一批广东文化企业利用香港资本市场上市融资，截至2018年底，深圳腾讯控股、广州云游控股公司、广州百田信息公司等十余家文化企业在香港联交所上市，其中深圳腾讯控股2018年10月市值达2.38万亿元人民币，是当时市值最高的一家文化上市企业。⑥ 粤港澳大湾

---

① 广东省地方金融监管局：《加快重要金融机构和平台的落地》，http://finance.sina.com.cn/money/bank/bank_hydt/2019-02-28/doc-ihrfqzka9855365.shtml，2019年3月10日访问。
② 《粤在港上市企业达227家内地科创企业掀赴港上市热潮》，http://www.takungpao.com/news/232109/2018/0623/179277.html，2019年3月10日访问。
③ 巴曙松、亚洲金融智库：《粤港澳大湾区金融发展报告（2018）》，中国金融出版社，2018。
④ 应坚：《粤港澳金融圈的战略意义及香港新角色、新作用》，http://finance.eastmoney.com/news/1350，20180622893590431.html，2019年3月10日访问。
⑤ 《2017文化产业最新"成绩单"：增速保持两位数增长》，http://baijiahao.baidu.com/s?id=1601840685036882393&wfr=spider&for=pc，2019年3月10日访问。
⑥ 《中国上市公司快7000家了！阿里超越腾讯登上市值王（附百强榜）》，https://baijiahao.baidu.com/s?id=1614994558423153832&wfr=spider&for=pc，2019年3月10日访问。

区在电影投资、创意设计投资、文化风险投资、文化债券、文化产业融资产品创新等领域的文化金融合作前景广阔。

三 粤港澳大湾区文化金融进一步合作的难点

粤港澳大湾区存在两种不同制度，存在普通法系、大陆法系（葡萄牙）、社会主义法律体系三种不同法律体系，实行不同的金融管理体制，存在较多的制度协调问题，大湾区文化金融合作、文化产业政策、文化金融政策存在协调问题。

第一，三地存在文化金融政策协调难题。三地不同的金融监管体制和金融制度，使文化金融合作存在顶层制度协调难题。[①] 内地文化金融政策不适用于香港、澳门，香港、澳门无法直接获得内地文化金融政策有关支持。近年来，文化宣传部门、中国人民银行、财政部等部门为推动文化金融合作，出台了《关于金融支持文化产业振兴和发展繁荣的指导意见》《关于深入推进文化金融合作的意见》等文化金融政策。2016年11月《电影产业促进法》出台，该法第40条、第41条明确鼓励电影的金融扶持、跨境投资政策。这些文化金融方面的政策还没有将推动香港、澳门与内地文化金融合作纳入政策考量，专门支持粤港澳大湾区文化金融合作的政策还比较缺乏。其他比如三地资金流动问题、文化企业投资涉及的增值税改革后税收优惠问题、文化上市公司股票期权费用的税前列支问题等，都需要相关文化金融政策予以解决。亟待完善粤港澳大湾区顶层设计层面的文化金融政策。

第二，我国文化投资领域对香港、澳门资本进入内地仍有较多准入门槛，有待进一步加大开放力度。对于香港、澳门投资内地文化产业，原文化部等五部委2005年颁布的《关于文化领域引进外资的若干意见》第3条对于香港和澳门设立演艺经纪公司、设立互联网文化经营机构和上网服务营业场所、发行国产影片等方面做了特殊开放政策安排。2018年版《外商投资准入特别管理措施（负面清单）》涉及文化领域的所有外

---

① 王景武：《深化粤港澳大湾区金融合作》，《中国金融》2018年第14期，第47页。

资（包括香港、澳门资本）准入门槛仍然较高，为了保护文化安全，其中禁止外资投资新闻出版、广播电视播出、电影制作、网络视听节目服务等领域。香港、澳门资本仍然作为外资入境进行管理，资金在文化产业领域的流通仍有诸多障碍。

第三，与境外资本市场相比，我国沪深股市对文化企业的金融支持仍显不足。受股市行情影响，2018年仅有中文在线一家文化类上市公司完成股票增发10.23亿元。① 从文化企业上市融资比例来看，在深圳证券交易所和香港联合交易所上市融资的创新型文化企业占比偏低。

第四，粤港澳大湾区文化金融合作平台面临激烈的国际竞争。全球化时代，文化发展面临全球激烈竞争，特别是以美国好莱坞电影业为代表的文化金融联合发展体，在全球市场占据优势地位。在文化融资方面，以华尔街为代表的美国资本在文化金融领域占据全球优势，吸引了一批中国文化企业赴美国上市融资。近几年有一批广东文化企业赴纽交所上市融资，先后有广州欢聚时代（YY语音）、广州虎牙直播、深圳腾讯音乐在纽交所挂牌上市，其中虎牙直播是第一家成功上市的直播平台，腾讯音乐是目前国际上首个盈利的音乐平台企业。优质的新业态文化企业前往美国纽约上市，对香港联交所、深交所构成较大的竞争压力。

第五，粤港澳大湾区城市之间文化产业发展不平衡，对文化金融合作产生一定影响。近年来，香港、澳门受限于本地市场空间，两地文化创意产业都进入相对平缓的发展阶段。香港2017年电影产量为60部，与1990年代年产量200多部相比有一定差距；电影票房为2.37亿美元，折合人民币16.36亿元。② 我国内地2018年电影产量为1082部，票房收入609.76亿元，票房收入仅次于美国。③ 2017年广东省文化产业增加值约为4960亿元，占全国比重约为14.28%，位居各省份首位，产业发展迅速。粤港澳

---

① 《影视再融资"寒冬"今年来仅1家公司完成增发》，http://www.sohu.com/a/237583897_222256，2019年3月10日访问。
② 《坚守还是北上，香港电影何去何从?》，http://www.sohu.com/a/230637073_163491，2019年3月10日访问。
③ 《国家电影局长：争取每年票房过亿影片超100部》，https://baijiahao.baidu.com/s?id=1626676799390093153&wfr=spider&for=pc，2019年3月10日访问。

大湾区城市之间文化产业发展不平衡，对于文化金融的全面合作构成一定的制约。

四　加强粤港澳大湾区文化金融合作的建议

第一，加强粤港澳大湾区文化金融合作的顶层制度设计和体制机制安排。

一是加强文化金融合作的法律与政策协调。鼓励运用法治方法协调解决大湾区文化金融合作发展中出现的问题。在CEPA及补充协议的框架下，进一步推动内地与香港、澳门文化金融领域的合作。

二是做好文化金融合作规划。站在推动中华文化发展，增进港澳文化认同、国家认同的高度，来谋划粤港澳大湾区的文化金融合作。《粤港澳大湾区发展规划纲要》专门提出共同建设人文湾区，对共同建设大湾区新闻出版广播影视产业、国家音乐产业基地、大湾区艺术院团、演艺学校及文博机构等进行了政策安排。

三是尝试建立粤港澳大湾区文化金融合作专门协调组织，建议设立专门的粤港澳大湾区文化金融工作小组，由中宣部、中国人民银行、文化和旅游部等部委，以及粤港澳大湾区广东省政府、香港特区政府、澳门特区政府共同参与文化金融合作事宜，由工作小组制定完善相关文化金融合作政策，专门负责协调文化金融投资领域事务。

四是在国家文化金融政策中，增加有关粤港澳大湾区文化金融合作的专门政策，进一步加大文化投资领域对香港、澳门资本的开放力度，建议出台专门针对香港、澳门文化投资的"负面清单"，在广东地区试点更开放的文化投资政策。鼓励粤港澳大湾区创新文化投融资方式。积极完善粤港澳大湾区文化领域的多层次资本市场建设。鼓励粤港澳大湾区设立文化金融合作试验区，在试验区内鼓励文化金融体制机制先行先试。建议中央财政文化产业发展专项资金重大项目"文化金融扶持计划"能够支持粤港澳大湾区的文化金融合作项目。

第二，鼓励粤港澳大湾区文化企业与金融机构积极参与文化金融合作。特别是鼓励粤港澳三地在创意设计、文化科技、文化教育等领域开展文化金融合作。鼓励港澳电影界与广东企业合作，在电影合拍上开展文化金融合作。继续做好文化企业在香港联交所和深交所的上市融资。完善深港通相关制度。支持在美国等境外上市的粤港澳大湾区文化企业回归深交所和香港联交所上市，将粤港澳大湾区打造成全球文化企业上市首选地。鼓励发展文化风险投资基金，学习借鉴境外利用风险投资基金发展文化产业的经验，试点设立粤港澳文化产业投资基金，出台鼓励在粤港澳大湾区设立各类风险投资基金等政策。鼓励银行等金融机构在粤港澳大湾区开设文化特色支行，建立文化金融专营机构，设立特色文化银行以及文化担保、文化保险等机构。鼓励金融机构创新文化金融产品。鼓励在粤港澳大湾区开展影视产业领域"完片担保"、文化版权的证券化等试点创新。鼓励文化科技金融创新，充分发挥粤港澳文化科技企业众多、互联网信息服务业发达的优势，在AR、VR、人工智能、区块链技术等方面开展文化科技金融的多种创新。

第三，加强粤港澳大湾区在文化"走出去"方面的金融合作。广东企业"走出去"意愿较强，2018年全省对外投资金额达138亿美元，位居全国前列。[1] 粤港澳大湾区可以借助香港国际金融中心的有利地位，推动文化"走出去"，特别是发挥区域优势，助力深圳腾讯微信、广州动景计算机UC浏览器等文化科技产品在"一带一路"沿线国家提高市场占有率。香港有547家东盟企业总部，[2] 可以尝试推动从香港到东盟的海上丝绸之路沿线文化金融合作；尝试打造从澳门到葡语系国家的特色经贸文化带，加强粤港澳地区与葡萄牙和南美国家的经济文化交流合作。鼓励粤港澳大湾区文化企业在国家"一带一路"倡议下，合作开拓海外文化投资市场，全面提升中华文化的辐射力、影响力。

---

[1] 《2018年广东国民经济和社会发展统计公报》，http://finance.sou thcn.com/f/2019-02/27/content_185405418.htm，2019年3月10日访问。

[2] 《粤港澳大湾区规划金融合作最为关键》，http://news.takungpao.com/paper/q/2017/0306/3427486.html，2019年3月10日访问。

城镇化进程中文化规划的创新路径

齐骥 亓冉*

摘 要：将文化作为城镇化进程中城市成长和文化产业发展重要的设计维度和规划尺度，是提高城市文化治理能力的重要手段和解决城镇化进程中文化发展困境的有效工具。城镇化进程中，应当在重新认识文化规划的前提下推动城市的更新和产业的发展，重塑文化价值、延续城市文脉，通过提高文化规划的工具性，秉持文化规划的独立性，优化文化规划的时空性，创造出使城市越发蓬勃、富有张力的成长路径。

关键词：城镇化 文化规划 文化产业

文化规划作为引导城市创新与可持续发展的工具，在深刻认识城市文化资源的基础上，探索城市文化资源与城市整体发展的适应性解决方案，进而去进行创新项目的鉴识、创新计划的设计、城市资源的整合以及指导创新战略实施。[①] 它整合了政治、经济、社会、环境、文化等方面的内容，以高度的集成性和系统的科学性，为文化发展战略提供顶层设计的综合指导，为城市改造与更新提供协同创新的价值核心。

---

* 齐骥，中国传媒大学文化产业管理学院教授、博士生导师，美国芝加哥大学访问学者；亓冉，中国传媒大学文化产业管理学院博士研究生。
① 屠启宇、林兰：《文化规划：城市规划思维的新辨识》，《社会科学》2012年第11期，第50~58页。

一 城市规划的文化命题

文化是体现城市独特性以及保持竞争优势的核心。文化上的区别使得世界城市在全球化导致的城市形态、市民行为、制度规范等趋于同质化的背景下,能够保持自身鲜明的可读性与辨识度。城市独特的文化特征和文化品质为城市在竞争中创新发展、脱颖而出提供了土壤和资源。

追溯城市规划的发展历史,弗里德曼于1986年提出"世界城市"标准,并指出"纽约、伦敦、巴黎、东京等世界级城市的竞争力不仅体现在经济上,更体现在社会、文化等领域的综合竞争力上,文化对城市规划和发展的影响越来越显著"。归纳文化在城市发展中的角色,世界大都市的发展给出对文化这一重要命题的基本认知。[①] 文化已经成为21世纪城市发展的新核心,文化战略先行是政府推进城市文化发展的必由之路,成功的城市文化发展与管理始终是政府与市场、民间互动相得益彰的结果,而城市文化空间布局的多中心化趋势似已不可逆转,文化成为城市核心竞争力的重要组成部分。[②] 从全球范围看,"文化城市"的历史性出场使文化成为一种发展战略,并日趋受到地区和国家层面的推动与重视,逐渐成为城市转型发展的基本方略和落脚点。无疑,文化为旧城复兴和新城建设源源不断注入发展动力,又润物无声地提供增量支撑,在城市规划和区域设计中扮演着越来越重要的角色,它已经融入城市并改变着城市的生活、生产方式,甚至成为城市整体不可割裂的组成。

文化规划是实现"文化城市"的顶层设计。国际化城市在发展和转型的过程中,普遍重视文化规划在全球化和城镇化进程中以及城市可持续成长中的作用。例如在北美、欧洲和澳大利亚等地,文化规划已经被作为一种有效的规划方法使用起来。在伦敦、巴黎、纽约和首尔,文化规划已经成为区域发展战略和城市规划设计中的重要组成部分并在城

[①] 陈超、祝碧衡、周玉红:《世界大都市的文化特征及发展路径》,叶辛、蒯大申主编《上海文化发展报告(2009)》,社会科学文献出版社,2009,第56~79页。
[②] 顾朝林:《城市竞争力研究的城市规划意义》,《规划师》2003年第9期,第31~33页。

市更新中发挥重要的功能。可以说，全球化与城镇化的加速对文化规划提出了新的要求。文化规划不仅成为当前我国城市发展必须直面的成长尺度和城市规划必须纳入的内容体系，而且成为城市治理的政策工具、城市更新的竞争实力。运用文化的思维、融合文化的境界、导入文化的维度、容纳文化的尺度、应用文化的方法、掌握文化的技术手段来提高城市规划的科学性和完整性，增强城市规划指导城市建设的实际作用，已成为当前城市规划的迫切命题。

探究我国城市规划的现实境况发现，在城市规划的核心体系当中鲜有文化规划的内容，其对于国民经济和社会规划的影响更是少之又少。究其原因，一方面，迄今为止由西方或苏联输入的规划观念和规划手法，受制于其短暂的历史或过分渲染的工业化成就，对文化传统普遍存在某种忽视的倾向，即使是诸如对古城古街区保护这样的规划项目，也只着眼于建筑形体的维持，而对其博大精深的传统文化内涵未加阐扬。[1]另一方面，长久以来的政绩观使城市规划宏观指导层面上缺少对社会效益的综合考量，使城市规划缺少文化内涵的融入从而影响了城市资源禀赋在提升城市竞争力上的发挥。进一步说，城市规划往往因为资本化的观念而过度追求效益导致设计上的同质化，规划编制的简单程式化忽视了城市整体价值观的体现以及应有的人文关怀，进而导致城市失去特色。[2]

在文化逐渐成为城市的生活场景与社会图景的新时代，文化产业逐渐成为城市增量创新的增长点，且驱动城市进入发展的新阶段，包括以盘活传统文化资源创造城市发展的增量，以产业业态的创新区引领城市有机更新，以多元化与多样性的价值创造达到层次化的城市发展模式，以集群式与集约化的城市发展路径提升治理效率等对于文化规划核心问题的探索，已然成为城镇化进程中产业转型与城市更新的重要命题。

---

[1] 林炳耀：《21世纪城市规划研究的前沿课题》，《城市规划汇刊》1997年第5期，第1～3页。
[2] 屠启宇、林兰：《文化规划：城市规划思维的新辨识》，《社会科学》2012年第11期，第50～58页。

二 城镇化进程中文化发展的困境和挑战

文化规划基于城镇化的研究背景,目的在于探索一种由产业结构的非农化促使生产要素流动与集中,加快农村原有的生产方式、生活方式以及思维方式与城市接轨的步伐进而实现城乡一体化且更加优化的社会演进路径。近几年来,虽然城镇化的不断演进促使制度创新的日益深化、市场经济的逐渐成熟,城市群的空间结构也在不断适应市场经济发展与市场资源配置,城市发展的形态与模式愈加丰富与多彩。但是,城镇化演进所带来的还有被不断湮没的城市记忆,不断被破坏的城市遗产和日益被遗忘的乡愁。

(一)土地城镇化快于人口城镇化,城镇持续成长驱动力不足

新型城镇化的核心在于"以人为本"。然而从目前我国许多地方的城镇化路径看,更多的是一种"被动"城镇化,也就是在土地资源稀缺的现实境况下,农民的自我意识没有完成城镇化的转化或者没有城镇化的自觉性。由于受到各种客观因素的影响,比如资本趋利性的商业市场化的开发,农民不得不放弃原有的农业化生产方式与乡村生活方式,诸如此类的因素导致城镇化的实现缺少了文化自觉意识。城市的空间布局与环境资源承载能力之间的矛盾愈加突出,也使得以土地扩展为导向的规模城镇化难以为继和以人口红利为支撑的低成本城镇化模式不可持续。显然,传统城镇化发展模式已不再适应现代城市建设的发展要求。如何提高城镇化的文化质量,优化城镇化文化空间,提升城市文化治理水平,是新型城镇化必须直面的现实问题,也是当前城镇化进程中文化发展面临的困境和挑战。提炼和设计一种在以人为本基础之上以文塑城的城镇化发展路径迫在眉睫。

(二)城镇需求与供给矛盾凸显,文化发展亟待供给侧改革

新型城镇化是城乡一体、区域协调发展的城镇化。随着城镇化进程的加速,城乡居民的文化需求逐渐向品质化、多元化方式转型,消

费模式也从模仿型、排浪式向个性化、多样型方向转变，但城乡文化供给的质量和水平相对较低，文化发展与城镇化进程及城镇居民的文化需求不相适应。一是城镇文化产品与服务的供给过剩和供给不足同时存在，例如一系列"下乡"文化产品和服务遇冷与以苹果公司产品为代表的电子产品引发的购买热潮及释放的城乡消费需求并存，国内旅游消费市场增速下降与海外奢侈品消费持续升温、部分品质型家居用品境外抢购和海外代购不断升温并存。二是文化发展的城乡差距和区域鸿沟愈加扩大。文化产业在城乡之间以及东西部之间的发展模式雷同，缺少因地制宜以及各具特色的成长路径。文化发展中盲目接受型的破坏式开发以及浅表粗放式开发方式并存，使得城镇化破坏性开发所导致的城镇供给与需求之间的矛盾愈加凸显。立足于调整文化发展结构、优化城镇产业结构、实现城镇空间正义的文化发展供给侧改革势在必行。

（三）城镇文化保护传承困难重重，顶层设计急需创新与突破

全球化对文化价值的消解以及经济发展对文化空间的挤压，使得在城镇化浪潮之下，传统文化受到前所未有的挑战。首先，在城镇化经济导向之下，文化遗产适应城镇混合空间的生存与发展面临诸多困境。生产力不发达的民族地区和农村地区往往是诸多文化遗产的原生地，也成为当下城镇化进程波及的主要空间。在信息触角愈加发达、文化变革愈加迅速的时代，传统文化及其空间或正成为以"文化自卑"为代表的"文化包袱"，并演绎为它们日益强烈和迅速要摆脱的束缚。而令人更加忧虑的是，文化规划的滞后使传统文化在城镇化与经济增速的博弈中缺少合法性。一方面，文化安全的法律效率低、处罚权限与力度有限、执行难度大等制约因素使得其对违规违法者难以起到约束与震慑作用；另一方面，在城市规划中对文化空间和文化生态的整体设计和评价考核缺少参照指标，在城镇化夹缝中生存的文化安全，其创造与传承的表达和空间也缺乏可行、有效的保护机制。立足创新、以人为本的城镇化顶层设计和因地制宜、循序渐进的城市文化规划迫在眉睫。

三 城镇化进程中文化规划的立足点

文化规划将城镇化和规划均作为动态的过程,旨在探讨一种立足于将文化融入城市并改变城乡生活方式的平衡式结构,探讨一种标榜基于传承与创新的城镇化发展理念,更彰显一种凝练城市精神、塑造城市价值的城镇化发展思路。

(一) 以文塑城:重新认识文化规划

文化是一座城市保持特色以及竞争优势的核心资源,文化规划是发挥文化最大价值、引导城市成长正确方向、激活城市成长能量的重要途径。"文化绘标"将文化的思维融入城市发展进程,通过城市文化特色的凸显、城市产业发展的规划,挖掘与弘扬城市的传统文化,拓展与彰显现代文明,提升人的整体素质,最终实现城市建设、人文景观、生态风光、城市风貌和人居环境的全面、协调、可持续发展。应理解文化规划与建设的真正含义以及文化政策空间的核心内涵。在我国,文化规划从整体上而言大多是政府主导、借助智库力量开展的战略性研究和策略性顶层设计。政府的职责是保证先进文化的前进方向,弥补市场失灵,提供公共文化服务。文化规划如何运用好政策工具和规划杠杆,为文化产业可持续发展和科学布局提供合理并富有成长空间的发展路径,是文化产业规划要解决的重要问题。

从区域的尺度去思考文化规划与建设的内涵,及从文化的思维去考察城市的各种功能,发现城市的创新空间与转型方向。创新设施的中心应是文化资源,通过各种要素资源的整合达到城市的和谐发展。从地方的文化去协调地方的规划,不管是经济的规划还是社会的规划,文化的地方特色要得以持续就需要文化规划与地方文化的协调统一,从而营造出整体特色的鲜明感。从文化的角度去思考公共政策的制定,让文化资源能够与公共政策协同共生,创新城市在经济、住房、教育、健康、社会服务、旅游、城市规划、建筑设计、市容设计、文化政策等方面的决策。开放性、跨领域、交叉式的思考能力、企业家精神、组织管理能力是文化规划的核心能力。要激活城市的创新转型，就要从文化着手去深度解剖文化的方方面面，并深度融合其他学科，达成交叉、开放又包容的文化规划。[①]

（二）以文兴业：优化城市产业结构

文化规划是一个有机且持续作用的过程，通过文化的规划可以重新获得城乡文化认同，消弭城乡文化之间的疆界。文化是一个民族共同价值信仰的体现，城镇化是顺应经济发展、产业结构调整所做出的战略调整，也是优化产业生存空间、优化消费结构所谋划的发展布局。城镇化应与文化特色的保持、文化传统的延续、文化基因的生生不息保持一致；城镇化应该以文化认同为前提，以文化自觉为内在精神力量，重塑文化价值的意义，激发文化创造的活力，引导城市探索出集约高效、功能完善、环境友好、社会和谐、个性鲜明的新型城镇化路径。

文化规划也是重新整合城市文化资源，重塑城市文化价值，重新发现城市文化禀赋，进而优化城市产业结构的过程。城镇化通过优化调整产业结构、转变农民个体生产经营体制，推动现代化的企业制度与分工合作；城镇化通过优化生产要素结构，促使政府更好地发挥其宏观调控作用以及市场的资源配置作用，为农民提供更好的配套政策，进而优化农民生活、生产环境，真正实现"人的城镇化"。

文化规划是通过拉动文化产业的发展，促进产业不断融合、产城不断协同、城市发展不断创新升级的过程。当前我国尚处于工业化发展中期阶段，第二产业是发展重头，但是其就业弹性并不理想，低于产值比重仍然较低的第三产业，因此产业结构优化升级所产生的带动力尚未凸显出来，在有效转移农村剩余劳动力、拉动城镇化方面还未发挥出更好的作用。而文化产业作为一种兼顾社会效益与经济效益的产业形态，能够有效优化资源配置，拉动城市就业，因此发展文化产业是弥补城镇化不足的有效途径。通过文化规划调整城市发展的产业路径，能够更好地实现城市的有序更新与全面创新。

---

① 屠启宇、林兰：《文化规划：城市规划思维的新辨识》，《社会科学》2012 年第 11 期，第 50～58 页。

（三）以文化人：传承城市文化基因

文化规划能够有效保护城镇化进程当中的文化遗产安全。文化遗产安全专注于文化的传承与创新，从文化景观到历史街区，从文物古迹到地方民居，从传统技能到民风民俗，文化遗产集活态性、传统性、整体性于一体。一个地区与民族的文化生态系统，是文化遗产以其特有的方式来维系的，历史文化教育、乡土情结维系、文化身份认同、城镇特色塑造等构筑了人们生产生活所必需的物理空间，更构筑了人们赖以生存与发展的文化空间。保护传承文化遗产就是守护文化安全、守护文化记忆、守护人们理想的精神家园。

城镇化进程当中的破坏性开发消弭了文化遗产的历史与当代价值。旧城改造往往破坏了原有历史街区和历史城区的文化肌理，新城改造往往又容易忽视文化遗产生存空间的预留，使得城市的环境功能与城市精神文化之间的关系被割裂。文化规划能够有效地协调城镇发展与文化遗产活化之间的矛盾，把控文化遗产的差异性与不可控性，改变单一化的以保护为主导的遗产保护规划，还能够从城市发展战略与总体规划的视角出发，构建以保护规划为基础，以城市设计为支撑，以详细规划和建筑设计为具体落实手段的规划技术体系，从而针对文化遗产的地区、禀赋或者是发展阶段差异创新不同的保护路径与手法。

四 文化规划创新发展的路径思考

文化规划是一种精湛的技术，引导城市的创新图变；文化规划也是一种万能工具，引导城市的传承嬗变。文化规划传承文化的精神，孕育文化的基因，遵循自然山水的格局，在城市与自然之间搭建互通共融的空间格局。文化规划又感应文化的灵性，凸显文化的特质，传承文化的风貌，从而创生出城市独特的景观视廊。如何以文化为内驱力，在高效提高城镇化速度的同时，以文化的自觉和文脉的传承加持城镇化的深度，以文化遗产增加城镇化温度，以完善城市布局和城乡综合配套的本土化解决方案,是城镇化进程中文化发展必须直面的命题,也是文化规划创新与实践的方向。

(一) 加强规划管理,规范文化规划的技术路径

文化规划既践行技术的公约,以协作式、参与式、渐进式规划的技术路径,推进城镇的有机更新,又遵守标准的规制;既保障既有土地权属和居民权益,又约定历史文化保护、公共设施完善、公共绿地及开放空间建设、城市功能和形象提升等内容的设计。从这一维度看,文化规划是城市发展顶层设计不可或缺的战略视角,是实现城市文化空间综合协调、国土资源开发利用和生态环境保护整治相互协调的重要条件。因此,文化规划要着力提高工具性,加强技术规范和流程管理。

第一,秉承系统性原则,加强文化规划目标管理。文化是城市的灵魂,是城镇化的重要组成部分,文化规划的目标应充分考虑新发展理念下经济社会发展的各个领域和环节,应全方位、多角度、立体式凸显文化发展的系统特征。文化规划的目标设定,不仅要体现在文化产业对经济增长的驱动上,还要体现在丰富人民群众的文化生活、创新文化消费的内容和形式、提高社会文化发展水平和拉动就业等方面的综合评价上。

第二,遵循次序性原则,推动文化规划分步实施。文化发展常讲常新,文化传承源远流长,文化对城市的形塑是一个长期的过程。文化规划应该在明晰区域文化发展以及文化革新方面重点任务的基础上,通过计划性的实施与执行,逐一在发展的重点领域与关键节点取得突破,进而实现目标。城市文化的整体规划多为中长期规划(保持一定时期内文化产业发展的稳定性和文化产业政策的延续性),并且城市和地区间文化发展水平和所处阶段不同,即使同一城市,其不同区域之间文化发展资源禀赋也各自不同,导致发展路径和发展目标千差万别,因此需要阶段性或差异性地推动文化规划的实施。

第三,围绕落地性要求,强化文化规划评价反馈。文化规划的落地首先要基于当前文化发展的基本形势和以往文化成长的具体情况,结合文化空间、文化产业和具体项目等做出综合性预测和计算,使规划在具有前瞻性的同时保持较高的可操作性。其次,要强化文化规划的实施效果跟踪和

实施动态反馈，构建文化规划的评价指标。一方面，结合区域内城市规划和人口发展的具体情况提炼出影响文化资源保护和使用的指标，从而引导人们对文化资源更为有效地利用；另一方面，综合考虑第一、第二、第三产业对城市经济结构和功能的影响，提炼出实现文化与其他城市发展要素协同一致的评价标准，制定出保障基本文化权益的指标体系，更好地激发群众参与城市文化建设的能动性，为城市文化发展提供源源不断的动力。

（二）拓展战略视角，秉持文化规划的独立精神

城市是人类想象力在适应大自然过程当中的鲜明创造，城市也是人类脱离自然的恩赐而去重塑自然空间秩序的鲜活营造。城市是集聚各种活力要素的富饶之地，是多元文化与多维生态的熔炉。城市规划就是以建设性与发展性的方式书写城市的蓝图。在新型城镇化进程要求文化创新的时代，以广阔的视角与战略性的思维去思考文化的发展，设计文化产业的成长，是城市可持续发展的必然要义。

秉持文化规划的独立精神。在全球化背景下，世界城市在城市形态、制度规范、市民行为等方面日趋雷同，只有文化上的区别显得尤为重要、更有价值。秉持规划的独立精神，是城市成长和建设破立并举的过程。一方面，文化规划的独立性是保持文化特色的重要条件，是城市文化价值凝练的萃取过程和城市文化特色升华的推演过程。另一方面，文化规划的独立性，是增加文化规划自觉意识的基本前提，是通过顶层设计优化城市结构、解决城镇化进程中城市发展矛盾和文化发展困境的实现过程。

拓展文化规划的战略视角。全球化视野下的城市规划，既要有顶层设计又要有路线图，两者并行不悖的最佳范式则是文化规划。人类在从草莽未辟的蒙昧状态繁衍至全世界的过程当中也定义了城市的演进，而文化规划的宗旨便是传承城市演进的记忆，延续城市的文脉，永续城市的基因，营造城市的性格，重塑城市的品质。因此文化规划不仅要有海纳百川、塑造多元文化与多元生态的战略视野，更要有文化根植、嵌入人文内涵与人文精神的思考探索。

（三）推进多规合一，优化文化规划的时空布局

城市改造和更新的目的不仅在于保护文化遗产，更在于在区域协同的尺度上实现自然、经济、文化等的可持续发展，将顶层设计与产业路线图结合，实现各类要素在城市空间上的综合协调，包括各类文化要素的空间协调，国土资源开发利用和生态环境保护整治的相互协调，不同行政区域之间及区域内城市之间和城乡之间的统筹协调，人口、经济、文化、科技、环境及资源等系统及其内部各要素之间的有机协调。

重塑文化规划的空间尺度，实现城市发展的空间正义。城镇化的核心是"人的城镇化"。城镇化是在空间尺度上重新建立城乡之间的和谐关系，消弭城乡距离。文化规划则是从时间的尺度去重新定义且创造新空间的过程。在这个过程当中，不仅城市实体空间在不断扩大，城乡居民的心灵也在此过程中得以有序升级进而无限升华。因此要适应"人的城镇化"，紧抓"人"这一核心，文化规划就要在公共文化服务方面下足功夫，加大公共文化产品供给力度，提升公共文化服务能力，优化公共文化服务效能，完善公共文化服务体系。城市对于人的选择来说，不仅是一个居住的地点，更是创造理想价值的造物空间。重塑城市空间尺度，最重要的是创造出能够激励人去实现人生价值的工作与生活方式。因此，要实现"人的城镇化"，不仅要在物理空间上实现宜居宜业，更要在文化空间上回归到人本本质，打造和谐邻里。

明确文化规划的时间表和路线图，实现城市产业的优化升级。文化产业规划是面向未来的文化产业发展的时间表和路线图，是城镇化背景下对未来发展趋势进行充分判断和全面掌握的行动指南，其规划的重点是掌握并驾驭文化产业发展趋势，结合城市自身特点和经济社会发展规律，进行综合判断并制定发展蓝图。文化规划应当包括两个基本要素。一是完善的文化产业发展体系。任何一个发达的国际城市必然会有相当繁荣的文化产业，这不仅是产业发展的需要，也是城市增强竞争力且保持竞争优势的必然要求。发达的文化产业可以帮助一座城市甚至一个国家在国际竞争当中保持持久优势。二是完善的文化服务配套体系。这是创造优质城市文化环

境、营造良好城市文化氛围所不可或缺的要素，具有国际水平的科技、文化、教育设施以及国际性科技文化交流中心，是评价全球城市的重要标准。

实现文化发展与城市成长"多规合一"的协作规划。城市的快速演进必然要求城市规划与文化规划双规合一。城镇化迫使城乡必须改变其所沿袭的粗放、短视的发展路径。同时，社会公众参与城市建设的热情上扬，通过城市规划来表达其自身利益诉求。"双规合一"内在含义便是在文化认同的前提之下，以激活文化创造活力去激发人们文化参与的动力，探索集约高效、环境友好、功能完善、社会和谐、个性鲜明的城市发展新路径。城市规划与文化规划的"双规合一"实现了规划与公众之间的联结与对话，通过一种"创造性文化增生"的范式改善了社会管理模式，[①]实现了从单向度的规划立法到多向度的规划协商，是文化规划的范式创新，更是文化治理的路径创新。

结语：面向未来的文化规划

在我国城市快速发展、城镇化进程不断加速的时代里，文化规划方兴未艾。许多区域将产业增加值奉为圭臬，文化规划或在某种程度上流于形式，难以全面测度出城市的文化脉搏和城市的历史温度。因此，面向未来的文化规划秉持一种基于城市本质品格的真诚，维护一种面对城市发展历史的坦诚，更坚守一种规划城市蓝图的责任，任重而道远。

面向未来的文化规划，是基于物质尺度的统计数据基础上的大胆构想，是源于城市肌理的理性规划基础上的创意构思，是始于社区改造的拆建修补基础上的空间再造。但是，在文化规划的镜像里，古老的风景可以散发出城市更新的永恒韵味，亘古的遗产可以盘活为创意人群的思想聚落，滨江水畔的田园景致可以开辟并引导新的生活潮流，交通廊道的纵横格局可以承接产业转移并引导新城开发，居住社区和产业园区可以因为文化纽带的植入而成为产城融合的富庶城市功能区。

---

① 胡惠林：《国家需要文化治理》，《学习时报》2012年6月18日，第9版。

面向未来的文化规划，旨在恪守每一个城市历史文脉的真诚、力图激活每一位城市公民的创造力、致力于盘活每一个城市的存量资产并释放改革红利，试图建立一种基于规划的文化秩序。从这一维度上说，文化规划是审慎和公允的。面对因为规划的刻板与趋同城市出现"千城一面"情况时，文化规划必须认真地回答以下问题：如何以富有创新和远见，又不失科学与理性地规划城市发展，引导最优化的产业组织方式和要素配置方式，实现城市文化的空间组织更加优化，产业空气更加活跃，市场体系更加健全？

吉林市文化旅游业振兴发展对策思考

周云波[*]

摘　要：具有2000多年历史的吉林市，有着丰厚的文化底蕴和丰富的文化资源。随着近年来的发展，吉林市先后被中外权威机构评为中国历史文化名城、中国优秀旅游城市、国家园林城市、"倾国倾城：最值得向世界介绍的十大中国名城"、中国书法城、中国十大休闲城市、2014中国最佳避暑旅游目的地城市、中国十佳冰雪旅游城市、百度2017年最具影响力旅游城市等。但吉林市又是一个经济欠发达的城市，尤其是文化产业发展相对落后，占全市GDP不足2%。因此，在新一轮东北振兴与经济转型发展的改革大潮中，文化创意产业抢抓机遇、乘势而上，促进吉林市的经济与社会发展至关重要。

关键词：吉林市　文化创意产业　旅游业

当今时代，文化产业正成为各地经济发展新的增长点，成为带动各地经济发展新的引擎。由于文化产业具有高成长、高附加值、环保生态和强大的产业渗透带动性等特征，被誉为21世纪最具潜力、最具优势的产业，有着"无烟工业""朝阳产业""绿色产业""资深产业"的美誉，已成为各地经济增长的新引擎。

---

[*] 周云波，吉林寻根文化传媒公司总经理。

吉林市是国家历史文化名城,是我国史前文化发源地和满族文明发祥地之一,既有风光旖旎的自然山水,又有源远流长的历史文化和风情浓郁的民间文化。

在产业基础方面:近年来,在加快振兴东北老工业基地的进程中,吉林市始终把文化建设作为凝聚城市精神、培塑城市形象、促进城市发展的核心环节和战略工程,不断丰富城市文化内涵,具备了深层次发展文化产业的基础条件和比较优势。

在自然条件方面:吉林市由江而来、沿江而走、依江而展、因江而美,松花江呈反S形穿城而过,四面青山环绕,市内有中国最大人工湖之一的松花湖、中国四大自然奇观之一的吉林雾凇、世界最大的石陨石——吉林陨石,还有世界一流的滑雪天堂——北大壶滑雪场,是集青山绿水、凇情雪韵于一身的中国优秀旅游城市、中国十大特色休闲城市、国家园林城市、倾国倾城:最值得向世界介绍的十大中国名城。优美的自然环境为吉林市特色文化建设提供了十分有利的条件。

在文化底蕴方面:吉林市历史悠久,早在六万年前的旧石器时代,就有人类在这里繁衍生息。从西汉初年开始,先后出现夫余、高句丽、渤海等少数民族地方政权。明清年间,于吉林设厂造船,吉林市逐步发展成为我国东北中部的政治、经济、文化中心。往事悠悠、岁月流转,勤劳智慧的各族人民在吉林市这块土地上留下了灿若星河的文化瑰宝:高句丽古城遗址、哥特式建筑天主教堂、乌拉古城、北山庙宇群等人文景观魅力万千;萨满祭祀、满族服饰、民间艺术、吉林民居等独具特色;清末吉林巨商牛子厚创办了中国最早的京剧科班,培养出梅兰芳、周信芳、马连良等一批京剧艺术大师,吉林市因此被誉为"京剧第二故乡"。

在文化品牌方面:多年来吉林市以打造本土文化和特色文化为基点,大力整合文化资源,培育形成了一批具有地方特色的文化品牌。吉林市歌舞团连续17年荣登央视春晚舞台,并参加了张艺谋歌剧《图兰朵》、中国大型音乐舞蹈史诗《复兴之路》和北京奥运会开闭幕式等大型演出活动;吉林市电视台拍摄的多部电视剧连获国家级大奖;以"松花江文化风景线工程"为代表的群众文化活动走在全国前列;经过多年培育开发,国际雾凇冰雪节、松花湖开江鱼美食节、白桦节、红叶节、朝鲜族民俗文化节、满族猎鹰文化节等也已成为远近闻名的地方节庆文化活动。响亮的文化品牌，为吉林市文化产业快速提升注入了"活"灵魂。

在人文环境方面：吉林市以解放思想为先导，加快创业发展步伐，持续改善民生，不断完善城市功能，城乡面貌日新月异。一方面，城市基础设施建设得到加强，龙潭山公园、朱雀山公园、人民广场、人民大剧院以及其他一些标志性的文化设施相继建成；另一方面，还有一些附属设施建设，如城市雕塑、园林、绿地、道路改造、高标准小区等无不为城市打造了好文化的印记，实现了城市文化的积淀和宣扬。

文化创意产业是一种以创造力为核心的新兴产业，应用于吉林市，就是对吉林市历史文化、旅游文化、影视剧文化等资源潜力进行挖掘，把原生态文化资源变成产业"活力态"，扩大旧产品卖点，增加新产品消费热点，对吉林市文化产业进行科学创意，以实现吉林市文化产业振兴发展。

一 对吉林市历史文化进行创意宣传，拍摄大型纪录片《炫亮吉林》

只有200多年历史的长春市，拍摄出了大型纪录片《发现长春》，那么具有2000多年历史的吉林市为什么不可以拍摄一部纪录片《炫亮吉林》呢？现在的临江门、柴草市、牛马行等对外地游客和住在本市的许多年轻人来说只是一个街名或站牌名而已，但如果深入挖掘这些具有代表性的街名、站牌名，包括北山、朱雀山、小白山等山名的文化内涵，像《发现龙潭山》一样拍摄纪录片，讲好吉林故事，无疑对吉林市历史文化名城和旅游文化名城建设具有重要意义。对此，吉林市旅发委完全可以同文广新局、史志办、档案馆等部门携手，整合广播电台、电视台、话剧团、京剧团、杂技团、歌舞团以及社会民间团体力量，运用情景再现、历史老照片今昔对比、专家学者访谈、主持人现场解说等方式拍摄一部具有史诗意义的电视系列纪录片。然后，通过多媒体等多种方式进行传播。甚至在此基础上，引进VR（虚拟现实）技术，让人们进行体验与交流。如果说VR技术的引进对我们来说还有些困难，那么我们完全可以在各个景点制作二维码，只要用手机一扫描，就可以看到该景点的纪录片。延伸文化产业链的下游，拉动相关产业的整合与发展。《发现龙潭山》的专题纪录片很好，在中央电视台纪录片频道播出后，提高了吉林市在全国的知名度，为吉林市历史文化名城和旅游文化名城建设增添了亮丽色彩。但这部纪录片制作完成后，并没有在它涉及的下游文化产业链上下功夫。甚至到龙潭山旅游的游客都不知道有这样一部纪录片，即使有人知道，也只能到网上查找，更谈不上利用《发现龙潭山》这部纪录片给景区产生旅游收入了。其实，完全可以在拍摄龙潭山的各个景点设立二维码，供游客扫描并拍照留影。还可以提供VR设备，进行体验式有偿服务，让受众记起历史沧桑、看见岁月留痕，留得住文化根脉。

二 对旅游文化进行创意，呈现全域旅游新气象

首先是借助长吉图开发战略，实现旅游资源整合。在文化创意、文化旅游等方面，加大合作力度，实现优势互补，打造真正一体化的"长吉图旅游经济圈"。包括精品旅游线路和旅游产品设计一体化、品牌形象宣传和市场推广一体化、政策鼓励措施一体化、协调沟通机制一体化、行业管理一体化、旅游人才共享和队伍建设一体化等，通过更广范围的资源整合，实现经济圈内的无障碍旅游。

其次是借助哈长城市群发展战略，扩大旅游文化资源整合范围。例如，哈尔滨市的阿城区曾是金代的首都，舒兰市小城镇完颜希尹家族的完颜欢都、完颜希尹、完颜守道等都是金代历史上的重要人物，与他们相关的文物在阿城金上京历史博物馆占有一席之地。另外，黑龙江省正在全力打造以拉林镇为核心的京旗文化。拉林以及哈尔滨，在清朝时隶属吉林省，我们完全可以和黑龙江联合打造这一品牌，开辟大御道旅游线，将拉林镇，舒兰的上营镇、法特镇、白旗镇、溪河镇、乌拉街，吉林市连成一线，使之成为一条满族文化旅游的黄金线路，实现合作共赢。

再次是借助东北经济区开发战略，助推旅游文化发展。东北有大致相同的黑土地文化，又有日益便利的交通设施，以及靠近俄罗斯、蒙古国、日本、韩国、朝鲜的国际化条件，使各城市间更广泛领域和更高层

级的合作与发展成为可能。因此，吉林市旅游文化的产业链要想获得更大的延伸，就必须与东北其他省份和城市共享资源，共同发展，合作多赢。已跃升为国家级的中国东北文化产业博览交易会，体现了国家对东北合作开发文化产业的重视。吉林市应以该交易会的名片和广告效应，提升吉林市旅游文化的影响力和知名度。

三 对乡村文化进行创意开发，助推乡村振兴发展。

一是对农产品品牌进行创意开发。吉林市属于农业市，农产品品牌的提升是吉林市农业发展水平的标志。

遵循农产品品牌"人无我有，人有我优，人优我新"竞争规律和采用"质量提升、市场提升、文化提升"等手段，在保证产品质量的前提下，注入文化的因素，从而提升品牌的含金量和知名度，解决"走多远"的问题。舍得酒、天之蓝酒、查干湖鱼（包括松花湖鱼）等都是通过加注文化内涵实现品牌提升的成功案例。自然生态和地域文化是吉林市农产品的优势，应借鉴以上成功案例，实现吉林市农产品跨越式发展。

目前，吉林市农产品品牌存在的突出问题就是小、乱、杂、竞争力弱。虽然多以绿色、中国地理标志为招牌，但文化附加值微乎其微，存在着高品质、低品位的问题。而没有文化含量的品牌，如同没有灵魂的生命，能生存但不能生财，能成长却不能成功。

要解决上述问题，首先要加强吉林市农业历史文化的应用研究。将历史上的农产品主产区定位、将淹没的历史信号放大、将尘封的仪式传统复原、将具有分歧的学术争议统一、将各媒体焦点集中，给"吉林姑娘"以应有的光彩。例如舒兰小城的西瓜在宋金时期就有名。南宋使者洪皓当初离开金国，就是从小城镇完颜希尹的家乡一个名叫纳里浑庄的地方带走西瓜籽，并在江南一带种植的。这在他写的《松漠纪闻》一书中有记载。所以说，舒兰小城如果把这个故事讲出来，这西瓜不仅好卖，吃起来也会增添许多历史的味道！

其次要将文化纳入农产品品牌培育。吉林市农产品除了品质上乘，还有更深层次的文化心理诉求,这就是全国满族同胞以及改革开放后走出去的吉林人对白山松水的眷恋。这些故事丰富多彩,而且多有文献记载为据,翔实可信,非常可贵,因此从文化创意的角度培育农产品品牌故事至关重要。"舒兰贡米""吉林大米"近两年享誉全国,与对吉林市地域历史文化的挖掘和包装是分不开的。

再次要以文化创意为杠杆撬动农产品品牌整合工程。有学者认为,品牌整合是快速创建知名品牌的最佳形式。但是,品牌整合势必打破现有利益格局,其中必然要涉及计划与市场、政府与企业、企业与企业、企业与个人、地域与地域等复杂的利益纠葛。行政手段多一点儿,不如市场手段多一点儿;市场手段多一点儿,不如文化手段多一点儿。因此,我们要深入研究吉林市农业文化的历史,充分运用文化创意这根杠杆,撬动农产品品牌的整合。

最后,立足地域文化打造区位品牌。在深入研究的基础上,探寻历史文化信号,利用土地流转等政策手段,对传统种植区进行保护性开发,严把质量关,让特定区域、有传统、有文化、绿色的农产品,重新焕发出生机与活力。

进入秋季,吉林市水果市场盛行桃形李子。这种李子口味纯正,酸甜可口,营养丰富,保质期长,大受欢迎。通化集安通过发掘这种李子的历史文化积淀,发现他的老祖宗名叫"丸都之李",早在唐宋之际即声名远播,《新唐书·渤海传》中就有明确记载。"丸都之李"因丸都山城而来,而丸都山城已被列入世界文化遗产名录,所以充分挖掘"丸都之李"的文化附加值,对于提升集安特色水果的国际知名度,增添通化市文化旅游新亮点,推动吉林东南部绿色转型发展进程,无疑具有重要意义。2018年5月,龙潭区鞍山村举办的第二届梨花节,也是探寻历史文化信号的有效举措。他们把百年梨园的历史符号放大,不仅增加了历史、文化底蕴,增加了旅游收入,而且为秋节梨果营销做了宣传。

二是对乡村旅游进行创意开发。实施乡村振兴战略是党的十九大做出的重大决策部署,是新时代搞好"三农"工作的总抓手。乡村旅游是撬动乡村振兴最有力度、最具广泛性的综合杠杆。近年来,乡村旅游在吉林市如火如荼地开展起来。每逢节假日,自驾游、组团游络绎不绝,呈现非常火爆的局面，但当你经历了一些乡村游后总会有"千村一面"的感觉。春夏季，大多是花海、大棚采摘、漂流。秋冬季，又都是赏红叶、玩冰雪等。吃的都是千篇一律的农家饭菜。这之中缺少了乡风、民俗和地域文化元素，这些最能体现个性又最能吸引人的东西。所以要想发展乡村特色旅游，复兴乡村传统文化是关键，用文化创意产业链接发展是关键。

例如舒兰二合雪乡近两年发展冰雪旅游，2018年旅游收入达到一千多万元。二合雪乡位于舒兰市上营镇东南部山区，四面环山，民风朴素，与黑龙江雪乡处于同一纬度，年平均积雪厚度达1.5米，积雪期长且雪质好，是吉林地区降雪最多的村落。红红的灯笼、贴着福字的玉米农家院、精致的雪雕、大大小小的雪蘑菇、刺激的雪地摩托、打雪圈等，展现出了独特的雪乡魅力，吸引了众多的冰雪旅游和摄影爱好者。政府组织引导村里百户农民出资入股，成立了二合雪乡旅游发展有限公司，办起了农家乐，制作了统一的服务员着装和明码标价的菜单。沿路的院墙挂上了本地摄影家拍摄的二合雪乡美景图片；为农家乐挂上木刻的文艺范儿牌匾，贴上本地书法家写的红对联；电视专题片也配上了本土诗人的乡愁佳作；各家各户挂出串串玉米和红辣椒等，让乡土风情更上镜；夜晚举办焰火、篝火晚会，客人可住在热乎乎的民宿里。二合雪乡之所以在短时间内就能火爆起来，关键在于他们注重文化创意产业链的延伸，注重文化氛围的营造。因此，他们上了《新闻联播》节目。但从历史文化资源整合的角度来看，下一步他们还可以走得更深更远。比如他们与完颜希尹家族墓地较近，如果他们能再融入金源文化、满族文化，则能锦上添花。因为大家知道，酸菜、杀猪烩菜、小烧酒、万字火烧等本是金代女真人的发明，而完颜希尹是金代的左丞相，又是女真文字的发明者，作为完颜希尹家族的后人，完全可以把这些故事讲出来并传承下去。这样不仅可以让游客品尝到八百多年前流传下来的美食美酒，还可以通过荡秋千、抓嘎拉哈、打口袋等游戏，增加互动环节，吸引更多游客参与。

这里还有一个案例，在桦甸市八道河子镇新开河村有个名峰生态山庄。这个山庄始建于1996年，占地26万平方米，建筑面积19万平方米。经过22年的发展，山庄拥有餐饮、住宿、旅游观光、拓展训练、有机农业、果蔬采摘、真人CS、划船垂钓、高山滑雪、水上高尔夫等多个经营项目，是集吃、住、休闲、娱乐于一体的综合性旅游休闲场所。2018年8月中央电视台财经频道在《生财有道》栏目播出了对这个山庄的采访。由于这个生态山庄坐落在肇大鸡山的山脚下，所以它以乾隆帝御赐山名"肇大鸡"为依托，打造乾隆文化。但综观园区建设，这个定位值得商榷。当地确实有乾隆帝住宿山下晨闻鸡鸣御赐"肇大鸡"的传说，但乾隆文化是个什么文化？如果以"肇大鸡"传说为依托，打造鸡文化则比较贴切。这有几个方面的考虑：一是山庄就坐落在肇大鸡山的山脚下，依托传说打造鸡文化得天独厚；二是山庄名叫名峰，与鸣凤谐音，便于传播鸡文化；三是山庄的标识物是一只引吭高歌的大公鸡，与肇大鸡山相呼应；四是便于包装与推广生态山庄特色。比如住宿房间电话铃声和每个工作人员的手机铃声皆可以是鸡叫声，每个工作人员的工作服和房间里的备品、用具以及园区里的导向牌等都带有大公鸡的标志。饮食也可以突出鸡的特色，山庄的特色菜乾隆吊炉烧鸡可命名为"凤凰涅槃"，小鸡炖蘑菇粉条可命名为"凤还巢"，鸡蛋糕可命名为"德高望重"，烤鸡翅可命名为"凤凰展翅"等。五是鸡有五德，归纳为文、武、勇、仁、信，可转化为企业精神，还可以把公鸡作为山庄的吉祥物，并做成纪念品出售，这样既能受游客欢迎又能大大提升山庄的知名度和美誉度。以上两个案例说明，乡村振兴发展离不开地域文化，更离不开文化创意产业发展。

四 对城区文化空间创意改造，提升城市形象品位

文化空间是地域文化形象的重要载体，也是决定居民文化素质及形象的物质性因素。吉林市非常美，有山有水，山水相依，尤其是松花江在城中成反S形穿过，整个城市都显得非常灵动。但在城市建设中也存在一些问题，比如江畔建筑一律是高楼大厦，如果依次升高、错落有致，不仅能让更多楼房享受大江风光，同时也会让大江两岸的视野更宽阔、景致更丰满、更有层次感。这说明在整个城市建设规划布局时，缺乏整体设计，缺乏文化创意。

缺乏文化创意还表现为近些年新楼盘的名字千奇百怪，尽起一些洋里洋气或毫无地域文化特征的名字，什么中央一号公馆啊，什么紫金城啊，还有什么罗兰圣菲等。名字难记不说，与地域文化没有任何关系，更谈不上社区文化建设和打造了。所以，建议住建等部门能够统筹规划，结合城市发展，责成或委托文化创意企业提炼地域文化元素，起一些与城市历史文化发展密切相关的名字供开发商选择，然后由住建部门审核。这样既有利于吉林市历史文化名城和旅游文化名城建设，又有利于开发商进行房地产营销，更有利于社区文化建设和全市文化创意产业发展。

静态的外观文化空间要有活动于其中的动态空间相配套，从而创造城市软文化空间。满族大型音乐舞蹈史诗《满韵清风》2017年4月26日至28日在人民大剧院重磅推出，观者云集，好评如潮。此剧弘扬了地域文化，展示了关东风情，丰富了夜晚生活，既是对吉林市历史文化的一次深度挖掘，又是对吉林市旅游文化产品的集中展示。吉林乌拉文化主题公园以及前几年在周末上演的吉林乌拉大型山水实景灯光演出《松花江印记》都能抓住外地朋友的眼球，该演出在2010年被评为首届中国创意旅游先锋榜——中国十大最具文化创意的旅游演出项目，影响力不可低估。

文化因旅游而兴盛，旅游因文化而精彩。文化旅游不仅有助于保护、开发各民族各地区的特色文化，丰富和提高旅游产品的内涵和价值，还对促进经济结构转型与发展起到极大的作用。吉林市是满族文化发祥地，可以依托投资建设集展览、展示、购物、休闲等于一体的松花江旅游购物中心，把吉林市的美食、服饰（如旗袍等）、特产（如乌拉草制品、长白山绿宝石、人参、蜂蜜酒等）、非物质文化遗产（如浪木、剪纸等）等进行集中展示，增加城市文化魅力，使游客既可以买到称心如意的旅游纪念品，又可增长知识、开阔眼界，感受到浓厚的文化气息。

为了提升旅游购物中心的档次，每年都要对进场的产品进行甄选，每年都由相关部门组织举办全市旅游纪念品创意大赛，本着体现地域元素、体现历史文化、体现城市精神、体现文化创意的原则进行评选，为获奖的纪念品颁发证书，并隆重进行推介。

五 对文化产业资源创意整合，打造大型文化产业集团

吉林市文化企业不少，满天星斗却不见一轮明月，均处在"小、散、弱"状态，亟须通过资源整合手段来解决。

一是要着眼抢占先机，加强统筹谋划。推动吉林市文化创意产业专家咨询委员会建设，发挥北华大学、东北电力大学等科研院所和企业总部资源优势，支持文化、科技、数据信息咨询、信用评估等专业咨询机构建设，完善官方智库与民营智库、专家智库与综合智库协同发展的智库体系。

二是要导向引领，加强政策扶持。对现行文化产业政策汇总梳理，制定和完善整合发展的产业政策，从规划、内容、资金、服务、返税等多个方面予以扶持，让文化产业发展充分沐浴政策暖阳。

三是要巩固基础，加强要素集聚。打造一批主业突出、聚集效应明显，具有国内、国际影响力的产业发展聚集区。

四是要围绕激发活力，加强机制创新。深化文化体制政策，支持企业跨地区、跨行业、跨所有制经营，培育壮大实力雄厚、竞争力强的"文化航母"；扶持中小微型文化企业做专做强，使其成为创新创业融合发展的重要主体。

乡村振兴视域下特色文化产业人才优化路径初探

陆梓欣[*]

摘 要：在推动乡村振兴的大背景下，发展特色文化产业对乡村产业、文化、人才等多个方面的振兴都有积极意义。但是发展乡村特色文化产业不是一蹴而就的，其顺利发展依赖多种生产要素的有效组合，人才便是其中一种关键的要素。从乡村特色文化产业人才的现状问题和具体需求来看，目前乡村就业人员结构失衡、素质偏低，高校相关人才培养意识淡薄，乡村缺乏具有吸引力的环境氛围和配套等现状问题与未来乡村特色文化产业发展多元化、专业性、综合型强的人才需求有着巨大矛盾。要解决此矛盾，可从提高村民素质和能力；发现挖掘乡贤潜力，培养在地领袖；按需培养文化素质与实践能力兼具的高素质人才；积极引进多元化、爱乡村的专业型外来人才；筑巢引凤，为留下来的人才打造魅力家园等多条优化路径出发，培养、引入乡村特色文化产业人才，推动乡村繁荣发展。

关键词：乡村振兴 乡村特色文化产业 人才优化路径

为了解决新时代背景下的"三农"问题，党的十九大报告中首次提出

---

[*] 陆梓欣，中国传媒大学文化产业管理学院硕士研究生，研究方向为文化产业。

乡村振兴战略。① 随后《中共中央国务院关于实施乡村振兴战略的意见》和《国家乡村振兴战略规划（2018－2022年）》相继出台。乡村振兴战略成为解决新时代我国社会主要矛盾、实现"两个一百年"奋斗目标和中华民族伟大复兴中国梦的必然要求。

要真正实现乡村振兴，发展特色文化产业是一条可行的路径。2018年9月中共中央和国务院联合下发的《乡村振兴战略规划（2018－2022年）》就明确提出要"发展乡村特色文化产业"。② 从实践上来讲，不少村落如袁家村、乌村等也凭借走发展特色文化产业的道路得到不同程度的振兴。但是要充分发挥特色文化产业对乡村产业、文化、人才乃至生态、组织振兴的重要作用，需要依赖要素的优化组合以及持之以恒的努力，而这些都需要大量的多元化人才去推动。所以，只有充分挖掘、吸引、培养优秀乡村人才，才能为乡村特色文化产业的持续发展提供源源不断的活力和创造力，从而实现乡村振兴。

一 特色文化产业对乡村振兴的作用

乡村特色文化产业指的是以乡村社会为生成土壤、以广大乡民为参与主体、以乡村独特文化资源为重要依托，利用现代经济理念和产业经营模式开展的包括文化创意、文化生产和文化服务等在内的经营活动。③ 乡村特色文化产业作为一个整体，其内容产业链又可分为三大层次。一是源头层，即核心的乡村文化资源，如独特的农业生产方式、民俗节庆、非遗手工艺等。二是产品核心层，如经过艺术包装的农产品、民俗小吃、手工艺产品等。三是服务衍生层，如与旅游业紧密结合的演艺、休闲娱乐、民俗节庆体验活动等。

乡村特色文化产业自身的层次性和产业关联性有利于推动农业产业化升级，实现乡村第一、第二、第三产业融合发展。此外，乡村特色文

---

① 参见李伟《实施乡村振兴战略是新时代做好"三农"工作的总抓手》，《光明日报》2018年8月6日。
② 中共中央、国务院编《乡村振兴战略规划（2018－2022年）》，人民出版社，2018。
③ 刘金祥：《以特色文化产业发展助推乡村振兴战略实施》，《哈尔滨日报》2019年3月25日，第8版。

化产业所具备的文化精神属性也有利于乡村通过产业化的途径实现其传统文化的创新性发展，激活乡村文化创造力。一方面，良性发展的产业和被激活的文化因子，能为培育乡村新农民、吸引留住乡村人才提供更好的经济支持和文化氛围。另一方面，丰富的优秀人力资源反过来也可以为乡村产业持续发展和乡村文化的传承创新提供源源不断的动力和支持。乡村特色文化产业能通过营造良性要素生态圈，为乡村振兴提供重要推力。

（一）产业振兴：打造业态融合新农村

产业兴旺是解决农村一切问题的前提。发展乡村特色文化产业有利于促进传统农业创新发展，助力农业现代化，使农村摆脱以往常规的农业粗放增长道路。比如乡村可通过结合自身特色资源，改变以往生产售卖的单一模式，赋予特色农产品文化内涵，利用创新性的现代设计和传播宣传手段，打造出具有吸引力的特色乡村品牌，提升农产品的附加值。

发展乡村特色文化产业不但有利于促进农业产业化升级，还能有效实现第三产业带动第一、第二产业，推动乡村第一、第二、第三产业融合发展。特色文化产业的外延性和内容层次性能有效地推动三大产业的交融，如作为"农业文化遗产地"的村落可以紧紧把握当地传统农业系统的特色资源，在充分挖掘当地农业生产技术、文化及思想的基础上，从产学研、农产品生产销售、旅游体验观光等角度进行开发，建设特色农业系统研究场所及博物馆、创新渠道销售创意农产品、营造特色农业景观及体验馆吸引游客，发展旅游业。乡村特色文化产业凭借其系统性、创意性、产品流通性的特征可推动乡村农业拓展升级，带动农村第一、第二、第三产业的协调发展。

（二）文化振兴：营造文明宜居新故土

与其他产业相对比，乡村特色文化产业的影响并不仅仅局限在经济领域，还涉及文化等领域。所以其良好发展不仅可带来产业兴旺和人民富裕，还能实现传统文化的传承和增强文化认同感。

乡村是乡土文化的载体，也是中国优秀传统文化的集聚地。但目前由于传承保护观念淡薄、缺乏人才资金等问题，不少独具特色、源远流长的优秀传统文化正面临消逝的危险。想要在城市化进程日益加快的今天留住逐渐流失的农耕文化，发展乡村特色文化产业是行之有效的途径。通过产业化的开发和现代化的市场运营，村落中的特色生产生活方式、民俗节庆活动、非物质文化遗产等都可以作为IP进行活态化的开发，实现创造性转化和创新性发展，从而创造出它们在当代应有的文化价值和经济价值。

另外，发展乡村特色文化产业除了有利于对乡村特色文化实现创造性传承，还能通过增强文化认同感，提高村民内部凝聚力。在城镇化速度日益加快的中国，以往的故土逐渐成为落后闭塞的代名词，就算是世代生活在乡村的村民也难以真正认识到这承载着千年文化的广阔土地的价值内涵。而发展乡村特色文化产业，浅层次上讲满足的是经济利益，深层次上则是帮助村民乃至大众在重新认识乡土价值的基础上实现身份认同及文化认同。

同样，发展特色文化产业可以增强广大群众对乡土文化的认同感。在重新挖掘乡村传统文化资源、赋予乡村新的文化意义的同时，特色文化产业也有利于展现乡村文化魅力，吸引远方游客，吸纳留住具有文化认同的优秀人才。

（三）人才振兴：培养吸引乡土新村民

推动农村社会经济发展，实现乡村振兴，关键在人才。只有培养出与新农业、新农村相契合的高素质新人才，才能使中国乡村可持续健康发展。但从目前的情况来看，我国乡村普遍存在人口结构失衡、高素质人才流失严重等问题。

发展乡村特色文化产业则有利于培养出与新农村相适应的现代职业新农民，吸引高素质人才流向农村。以中国台湾桃米村为例，在经历1999年南投地震后的桃米村原本是农业衰落、经济凋敝、垃圾丛生的"桃米坑"，恶劣的环境使得当地居民纷纷迁离。但桃米村在充分挖掘当地特色资源青蛙并以此打造当地特色文化产业后，情况发生了积极的变化，其中有效推动乡村升级转变的就是桃米村实行了人才培养计划。桃米村针对村内的具体情况构建了多样的培训体系,在激发村民建设热情的同时,提高、培养他们的素质和能力,从而实现以知识创造经济。[1] 除了能有效地培养在地农民,产业链多个环节发展创造出来的就业岗位和经济收益也吸引了大量外来人才。现今"青蛙头家"带动的桃米村特色文化产业(民宿、解说、餐饮、工艺、工班等),提供超过1/4以上的就业岗位,创造一年超过一亿元新台币的产值,吸引大量人才回流。

可通过人才培养计划,转变村民的价值观念并提升村民的能力和素质,从而推动乡村特色文化产业发展。产业的兴盛以及乡村文化环境的营造又吸引留住大量村民甚至是外地人才。乡村特色文化产业发展和人才吸引培养两大环节因此实现良性互动。

二 打造乡村特色文化产业面临的人才问题

要充分彰显特色文化产业在培育乡村产业、发展文化、培养人才等方面的优势,首先要实现其产业的良性发展。而特色文化产业的健康发展,人才是关键要素。正如英国创意产业的定义所言,创意产业是源于个人创意、技巧和才华的行业。[2] 作为一个极其重视、需要人才的产业,文化创意产业由人的智慧而兴旺,反过来又能为人提供充分的就业机会,要发展乡村特色文化产业,尚需从人才入手。但从目前情况来看,村民数量和质量、专业人才培养及人才留住吸引等方面的问题均不利于乡村特色文化产业的发展。

(一)在地村民数量少、结构失衡、人才素质不高

事实上,如果村民在广阔的土地上找到生存发展之道和能满足他们实现人生价值的机会,就没有人愿意背井离乡。但随着城乡在经济、文化、社会福利等方面的差距日益明显,越来越多的村民选择离开贫瘠的

---

[1] 廖嘉展:《从桃米青蛙村到埔里蝴蝶镇的愿景建构:兼谈生态城镇生态·生计·生活与生命的揉转效应》,《动感(生态城市与绿色建筑)》2014年第2期。
[2] 英国文化媒体体育部:《英国创意产业路径文件》,1998。

土地去城镇谋求更多发展可能,这就使农村人口数量不断减少。《2018年中国统计年鉴》显示,2017年乡村人口数为5.7661亿人,占人口比例的41.48%。① 而根据同期国家统计局发布的《2017年农民工监测调查报告》,2017年农民工总量达到2.8652亿人,其中外出农民工有1.7185亿人。也就是说在5.7亿的乡村人口中,还有29.80%是外出务工人口。此外报告显示,1980年及以后出生的新生代农民工和50岁以上农民工占比都不断提高,分别占全国农民工总量的50.5%和21.3%。② 乡村在地村民的人口数量,尤其是劳动人口不断流失且速度逐步加快。留在村落的村民以难以离开的妇女、儿童及高龄老人为主,人口结构失衡。

此外,乡村在地村民素质普遍偏低,高素质人才流失严重。根据国家统计局《第三次全国农业普查主要数据公报(第五号)》,农业生产经营人员受教育程度占比最高的为初中,占48.4%;其次是小学,占37.0%;大专及以上的人口仅占1.2%。③ 乡村教育的历史欠账导致乡村人口受教育程度普遍低于城镇,另外,由于乡村缺乏足够多的就业机会以及发展可能,就算乡村"寒门出贵子",人才也趋向外出务工,呈现优秀人才必离乡的可叹现象。

中国乡村在地村民数量少、结构失衡、人才素质不高的普遍问题必然给打造特色文化产业带来巨大阻力。特色文化产业是智力密集型产业,它的发展需要大量人才聚集,而中国乡村目前存在人才问题,需要在发展中积极协调解决。

(二)缺乏培养相关人才的意识,供需不匹配

教育部部长陈宝生2018年4月13日在全国人大常委会会议上做

---

① 中华人民共和国国家统计局:《2018年中国统计年鉴》,国家统计出版社,2018。
② 中华人民共和国国家统计局:《2017年农民工监测调查报告》,http://www.stats.gov.cn/tjsj/zxfb/201804/t20180427_1596389.html,2018年4月27日访问。
③ 中华人民共和国国家统计局:《第三次全国农业普查主要数据公报(第五号)》,http://www.stats.gov.cn/tjsj/tjgb/nypcgb/qgnypcgb/201712/t20171215_1563599.html,2017年12月16日访问。

关于高等教育改革与发展工作情况的报告时表示，农村户籍大学生招生比例已超过60%，其中农村地区学生上重点高校人数也大幅提升。①如何鼓励并引导大学生就读特色文化产业相关专业，提升和培养他们的素质及能力，使他们积极投身于乡村文化及产业振兴的建设成为高校重要责任。

但从目前的情况来看，大多数与特色文化产业相关的高校专业都没有培养乡村特色文化产业人才的意识。这种意识的欠缺体现为人才培养目标并没有乡村特色文化产业相关方向，课程设置上缺乏与之配套的课程，教学实践上也鲜有扎根乡村的特色文化产业实践基地及活动。或许与相关高校专业忽视对乡村地区的人才培养和文化产业本身的发展背景有关。文化产业本就是在城市中先进的技术、集中的文化需求以及大量的资本投入支持下形成发展的产业，不过在网络等先进技术迅猛发展的中国，蕴含着丰富文化资源的广阔乡土也逐步具备发展特色文化产业的可能，也需要广大学子特别是出生于农村、熟悉本土乡村文化的相关人才回到乡村去建设。故高校相关专业的教师应积极转变观念，鼓励大学生积极参与乡村特色文化产业的实践，把自己所学的专业知识转化为力量，推动乡村振兴早日实现。

此外，由于中国文化产业专业成立时间较短，在学科建设以及实际教学中仍存在较多问题。一是学科体系比较散、乱、泛，看起来涉及历史学、人类学、经济学、管理学等多个学科的内容，课程丰富，实则课程之间关联度较弱，尚未形成规范系统的学科教育体系。缺乏有效定位的教学使学生在学习上容易困惑迷茫，难以满足乡村特色文化产业发展多样化、专业化的人才需求。二是文化产业管理类的学生缺乏相关的具体实践训练。目前不少高校虽明确了以培养应用型人才为主的目标，但在实际教学中受缺乏资金支持等原因影响，鲜少有实践教学的环节，就更别谈组织学生下乡参与特色文化产业的实践活动。

相关高校专业培养意识的淡薄以及学科建设和实践教学等方面的问

---

① 《国务院首次向全国人大常委会报告高等教育改革与发展情况》，http://www.npc.gov.cn/npc/cwhhy/12jcwh/2016-08/31/content_1996339.htm，2016年8月31日访问。

题，导致培养出来的人才难以实现供需对接，无法真正为该产业提供实用的专业人才。

（三）缺乏吸引留住人才的环境氛围和配套

能吸引外来专业人才尤其是创意人才驻足的往往是乡村独特的环境氛围。正如"碧山计划"的发起者艺术家欧宁和左靖就是被徽州古村落碧山村山高田广、阡陌如绣、白墙黑瓦的传统美好文化场景氛围深深吸引，才立志要以特色文化产业的新模式推动乡村建设。[①] 而北京郊区的小堡村也是凭借独特的艺术氛围吸引着源源不断的艺术类人才进入。可是由于不少乡村缺乏对自然及历史人文资源价值的认识和重视，淳朴而独特的农耕文化也难以得到活态存留。过去乡镇企业的建设也导致不少乡村生态环境遭到破坏。乡村传统生态文化魅力场景氛围的丧失使乡村失去了吸引创意人才的关键要素。

另外，就算部分乡村能够依靠自身魅力吸引外来人才的目光，但也缺乏相关的人才配套措施留住人才，让外来人才能安心在乡村发展特色文化产业。这种人才配套措施除了住房、交通、基本公共设施等物质性的硬配套外，还包括资金、政策、村民包容度等必要的软配套。但目前乡村均尚未形成留住人才、让人才扎根于乡村的综合生态系统。就以住房这一基本配备为例，目前中国农村的房产住宅是无法在市场上自由流通买卖的，以至于出现了北京通州宋庄"画家村"高达十几起的村屋买卖合同纠纷案件。乡村难以为外来人才提供满足基本生存、生活需求的配套，人才在乡村"无枝可依"，又谈何安心为乡村特色文化产业的发展，持续有效地发挥其能力和影响力。

三 乡村特色文化产业具体人才优化需求

目前乡村特色文化产业的发展面临上述提及的种种问题。但该产业的

[①] 《"碧山计划"引论战，"乡建派"梁鸿李昌平怎么看?》，https://www.thepaper.cn/newsDetail_forward_1254713，2014年7月8日访问。

打造和发展作为一项长期系统的工程，需要多样化综合性的人才群体积极参与。只有充分调动乡村内外人才，如在地村民、乡绅、非遗传承人、传统文化名人、学者专家、企业家、管理人才、创意创新人才、相关大学生群体等的积极性，鼓励他们积极投身于乡村特色文化产业发展，才能为此提供源源不断的前进动力，使得"农业强、农村美、农民富"乡村全面振兴的蓝图早日实现。

为了进一步明确乡村特色文化产业发展具体的人才优化需求，本文将把乡村特色文化产业的发展路径主要分为定位、开发、运营、升级四大部分，并根据这四部分的主要内容思考分析每一环节具体需要的人才，从而达到真正意义上的供需匹配。

（一）定位——发挥专家学者及规划师的作用，明确发展方向

乡村特色文化产业成功打造的第一步也是关键一步是定位。是否精准定位直接影响接下来产业项目开发的成败，更会对产业能否持续运营有深刻影响。乡村特色文化产业的定位主要可以分为两大环节：一是挖掘和整理在地资源；二是在充分了解在地资源的基础上进行规划定位，明确发展方向。

在地资源的挖掘往往是一个漫长和需要仔细研究的过程。对于乡村来讲，需要在认真了解乡村发展历史的基础上，对其生产方式、节庆民俗、生态环境等方方面面资源进行普查。此外，在进行普查的同时应归纳创建对应的物质遗产资源数据库和非物质遗产传承人名单，对乡村遗产资源进行信息化保存，为以后资源开发提供条件。在这个环节中，专业的学者及技术人员具有举足轻重的地位。以中国台湾桃米村为例，其在定位阶段通过邀请专家学者和技术人员进行系统的资源挖掘及梳理，也正是通过专家学者和技术人员建立基础数据库和进行资源差异化调查分析，大家才意识到这个受天灾破坏、人才外流严重的垃圾村还有丰富且极具特色的青蛙资源（桃米村的青蛙种类占全台湾的75%），从而为乡村特色产业的发展规划提供了很好的立足点。

在普查挖掘在地资源的基础上进行特色要素提炼、精准定位发展方向更是一个需要远瞻性的科学决策过程。在这个环节里我们充分发挥专业乡

村规划师的作用。乡村规划师团体的介入目的是从全局的角度对某地的乡村特色文化产业进行系统规划，让乡村特色文化产业发展摆脱布局分散、同质化严重、各环节各部分关联性弱等问题。一个具有前瞻性的规划能结合当地地方特色明确发展的路径并对乡村长远持续发展提供可实现的蓝图。但需要注意的是乡村规划并不等于城市规划，城市规划师也不能直接接任乡村规划师的工作，而是需要在充分了解中国乡村特性、环境等情况之后进行有效工作。

需要说明的是，乡村特色文化产业的定位，并不是仅依靠专家学者、技术人才以及乡村规划师便可完成的，在地居民以及政府人员等相关人才的加入也是必须的。村民应发挥其主人公意识，为专家学者的资源普查挖掘提供信息线索，积极参与定位的决策过程，明确自身所希望的理想家园。政府相关人员则应充分发挥他们协调沟通、提供便利的作用。只有在专家及技术人员科学普查调研、乡村规划师有效规划、村民主动参与、政府积极协助等各种人才主体的支持下，才能有效地对特色文化产业发展精准定位，才能为其产业兴旺打下扎实基础。

（二）开发——集中资本运营、创意等多类人才，启动乡村特色文化产业新征程

在进行乡村特色文化资源的挖掘、明确核心理念定位后，便要紧紧围绕源头层进行乡村特色文化产业链的开发，生产特色农作物、手工艺品、文创产品等实物产品；打造围绕休闲旅游的民宿、餐饮、解说、演艺体验活动等服务产品；甚至推出以传播当地乡村特色文化为目的的影视、文学、音乐、游戏等内容产品。庞大的产业集群需要充足的资金、科学的规划以及足够多的创意，所以也需要更加多元的人才加入此环节。

要把打造乡村特色文化产业的愿景变成现实就需要资源和资金。近年来国家为了鼓励乡村特色文化产业的发展也出台了不少包括提供资金支持在内的优惠政策，但乡村特色文化产业始终是属于市场的，要真正激发乡村特色文化产业的活力，还需要拓宽企业和项目的投融资渠道。所以这就需要一批既懂得金融财务管理知识、又明白乡村价值及文化产业特性的专业资本运营人才招商引资，挖掘展现乡村特色的文化产业的发展潜力，吸引社会、企业、政府、个人资本涌入乡村，为特色文化产业的发展打下基础。

正如《创意阶层的崛起》所提及的，工业社会之后，人类的创意是最根本的经济资源。[①] 创意人才是手举"星星之火"的群体，随时都可能依靠一个创意推动一片地区的发展。从目前的情况来看，乡村特色文化产业中的项目开发者中也不乏艺术家等创意人才，如主导莫干山计划的朱胜萱、台南后壁区土沟村的陈昱良以及北京宋庄的艺术家群体等。他们有意无意地运用自己的创意，为乡村创造出更多的经济价值和发展空间。

资本运营人才和创意人才等多元化专业人才的介入，能为乡村特色文化产业的开发带来充足的资金和创意智力支持，从而为该产业的顺利落地营造良好的生态环境。

（三）运营——调动专业性管理人才的积极性，推动产业良性发展

一个乡村特色文化产业项目的落地尚需要相关管理人才长时间的运营，而多层次、多门类、多形式的特色文化产业体系需要更加多样化的管理人才推动建立，其中乡村特色文化产业的管理人才应包括专业培训人才、非遗经纪人、负责对外沟通协调的公关人员等。

乡村特色文化产业是以广大农民为参与主体的产业，农民应该是该产业的主角，但是如果仅仅迎合村民的能力，乡村特色文化产业只能走低端粗放、附加值低的路线，并注定不能得到真正意义上的长远发展，实现乡村振兴。所以相关培训人才的重要性便显现出来了，其负责调动村民参与特色文化产业建设的积极性、提升村民的素质、培养村民的能力，从而推动乡村产业向高端化发展。

在广阔的乡村里有丰富的文化遗产，近年在政府和社会各界的关注下，不少非遗也找到了自己的传承人。但是这离把非遗推到大众的眼前，推入大众的生活，使非遗真正地活化还有相当长的一段距离。非遗经纪人则是缩短非遗与市场距离的关键群体。本身了解热爱非遗的经纪人可以识

---

① 〔美〕理查德·佛罗里达：《创意阶层的崛起》，司徒爱勤译，中信出版社，2010。

别判断某一非遗项目是否适合商业化，并能结合市场需求指出非遗创新发展的方向，打开销售渠道。非遗传承人与经纪人合作，有利于非遗真正走向市场实现发展。

在乡村特色文化产业项目运营中，如何积极与政府部门、所在地村民、社会团体等利益相关者沟通或许深深地影响着项目的成败。曾兴盛一时的"碧山计划"正是在当地政府以及村民的不理解中走向失败的。只有好的公关人才能促进组织内外部人员积极沟通，建立良好的社会关系，使项目更容易得到政府的支持、社会团体的理解以及村民的广泛参与。

专业的管理人才及团队在激发村民主体意识、调动村民积极性、宣传乡村特色品牌、协调利益相关者关系等方面有着重要作用。只有培养引入优秀的管理人才，才能有效运用现代科学产业经营理念和模式，为乡村特色文化产业的良性发展、不断升级提供可能。

（四）升级——组建综合型人才团队，促进产业优化升级

一个地区的产业要保持活力不断发展就需要不断地结合社会发展的趋势实现升级，乡村特色文化产业的发展也不例外。引导产业优化升级需要的是更为专业、联系性更强的综合型人才团队。

以袁家村为例，12年来袁家村坚持发展乡村特色文化旅游产业，依靠当地独具特色的民俗资源、村领导的正确带领以及村民的积极参与，成功地从一个"空心村"转变成为中国最美乡村。但是再成功的产业也需要不断转型升级以保持其发展活力。袁家村在2012年便提出要从乡村旅游过渡到度假目的地，为了实现进一步的转型升级，袁家村成立"百村联盟"，搭建人才平台，会聚了更多的专业团队和人才。专业团队及人才的进入为袁家村进一步丰富业态产品、实行系统有效管理、提高吸引力做出了突出贡献。

四 乡村特色文化产业人才的优化路径

从上述分析可以看出，目前存在的乡村就业人员结构失衡、素质偏

低，高校相关人才培养意识淡薄，乡村环境场景缺乏吸引力等现状问题难以满足未来乡村特色文化产业发展对多层次、多元化、专业性、综合型人才的需求。要解决乡村特色文化产业发展的人才现状与需求之间的矛盾，实现包含乡村特色文化产业人才在内的乡村人才振兴是一个长期而复杂的过程，需要充分调动村民、高校、社会团体、政府、企业的积极性。多方主体在积极合作的基础上培养人才、引入人才、留住人才，从而为乡村特色文化产业持续发展提供充足对口的人力资源和创意源泉。

（一）构建系统村民教育培训体系，提高村民素质和能力

乡村特色文化产业是围绕当地乡土独特的文化资源尤其是传统文化资源打造发展的产业，而独特文化的展现和传承存在于村民日常生活之中。所以，乡村特色文化产业的发展需要在地村民的积极参与。失去乡村中的人，再精致的建筑、再美味的食物也会失去灵魂，只会被过度消费。但是尚无在地发展意识、素质能力普遍偏低的村民群体势必不利于乡村特色文化产业长远发展，所以构建系统村民教育培训体系，提高村民素质和能力成为解决乡村特色文化产业发展人才问题必不可少的一环。村民教育系统培训体系可从以下三个方面入手。

第一，组织上，村民教育系统培训体系的构建应是自上而下的。从目前中国乡村情况来看，由乡村组织自发建立乡村教育系统培训体系是不现实的。由相关政府部门统筹组织，不但便于管理还能有效利用政府资源调动相关高校和社会教育机构多元主体的积极性，推动培训体系高效构建。

第二，内容上，对村民的教育可分为普及性教育和专业性职业培训。普及性教育应是面对广大村民的素质教育，可包括对乡村特色文化产业发展内容的沟通、生态环境保护意识的提升、生活垃圾分类和餐饮卫生知识传播等基础性内容。专业性职业培训则主要侧重于对村民专业能力的提升。村民结合自身的职业规划可选择不同方向进行培训。如台湾桃米村正是在充分结合其乡村特色文化产业具体业态的背景下开发了民宿、解说、餐饮、工艺、工班等专业性职业内容课程供村民选择学习。

第三，施教上，应加大对专业培训教师人才的引入和培训。首先可以

通过政府及教育机构引进一批专业培训教师,通过阶段培训和定期讲座的方式展开授课。在培养村民的同时可以在其中甄选优秀学员,对其进行专业教师培训,以填补乡村专业培训人才缺口。

构建系统的村民教育培训体系,有利于增强村民对在地发展的信心,激发其参与积极性。村民素质及能力的提高更是有利于实现乡村人才的真正振兴,推动乡村包括特色文化产业在内的多方面良性发展。

(二) 发现挖掘乡贤潜力,培养在地领袖

所谓的乡贤指的是乡村范围内在品德、才能、学识等方面被乡人所认可、尊崇的人。具体来讲,乡贤的类型主要包括有作为的官员干部、贡献较大的社会贤达以及服务乡人的士绅等群体。[1] 积极鼓励乡贤群体加入建设出于以下原因。一是有利于为特色文化产业的发展带来资金、技术、知识创意等生产要素。二是在乡村熟人社会中,德高望重的乡贤更容易凭借个人魅力和权威取得村民信任,提高村民群体的凝聚力,熟悉乡村基本特点及情况的乡贤也能有效地领导村民展开工作,推动产业迅速发展。从实际情况来看,也有不少作为在地领袖的乡贤引领乡村发展特色文化产业成功的案例,如从"空心村"蜕变成为"中国十大美丽乡村"的陕西袁家村正是当地党支部书记郭占武带领全村打造的;地处西北原生态闭塞小村石节子村也是由在村里长大的艺术家靳勒一步步打造成为远近驰名的"村庄美术馆"。乡贤群体作为乡村特色文化产业人才生态的重要组成部分,其潜力和积极性的充分挖掘和调动,具体可从以下三个方面入手。

第一,村组织乃至镇政府应组织乡贤群体名单统计工作。除了对本身居住在村庄的乡贤进行统计,对外流的企业家、知识分子、大学生群体等有可能发展成乡贤的人才也需进行系统统计。

第二,积极举办新乡贤文化宣传活动。举办乡贤聚会活动,鼓励有能力对口的乡贤积极投身于乡村特色文化产业发展。同时通过提供对应的培训活动,提高乡贤的领导能力。

---

[1] 参见王文峰《"新乡贤"在乡村治理中的作用、困境及对策研究》,《未来与发展》2016年第8期。

第三，需要完善相关的激励政策。只有让有所作为的乡贤得到应有的尊重和奖励，让有志回乡建设的乡贤得到理解和认同，才能使他们的积极性得到充分调动，最大限度地发挥作用。

（三）按需培养文化素质与实践能力兼具的高素质人才

虽然乡村特色文化产业开发的直接目的是推动乡村的经济发展，加快实现村民生活富裕，但是文化产业的自身双重属性和乡村全面振兴的长远目标决定了发展特色文化产业除了实现其经济效益外，还应充分考虑保护传承传统文化、提高村民素质和就业率等社会效益。这就要求乡村特色文化产业的管理人才不仅要有丰富的经营管理经验还要有足够的人文素质。

在培养对口专业人才方面，相关高校应积极承担此方面的职责。首先，高校应提高对社会变化及资讯的敏锐度，通过调查研究明确乡村特色文化产业发展具体人才需求，结合自身专业优势灵活确定培养人才目标。其次，高校应积极围绕人才培养目标完善学科体系建设。以文化产业管理专业为例，针对乡村特色文化产业对管理人才多元化的需求，此专业可实行文化基础教育和专业方向教育相结合的模式，在大一完成对文化产业原理和乡村文化历史知识的学习，大二、大三再细分方向完成对项目开发人才、经验管理人才、非遗经纪人人才、公关人才等具体人才的培养。再次，高校应充分利用政府政策积极与乡村、企业等开发主体展开合作，建设乡村实践基地。乡村特色文化产业目前急需的大多是应用型人才，在培养中需要提供更多的实践机会锻炼学生相关能力。故高校应积极开拓学习实践场所，打造乡村特色文化产业人才培养示范基地，为学生系统了解乡村文化，增加相关经验提供充足机会，从而培养出既注重乡村传统文化传承保护又懂实践运营的综合型专业人才。

（四）积极引进多元化、爱乡村的专业型外来人才

面对乡村特色文化产业发展巨大的人才缺口，单单依靠培养无法短期内满足人才需求。这时便需要充分发挥政府的职能，通过直接邀请或政策鼓励等手段引进多元化、爱乡村的专业型外来人才走入乡村，参与乡村特

色文化产业建设。事实上，政府的态度对乡村特色文化产业发展起着至关重要的作用。政府在资金、政策上的支持和鼓励则能给外来人才走进乡村带来有力保障，得到政府资源的人才也更容易快速展开建设工作。

第一，相关政府部门应该摆出积极的姿态，通过直接邀请方式积极引进外来优秀人才。河南省信阳市的郝堂村正是通过政府直接引进人才的方式推行其"郝堂茶人家"项目。被区政府直接邀请的画家孙君作为项目设计主创，充分发挥其专业能力，在政府支持、村民配合、企业社会组织积极参与的基础上成功把郝堂村打造成为有茶文化特色的美丽宜居村庄。

第二，政府还可以通过设立专项人才资金、鼓励应届生落户等政策途径吸引高层次人才。如被外界誉为"中国最美乡村"的江西婺源就于2018年制定出台《婺源县高层次人才引进暂行办法》，统筹资金设立高层次人才引进专项基金600万元，为人才引进集聚提供财力支持。

第三，除了通过政府，乡村优秀人才的吸纳还可以依靠企业途径。与优秀的文化企业合作不但能充分利用企业内部精英，为特色文化产业链的系统开发提供人才保障，还能凭借企业自身的财力和号召力吸引各个领域出色的人才。如深圳甘坑古镇在进行绘本产品开发时，就积极利用合作方华侨城集团的资源，采取与国内艺术院校合作、举办大型的国家绘本大赛等措施为其产品开发甄选引进优秀人才。正是通过依靠企业吸纳人才的途径，深圳甘坑古镇为打造文旅特色小镇提供了充足而优秀的人才资源。

（五）筑巢引凤，为留下来的人才打造魅力家园

无论是培养人才还是吸引人才，最后还是要落实到留住人才。只有真正留住人才才能形成乡村人才生态，为乡村特色文化产业发展提供中坚力量。想要留住人才，让人才能在乡村安居乐业，需要"软硬兼施"，从两大方面着手。

第一，在硬条件上，应建设完善乡村人才生态配套体系。具体来讲，乡村人才生态配套体系包括乡村基础设施及公共服务，包括住房、教育、医疗等支持服务人才落户的多方面内容。此配套体系犹如自然中阳光、水、土壤等无机体，为人才生态的形成提供必要条件。以乡村基础设施建设为例，事实上国外在振兴乡村的过程中大多非常重视其基础设施的建设，如美国对乡村"七通一平"（给水通、排水通、电力通、电信通、热力通、道路通、煤气通和场地平整）的要求、韩国改造乡村基础设施的新村运动以及英国出台的建设乡村公园和划定乡村公共通道的相关法规政策。[1] 同样，中国想把优秀人才留在乡村，必先改善乡村目前的人居环境及配套服务设施，只有在乡村筑好巢，才能为凤凰提供落脚栖息之地。

第二，在乡村人才生态硬性的配套服务体系完备的基础上，营造魅力乡村场景则是吸引留下创意人才的软条件。相关研究调查显示，不同场景对高素质人才尤其是创意人才选择居住地点具有不同的影响力，"一个有趣的文化场景是影响高学历工作者择居行为的最重要因素"。[2] 乡村想要吸引留住多元化的创新性人才、发展特色文化产业，还需提高对人才的包容度和理解力，建设能满足人才生活工作需求的舒适物组合设施，改善乡村自然人文环境，减少甚至消除垃圾填埋场等反舒适物的存在，为人才入驻营造既充满乡土文化气息，又包含现代自由开放理念的魅力乡村家园。

---

[1] 唐任伍：《新时代乡村振兴战略的实施路径及策略》，《人民论坛·学术前沿》2018年第3期。

[2] 〔加〕丹尼尔·亚伦·西尔、〔美〕特里·尼科尔斯·克拉克：《场景理论——品质空间如何塑造社会生活》，祁述裕、吴军等译，社会科学文献出版社，2019，第188页。

文化科技

人工智能仿制技术与文化产业的融合创新[*]

黄 佩 王文红[**]

摘 要：科技与文化的发展总是相辅相成。近些年来，人工智能技术的发展更是推动文化产业产生了方方面面的变革。其中，人工智能仿制技术的发展尤为引人注目，诸如朱茵"变脸"杨幂、AI合成奥巴马演讲等例子屡见不鲜。一方面展示了人工智能仿制技术推动传统文化产业内容生产和传播的变革创新；另一方面又表现了其对社会伦理道德以及国家政治传播潜在的负面影响。本文将通过梳理人工智能伪造技术的发展历史，分析其应用现状及存在的问题，并尝试对这些问题提出相应的思考和对策。

关键词：人工智能仿制技术 文化内容生产 科技文化融合

一 背景

科技行业的进步与变革对于整个社会来说都有着极为深远的影响，人类文化的每一次进步与发展都离不开科技的进步与推动。回顾历史上的技

---

[*] 基金项目：国家社会科学基金重大项目"智能时代的信息价值观引领研究"（项目号：18ZDA307）阶段性成果。

[**] 黄佩，北京邮电大学数字媒体与设计艺术学院教授，传播学博士，网络系统与网络文化北京市重点实验室副主任；王文红，北京邮电大学数字媒体与设计艺术学院教授，网络系统与网络文化北京市重点实验室主任。

术变革,从印刷术到电视电影,再到互联网,每一次科技变革都带来了整个文化产业生产、传播等方式的深刻变革。现如今,迅猛发展的人工智能技术再一次冲击了文化产业,尤其是在文化产业的内容生产和传播方面有着颠覆性的力量,其中人工智能仿制技术的发展与应用尤其引人注目。

2019年2月,中国社交网络大量流传朱茵"变脸"杨幂的照片,其相关微博话题阅读量瞬间达到1.2亿、讨论量达到2.8万,引发大众对人工智能仿制技术内容生产能力颠覆传统文化产业,以及对其传播伦理问题的忧虑。2017年初始,以生成对抗网络技术(GAN)为代表的人工智能仿制技术的应用,在文化产业内部产生了不小的震动。先是将娱乐行业的明星以及社会名人进行"变脸",并在社交媒体上广泛传播,为网络文化生产增添了新的方式和手段。之后,又对政治人物进行"变脸"实验,显示了它对社会道德以及国家政治传播的潜在破坏力。因此,探寻人工智能技术与文化产业深度融合的良性发展机制已然成为当下发展道路上必须要考虑的问题。

二 人工智能仿制技术的前世今生

人工智能仿制技术是在人工智能基础技术上发展而来的,其代表性应用是Deepfake。Deepfake最早是Reddit上的一个账户名,随后形成了一个社群,它们编写各种软件工具,这些软件可以轻易将一个人的脸换到另一个人的身上。[①] 它的工作机制类似各语言间的互相翻译,先使用一种被称为深层神经网络的机器学习系统来检查一个人的面部运动,再合成目标人物的脸,让后者做出类似的动作。[②] 人工智能仿制技术并不局限于视频,其原理亦适用于文字、图片、音频等领域。

人工智能仿制技术是一种新的技术,但对图形图像进行模仿改造在历史上早已有之。计算机图形图像仿制技术始于20世纪60年代,艺术家使用计算机创建三维模型,然后手绘纹理与其他细节。20世纪80年代,计

[①] "The Economist. What is a deepfake?" https://www.economist.com/the-economist-explains/2019/08/07/what-is-a-deepfake.
[②] Li Y., Chang M., Farid H., "In Ictu Oculi: Exposing AI Generated Fake Face Videos by Detecting Eye Blinking," Conference Paper, 2018.

算机生成图像技术得到了广泛应用,在电影行业尤其明显。例如,1994年电影《阿甘正传》中主角与肯尼迪总统握手的情节便是借助计算机生成图像技术得以实现的。但那仅仅是图形图像的简单挪移与重叠,且多基于静态的图像变化。

20世纪90年代后期,随着人工智能领域深度学习技术的发展,图形图像技术与人工智能技术紧密联系在一起,人工智能仿制技术应运而生。深度学习使用模拟神经网络的简单数学公式层,通过读取数据,更好地完成任务。[①] 例如,计算机科学家可以通过给深度学习工具喂养成百上千张图片,教授它识别人脸。在经过一段时间的学习之后,遇到新的图片,机器便会迅速对图片中是否有人脸做出判断。

当然,深度学习工具的发展不局限于识别某些特定的事物,一种名为"生成网络"的深度学习工具开始学着创造一些新的事物。例如谷歌推出的Duplex,这是一款基于WaveNet软件的人工智能助理。它可以表现得与人一样自然,讲话有恰当的停顿,还辅有语气词,这些表现骗过了许多用户。

但是生成网络的成功运转需要拥有训练它的大数据集,这可能需要大量的人力、物力,如何让人工智能进行自我训练成为研究人员下一阶段的研究方向。2014年,蒙特利尔大学的研究人员通过生成对抗网络技术来达到让人工智能实现自我训练的目的,使其学会区分真假,并且可以制作各种各样的东西。

人工智能仿制技术的不断完善增加了其应用场景,其应用与渗透范围越来越广,也逐渐走向普通民众。从历史发展上看出,原本只限制在专业领域的仿制技术,由于与参与式文化、用户生成内容等新兴的文化产业模式有很好的适配性,也开始与文化有了融合的机会。

三 人工智能仿制技术在文化产业的应用

传统的文化产业有着自身相对独立的生产和运作机制,当科技大潮渗

---

① Borel B. Clicks, "Lies and Videotape," *Scientific American*, 2018.

透到文化产业的方方面面，文化产业就呈现出了新的面貌。以人工智能仿制技术为例，它的发展对文化产业的内容生产、内容传播和商业运作三个方面产生了巨大的影响。

首先，文化内容生产手段更加丰富，生产更为高效。基于深度学习技术的人工智能仿制技术，如机器人写作、电脑取代人工的文案写作等，通过大量的数据喂养，通过强大的数据分析、自我学习能力，可以模仿人类的写作手法与语法风格，甚至在速度与精度方面还超过了人类智能。这大大减轻了内容生产的工作负担，提高了内容生产效率。

其次，人工智能仿制技术刺激了社交化、病毒式的传播，有利于扩大传播效果。一方面，人工智能仿制技术本身可以成为有力的传播渠道。"变脸"最早诞生于社交网络 Reddit 上，社群成员专注开发软件，这种新奇的技术引发了许多网友的关注，他们主动生产、主动分享，随之产生了裂变式的传播效果。另一方面，人工智能仿制技术帮助公共传播还原历史，触及不同的人群，从而更有效地获得传播效果。例如北卡罗来纳州立大学的一个项目就录制了马丁·路德·金（Martin Luther King）的一篇未录音演讲，利用声音的仿制可以再现历史人物的声音来达到教育目的。

再次，人工智能仿制技术刺激了文化产业的创新。随着技术的发展，人工智能仿制技术的门槛也逐渐降低，普通民众也有机会参与整个文化产业的运作，包括生产、传播和消费，使文化产品的产销变得更加融合。如一款基于深度学习的免费 App——Fake，可以让普通民众根据自己天马行空的想象创造出富有创意的作品。这款 App，鼓励了普通民众的参与，产生了诸多好的作品（作品甚至可以不断地产生变化和改造），让"参与式生产"变为一种消费行为，这就为整个文化产业的发展注入了新鲜的血液。

四 人工智能仿制技术为文化产业带来的挑战

在人工智能仿制技术带来大量便利的同时，我们应该意识到其是一把双刃剑。的确，科技为文化产业的发展增添了不少活力，产生了新的推动力与创新点,但是在现实应用时也带来了许多的新挑战,这主要体现在个人隐私、知识产权、低俗内容传播三个方面。

一是仿制技术侵犯隐私,个人信息被"无中生有"。

诸如尼古拉斯·凯奇、杨幂等明星的"变脸",有异于以往脸部图像裁剪、拼贴等数据转移方式,是经过深度学习和训练创建新生成的虚假数据。个人的图像、声音数据在网络中越多,就越便于采集,那么就越有可能"无中生有"地被转移到不同的应用场景。例如在一段公共演讲中,人工智能建立了美国前总统奥巴马的数字图像,"假奥巴马"在视频中对特朗普进行了攻击。来自加拿大的 Lyrebird 公司开发的语音系统宣布他们可以成功模仿奥巴马、特朗普、克林顿的声音。这一系列新生成、合成的内容,会使个人信息保护难上加难。

二是仿制技术危害知识产权,公民权利被侵犯。

人工智能仿制技术扩大了作品的传播范围,带来了更广泛的受众,同时也造成知识产权保护的更大困难。首先,从创作主体来讲,人工智能创作物挑战了现有作品"独创性"的概念。虽然人工智能伪造技术的运作过程基于人类所编写的算法程序,但是机器的创作过程独立于算法程序员之外,其能否在法律上成为一个拥有独立人格的创作者仍然值得商榷。其次,就创作内容来讲,很多被仿制的原型是影视作品或娱乐、政治明星,为了扩大传播效果,这些形象往往会被恶搞,例如高清逼真的人工智能"伪造品"被恶意地使用到领导人或者重要的公众人物身上,这会造成人物形象及声誉受损,并且引致极坏的社会影响。当下,建立一个完整的人工智能文化产品的知识产权保护体系已成为大势所趋。

三是仿制技术用于社交网络,导致低俗文化恶意流传。

从现实来看,猎奇、娱乐的信息会更容易得到人们的关注,而借助人工智能仿制技术完成的作品,也往往会采纳新奇性、娱乐性这些元素,因此非常容易在社交媒体中产生病毒传播的效果。如"神奇女侠"盖尔·加朵就曾经被"换脸"到色情视频的女主角身上,这样的视频片段往往具有极高的点击率。这样没有分级的网络视频若被没有判断力的未成年人看到,则会产生难以挽回的社会影响。从更深层次来看,这将影响文化产品的审美性和艺术性,其"灵韵"会被逐渐磨灭。

五 促进人工智能仿制技术与文化产业融合的一些思考

文化与科技融合是当代文化产业创新的巨大推动力，但是从目前的技术发展来看，其未来应用可能带来一系列新风险。为了应对仿制技术带来的风险，世界各国的大学及研究机构、政府和企业，从责任意识培养、安全技术研发、政府行业监管、社会素养教育等方面共担责任，积极应对。面对这一问题，我国也应从国情出发，强化风险责任意识，从技术体系、社交网络传播以及信息素养三个方面进行综合建设，构建核心价值观引领的、促进人工智能技术健康发展的长效机制。

（一）构建智能时代利益共同体的价值观引导体制

欧盟委员会发布的政策文件《欧盟人工智能》，有别于美国以及一些国际组织强调的行业自律，它希望构建人工智能价值引导人工智能发展，塑造其社会影响，造福个人和社会。鉴于人工智能技术超强的跨界融合属性与日益凸显的政治经济正负影响力，我国应参考价值引领模式，建立政策制定者、技术研究者与企业的责任共同体；共商人工智能技术应用的有益领域；加强技术风险教育、制定风险共担机制、监测与评估技术实施的全过程，保证人工智能发展以尊重和改进社会所依赖的秩序为出发点，最大限度发挥其为人类服务的正向作用。

（二）建立综合立体、自主可控的技术安全防范体系

人工智能非营利研究组织 OpenAI，联合牛津大学、剑桥大学等多家机构，调查了恶意使用人工智能仿制技术潜在的安全威胁，并提出了多种预测、预防和缓解威胁的方式。针对仿制技术，各主体应该各司其职，互相配合。政府应负责组织网络安全专家、科学家对技术效果进行预判和评估，建立安全标准体系；科研机构可遵循国际通用的攻防演练、正式验证等方法来持续监控并防范人工智能技术产生的安全问题；文化企业应积极对人工智能产品进行提前测试和实验，确保其符合安全标准和

规则。三方合力形成以风险意识为引领、以技术和反制技术研究为基础、以自主可控为终极目标的数字安全刑侦体系。

(三) 加强伪造内容社交网络传播的全程监管

以人工智能仿制技术"变脸"为代表的技术应用，在未来将会更多地进入内容制作领域，社交网络作为主要的传播渠道，需要有更为严格的全程监管。2018年德国实行了《社交媒体管理法》，从用户举报、社交平台处理账号、司法部负责执法等方面打击社交媒体空间的违法信息。对我国来讲，可以从平台、人工、技术三个方面发力：社交网络平台对涉及影像和视频的内容实施先审后播制度；建立政治素质高、熟悉人工智能相关技术应用、熟知我国网络传播相关管理规定的审核员队伍；研发并采用辨别伪造内容的技术，对恶意传播伪造内容的账号、软件应用给予问责及处罚。

(四) 提升智能时代大众的信息素养教育

斯坦福大学发布的《2030年人工智能与生活》报告，详细解读了在交通、家庭服务、医疗保健、社区、公共安全、就业、娱乐、教育等八个方面人工智能将产生的深远影响及颠覆性变革。因此，对普通大众进行人工智能信息素养教育成为当代生活的应有之义。教育机构应承担起对公众普及人工智能基础知识的责任；政府及立法监督机构应该及时向公众提示技术应用可能带来的风险；企业及行业则应履行社会责任，增强人工智能技术的透明度，倾听公众的诉求，及时对出现的问题进行整改。

基于文献计量的文化科技融合研究现状及趋势分析

江光华 刘 静*

摘 要：本文采用数理统计等方法，对1980~2018年在我国学术期刊上发表的关于文化与科技融合研究的文献做了系统分析，对我国文化与科技融合研究的总体趋势、研究机构、研究内容、论文关键词、基金项目及学科分布等方面进行计量分析，进而揭示我国文化与科技融合领域的研究现状与趋势，探讨文化与科技融合的研究规律，提出促进我国文化与科技融合的对策建议。

关键词：文化与科技融合 文献计量 文献分析

文化与科技融合发展问题是当前我国理论研究的一大热点。为促进我国文化与科技融合研究，本文运用文献计量学方法，对文化与科技融合研究的学术论文成果进行梳理和总结分析，以客观反映这一领域的研究现状与趋势，进而为进一步研究文化与科技融合问题提供数据基础和科学依据。

---

* 江光华，北京科学学研究中心副研究员，博士，主要研究方向为科技与文化融合、科技政策与管理等；刘静，北京市科学技术情报研究所副研究员，博士，主要研究方向为科技情报分析。

一 研究总体趋势

本文以CNKI中国学术期刊网络出版总库为中文数据来源，通过关键词"文化科技融合""文化与科技融合""科技与文化融合"等检索文献（检索时间为2018年12月21日），检索到期刊论文1843篇、会议论文97篇、学位论文125篇、报纸报道248篇。文化与科技融合属于学科交叉领域，涉及该领域研究的学科背景复杂，主要有信息技术学、情报学、新闻传播学、艺术学、经济学、管理学等，主要源于政府对文化与科技的关系问题的不断强调和业界对文化与科技关系问题的积极实践。自2005年起，国内学界开始探讨科技创新与文化产业发展的关系问题，特别是在2011年党的十七届六中全会提出"文化与科技相互促进"、2012年党的十八大报告提出"促进文化与科技融合"之后，文化与科技融合研究开始成为学术热点，研究内容涉及文化与科技融合发展理论、科技促进文化创新、文化引领科技发展等方面。

（一）学术论文总体分布

从图1中可以看出，国内关于文化与科技融合的研究总体上呈现增长趋势，可以分为四个阶段。第一阶段是2004年之前，可以说是研究的起步阶段，文献发表数量较少，每年不超过10篇；发文常用关键词有"事业""文化事业""智能成果权""财产权"，主要突出文化事业。第二阶段为2004~2008年，是发展阶段，发文数量逐年增加，发文高频关键词有"数字内容""创意产业""数字内容产业""文化遗产"等。第三阶段为2009~2013年，是高潮阶段，发文数量持续攀升，进入爆发期，发文高频关键词有"数字内容产业""新兴文化业态""文化创意产业"。第四阶段为2014年至2018年，是高位波动阶段。此阶段发文数量略有波动，但年均发文数量在200篇以上，发文高频关键词有"文化产业""文化科技与创新""文化科技融合""非物质文化遗产""文化创意产业"等。从上述四个阶段来看，文化科技融合研究早在几十年前就被我国学者关注，在2009年之后受到更大范围的重视，且重视程度越来越高，这与党和国家的高度重视密不可分。

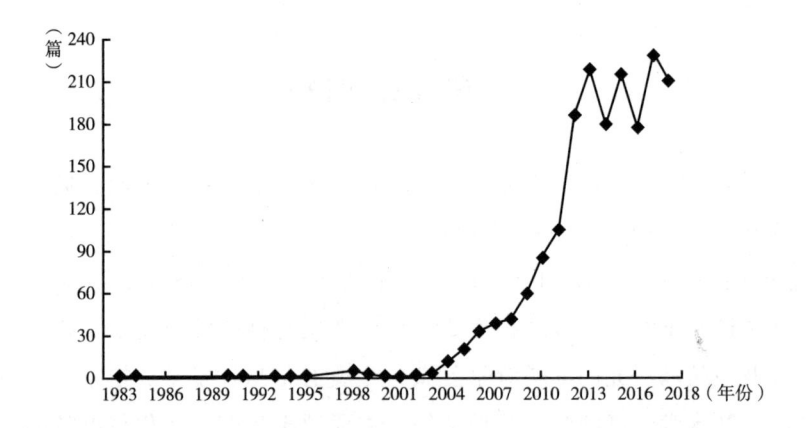

图1　1983～2018年文化与科技融合研究论文的发文趋势

说明：2018年数据不完整。

（二）主要研究机构

从研究机构来看，发表相关论文数量在10篇及以上的有12家研究机构，共发表论文227篇，占检索论文总数的12.3%。发文数量最多的是中国人民大学，共33篇，其中14篇受到基金支持，其次是深圳大学和武汉大学（见表1）。这些作者大多来自高校和科研院所。从发文数量来看，在全国范围，文化科技融合主要研究机构有中国人民大学、深圳大学、武汉大学；北京的主要研究机构有中国人民大学、北京大学、中国传媒大学、清华大学等。

表1　文化与科技融合论文作者所属机构分布

单位：篇

排序	机构	论文数量	基金支持论文数量	地区
1	中国人民大学	33	14	北京
2	深圳大学	31	26	深圳
3	武汉大学	23	9	武汉
4	北京大学	21	15	北京
5	中国传媒大学	20	6	北京
5	南京大学	20	12	南京

续表

排序	机构	论文数量	基金支持论文数量	地区
7	清华大学	17	5	北京
8	文化部	16	0	北京
9	武汉理工大学	13	6	武汉
10	中国科学院	12	6	—
11	华中师范大学	11	6	武汉
12	湖南省社会科学院	10	10	长沙

（三）主要研究内容分布

根据文化建设分为文化产业与文化事业（公共文化）的通俗分类方法，将科技与文化融合期刊论文按论文研究内容，大致分为科技与文化产业、科技与文化事业以及其他三个方面。文化产业与文化事业有少量交织重合的部分，例如传统陶瓷产业、图书馆与数字图书馆等的划分。其中科技与文化产业方面论文976篇，占总论文数量的53.0%；科技与文化事业方面论文495篇，占总数的26.9%（见图2）。总体来看，期刊论文主要关注文化创意产业、文化保护与传承、企业研究、文化新业态等内容。

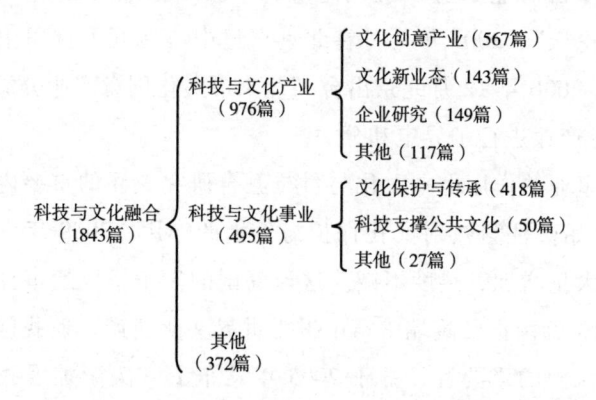

科技与文化融合（1843篇）
- 科技与文化产业（976篇）
  - 文化创意产业（567篇）
  - 文化新业态（143篇）
  - 企业研究（149篇）
  - 其他（117篇）
- 科技与文化事业（495篇）
  - 文化保护与传承（418篇）
  - 科技支撑公共文化（50篇）
  - 其他（27篇）
- 其他（372篇）

图2 文化与科技融合期刊文章的研究内容分布

从文化与科技融合的研究趋势来看，主要包括文化创意产业、文化新业态、企业研究、文化保护与传承、科技支撑公共文化等内容，如图3所示。

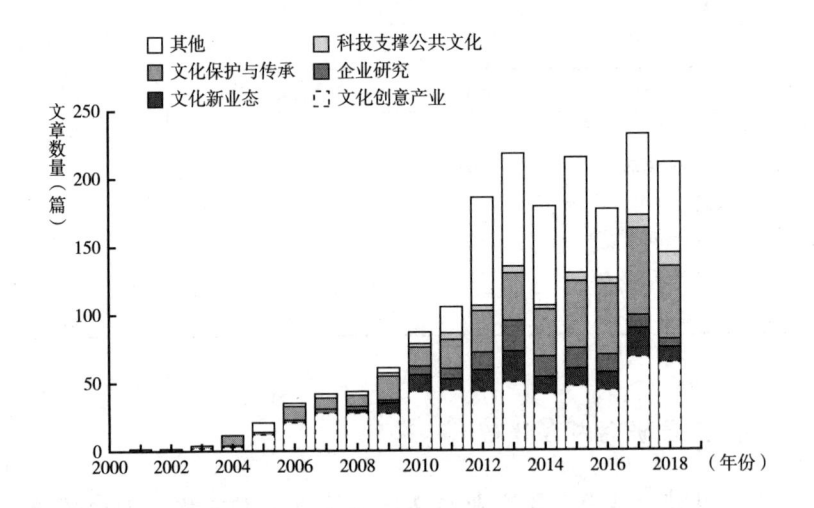

图 3　文化与科技融合期刊文章的研究内容年代分布趋势

文化创意产业是文化与科技融合研究的首要研究内容。2005～2013年，文化创意产业研究相关论文的数量呈增长态势，随后论文数量略有回落，从总体趋势来看还远远未达到饱和，国内文化创意产业的研究仍处于扩展阶段，这与我国的文化创意产业发展历程密切相关。2004年5月在北京成立了"创意中国产业联盟"民间组织，同年底上海召开了"2004中国创意产业发展论坛"，2005年7月在北京嘉里中心召开了首届中国创意产业国际论坛。[①] 2006年12月北京出台《北京市文化创意产业分类定义标准》，对文化创意产业进行了界定和分类。

科技对文化事业的作用也是文化与科技融合研究关注的重要内容。学术界从2006年开始关注科技对文化保护与传承的作用，2009年后进入爆发期，相关研究大量增加，热度不减。这与韩国的端午祭申遗事件有一定的关系。2005年，韩国把江陵端午祭申报为世界文化遗产，使我国认识到非物质文化遗产保护的重要性，并于2005年发布了《关于加强我国非物质文化遗产保护工作的意见》。

---

① 杨柳：《创意中国——记2005首届中国创意产业国际论坛》，《中关村》2005年第8期，第101～102页。

二 研究热点及发展趋势

对于文化与科技融合的研究热点及发展趋势，主要基于学术论文关键词、高被引论文以及科研项目题目来进行融合分析。

（一）基于学术论文关键词

按关键词统计，发现1843篇期刊论文（其中5篇论文缺关键词）中共出现4113个不同的关键词。表2列出了频次在60次及以上的前20个关键词。这些关键词主要有"文化产业""文化科技创新""文化创意产业""非物质文化遗产""文化科技融合""数字内容产业"等。可以看出，在文化与科技融合领域，关键词的使用还比较多样和分散。

表2 频次在60次及以上的前20个关键词

关键词	频次	关键词	频次
文化产业	151	数字文化产业	80
文化科技创新	123	文化产业发展	76
文化创意产业	117	文化创意	72
非物质文化遗产	111	文化遗产	71
文化科技融合	105	数字内容	65
数字内容产业	104	文化	64
产业	96	创新	63
创意产业	92	新兴文化业态	62
科技	85	科技创新	60
数字创意产业	83	融合	60

为深入反映各个研究主题之间的关系，本文运用关键词云分布情况进一步分析该领域研究方向及研究热点。词语的字体大小代表该词在统计论文中作为关键词次数的多少，如图4（a）中"文化科技创新"在88篇论文中作为关键词，是2014年之前论文中出现次数最多的关键词，在词云图中"文化科技创新"的字体最大。图4（a）中"文化科技创新""数字内容产业"

"产业""创意产业"等作为论文关键词最多，其论文记录数依次为88篇、73篇、69篇、62篇。图4（b）中，"文化产业""非物质文化遗产""文化科技融合""科技""文化创意产业"等作为论文关键词最多，其论文记录数依次为92篇、78篇、70篇、64篇、58篇。

（a）2014年之前关键词云图　　　　（b）2014年之后关键词云图

图4　文化与科技融合论文的关键词云分布

从关键词聚类分布情况来看，2014年以前的研究更加侧重于文化体制改革、文化事业的研究；2014年以后的研究更加侧重于新技术对文化产业的支撑作用、文化科技融合产业发展等方面的研究。其原因，是我国文化与科技融合的学术研究与国家政策导向息息相关。

自2014年3月国务院出台《国务院关于推进文化创意和设计服务与相关产业融合发展的若干意见》后，学术界的研究热点也相继转变。其中，最突出的特点是"科技""科学技术""科技支撑"等被更加具体的"数字技术""数字化""数字化技术""虚拟现实""虚拟现实技术""新媒体技术"等技术名词取代。2014年以后的研究论文也体现了这一点，"新型文化业态""新业态"等关键词逐渐显露。

非物质文化遗产之所以在2014年后受到学界的重视，与党和政府的高度重视也有一定关系。2010年文化部提出将"非物质文化遗产数字化保护工程"纳入"十二五"规划，《中华人民共和国国民经济和社会发展第十三个五年规划纲要》提出"制定实施中国传统工艺振兴计划"，2017年发布《中国传统工艺振兴计划》，党的十九大报告提出"加强文物保护利用和文化遗产保护传承"等，相关规划政策频频出台。这些使得学术界也将非物质文化遗产作为研究热点,"非物质文化遗产"成为2014年后研究论文出现频率较高的关键词。

(二)基于高被引论文

文化与科技融合研究高被引的期刊大多为CSSCI期刊、北大核心期刊,如《财贸经济》、《科学学研究》、《国家行政学院学报》、《云南师范大学学报》(哲学社会科学版)、《山东社会科学》等。排名前10的高被引论文,主要是2009~2012年发表的(见表3)。其中,有2篇高被引论文发表在《系统仿真学报》,其研究内容是虚拟技术用于文化遗产保护。从这10篇高被引论文的内容分布来看,5篇属于理论性宏观研究,3篇研究虚拟现实技术用于文化遗产保护,2篇关于数字技术与非物质文化遗产。

表3 文化与科技融合高被引研究论文 top10

论文名	作者	刊物	发表时间	被引次数	下载次数
《虚拟世界自然文化遗产保护关键技术概述》	胡伟爔、潘志庚、刘喜作、方贤勇、石教英	《系统仿真学报》	2003/3/20	88	716
《互联网思维:科技革命时代的范式变革》	金元浦	《福建论坛》(人文社会科学版)	2014/10/5	77	2814
《技术创新与文化创意:发展中国家经济崛起的思考》	胡晓鹏	《科学学研究》	2006/2/15	77	1286
《虚拟现实技术在文化遗产保护中的应用》	李德仁	《云南师范大学学报》(哲学社会科学版)	2008/7/15	73	1845
《推进文化科技创新加强文化与科技融合》	王志刚	《求是》	2012/1/16	70	2034
《数字技术与山东非物质文化遗产保护》	杨海波	《山东社会科学》	2009/1/5	67	1710
《增强现实技术在文化遗产数字化保护中的应用》	师国伟、王涌天、刘越、郑伟	《系统仿真学报》	2009/4/5	58	1918

续表

题名	作者	刊物	发表时间	被引次数	下载次数
《文化与科技融合引领文化产业发展》	祁述裕、刘琳	《国家行政学院学报》	2011/12/20	45	1650
《基于数字技术的非物质文化遗产保护策略研究》	王建明、王树斌、陈仕品	《软件导刊》	2011/8/30	44	985
《数字内容产业的内涵、界定及其国际比较》	王斌、蔡宏波	《财贸经济》	2010/2/10	41	1470

从高被引论文来看，文化与科技融合的研究热点有两个，其一是应用与文化领域的新技术研究，包括数字技术、虚拟现实技术、增强现实技术等；其二是文化科技创新战略层面的研究。从高被引论文作者分布情况来看，既有科研人员，也有政府官员。科研人员主要关注运用技术手段研究解决文化领域的问题，政府官员主要研究文化科技创新战略部署方面的问题。然而，从这些高被引论文作者发表论文的情况来看，近年来其在文化与科技融合方面的研究没有及时跟进，这表明对于文化与科技融合的持续性研究有待增强。

（三）基于基金项目及学科分布

文化与科技融合领域的资助项目，主要为国家社会科学基金项目、教育部人文社会科学研究项目、国家自然科学基金项目等。由此可见，文化与科技融合研究已经为国家级科研战略所重视。

检索论文中标注的基金项目发现，2014~2018年国家社会科学基金项目共有41项，其中，重点项目3项、一般项目33项、青年项目5项。重点项目分别是"数字环境下我国图书出版业的商业模式重构研究""学术图书馆参与数字出版的角色和模式研究""新媒体视觉文化传播研究"。从这些国家社科基金资助的项目题目来看，近五年文化与科技融合的研究重点已经由原来强调的"文化与科技融合""文化科技创新"等方面的基础理论研究发展为更加具体明确的"数字出版""数字图书馆""新媒体""互联网"等方面的应用研究。

表4 文化与科技融合研究基金项目资助情况

排序	基金项目	支持论文数量
1	国家社会科学基金项目	128
2	教育部人文社会科学研究项目	44
3	国家自然科学基金项目	32
4	国家科技支撑计划	22
5	中央高校基本科研业务	21
6	江苏省教育厅高校哲学社会科学基金项目	12
7	国家软科学研究计划项目	9
8	广东省教育厅相关项目	8
8	辽宁省社会科学基金项目	8
10	国家文化创新工程项目	7
10	山东省社科规划项目	7
10	江苏省文化科研课题	7
10	湖南省哲学社会科学基金项目	7

从学科分类统计来看，新闻学与传播学领域申请成功的基金项目最多，共12项；其次是图书馆、情报与文献学，共9项；民族问题研究共6项；其他各学科数量均少于5项。因此可以认为，近五年文化与科技融合的研究方向主要为新闻学与传播学，以及图书馆、情报与文献学，研究热点主要集中在数字出版、新媒体、数字图书馆、互联网等领域。

三 研究结论与展望

（一）研究结论

文化与科技融合是当今社会的一个热点问题。本文通过分析国内的研究现状，研究文化和科技融合的相关理论，得到以下三点结论。

1. 文化科技融合研究与政府重视程度密切相关

学者的密切关注会引起政府的重视,而政府的重视又促进了相关领域的研究。文化与科技融合在学理上和科研上提出的时间虽然很长,但是直到 2000 年以后才真正受到学界广泛关注。正是学者的密切关注,文化科技融合问题才在 2010 年引起了中央层面领导的重视。[①] 2011 年,党的十七届六中全会报告,从基于文化强国的国家战略意义上强调了文化与科技融合的重要性,提出要"充分发挥科技创新的重要引擎作用,加强文化与科技融合"。[②] 2012 年,党的十八大报告提出:"促进文化和科技融合,发展新型文化业态,提高文化产业规模化、集约化、专业化水平。"[③]党的十九大报告虽然没有直接提文化与科技融合这一概念,但是从字里行间可以看出对于文化与科技融合仍然非常重视,而且上升到了另一个高度,提出要"培育新型文化业态"[④]。这为我国文化与科技融合指明了新方向。

据不完全统计,从 2010 年胡锦涛总书记发表的讲话中提出文化与科技融合概念起,截至报告完成日期 2018 年 12 月底,一共有 35 项政策及领导讲话或直接同文化与科技融合相关,或在政策文本中提及了相关内容。其中,2017 年和 2012 年是政策高峰年,分别有 8 项和 7 项政策同文化与科技融合紧密相关。从颁布政策的机构部门来看的,有的是由党中央国务院直接颁布的,有的是科技部、中宣部、文化部等多个部委联合颁布的,有的是文化部颁布的。可见,文化与科技融合理论研究与政府的重视程度密切相关。

2. 文化与科技融合理论研究仍需推进

总体来看,有关文化和科技融合的研究是近些年才逐渐兴起的,其成果较为分散,相关理论研究、案例研究、定量和定性研究都有所涉及,但针对性、系统性、权威性仍显不足。

[①] 于平:《对文化产品及相关范畴的思考》,http://culture.people.com.cn/GB/22219/12583280.html。

[②] 王志刚:《加强文化与科技融合全面推进文化科技创新》,《中国科技投资》2012 年第 12 期。

[③] 《胡锦涛在中国共产党第十八次全国代表大会上的报告》,http://www.xinhuanet.com/18cpcnc/2012-11/17/c_113711665.htm。

[④] 习近平:《决胜全面建成小康社会夺取新时代中国特色社会主义伟大胜利》,人民出版社,2017。

关于文化与科技融合的概念，目前尚无统一的定义。本文认为文化与科技融合是一种相互作用的双向度融合，更加注重两者之间相互促进、相互渗透的协同作用。文化与科技融合打破传统界限，使文化与科技相互渗透，是融于一体之后的再生性融合，并且通过与其他要素之间的相互作用，产生耦合效应。从作用机理来看，文化与科技融合的运作机理在本质上是一种耦合机理，主要受到来自政府政策支持、技术创新推动和文化发展拉动三股力量的作用以及人才、平台、资金等的支撑，经济利益驱动等的因素的影响。[1]

随着互联网技术、人工智能技术等高新技术的不断兴起，文化和科技融合发展已成为当今世界的时代潮流。科技使文化产品的生产、传播、接收和消费方式发生了巨大变化，既促进了传统文化产业的改造提升，又催生了一大批文化新业态。

近几十年来，美国、英国、法国、日本、韩国等发达国家凭借科技实力，逐渐形成了强大的文化产业体系，文化与科技融合产品覆盖全球，也使文化产业的国际化竞争日趋激烈。与发达国家相比，我国文化产业发展相对较晚，在文化与科技融合领域存在机制不健全、科技对文化产业支撑不足、复合型人才队伍建设亟待增强等问题，这一定程度上制约了我国文化产业的发展。在我国进入高质量发展的新阶段，如何加强宏观谋划，完善相关政策机制，推进文化与科技融合，以高新技术支撑引领文化产业健康发展，是当前迫切需要研究与解决的重大问题。

（二）研究展望

综观我国有关文化与科技融合研究的现状，结合国内外文化与科技融合呈现的发展形势，本文提出以下两个方面的建议。

1. 加强文化与科技融合相关研究

从研究现状来看，文化与科技融合研究属于学科交叉领域，涉及该领域研究的学科较为复杂，主要有信息技术学、情报学、新闻传播学、艺术学、经济学、管理学等。因此，为推进文化与科技融合研究，需要具有多

---

[1] 江光华：《系统论视野下的文化与科技融合动力机制研究》，《科技管理研究》2015年第20期，第208~213页。

种学科知识背景的学者进行学术交流，经常性地在文化、科技等领域开展交叉学科的研究，不断地将知识进行通汇交叉，从而产生创新的思想。

从发展趋势来看，文化与科技融合是未来文化事业、文化产业的发展方向。目前对于文化与科技融合的研究，主要源于政府对文化与科技融合问题的不断强调，以及业界对文化与科技融合问题的积极实践。随着技术的进步、政策的完善以及消费需求的拉动，文化与科技融合发展的前景将会更加明朗。密切关注文化与科技融合的发展动向，深入分析文化与科技融合发展的规律和特征也将成为必要之举。

总之，在理论层面上研究文化与科技融合发展问题任重而道远，需要继续文化与科技融合的相关机理研究，既加强科技创新对文化事业、文化产业的支撑研究，又注重文化创新对科技创新的引领作用研究。密切结合我国文化发展的需要，跟踪文化领域的科技发展前沿动态，加强文化领域关键共性技术的前瞻性研究。此外，由于文化与科技分属两大领域，依然缺乏文化与科技融合的统计口径和评价指标，在一定程度上制约了文化与科技融合发展的定量测度研究、深度研究等，这也是未来需要加强研究的重要内容。

2. 推进文化与科技深度融合创新

文化与科技融合是当今社会经济发展的重要主题。世界各国尤其是发达国家纷纷将科技与文化产业融合作为其发展的重点方向。美国采用版权保护等措施促进科技与文化产业融合发展，先后通过了《版权法》《跨世纪数字版权法》《电子盗版禁止法》等一系列版权保护法律法规，为大众和创意产业界提供版权保护。英国利用信息技术、资金资助等促进文化与科技融合发展，早在2009年就发布了《数字英国》白皮书，并在2017年将创意产业与生命科学、节能汽车、数字工业、核工业一道作为政府重点支持的五大战略产业。日本主要通过促进研究开发等措施促进文化与科技融合发展，在漫画、动画片和游戏软件等领域居世界前列。

面对当今世界文化与科技融合的新趋势和国际文化产业发展的新变化，我国如何抓住文化与科技融合发展的新机遇，大力提升文化科技创新能力，抢占文化产业发展制高点，成为一个重要的现实课题。在我国由高速度增长转变为高质量发展的新阶段，如何通过文化与科技融合寻求新的发展动能？如何通过科技手段让北京的文化产业提质增效，促进首都经济的高质量发展？这些问题都是摆在我们面前的难点问题。对此，我们需要加强顶层设计和政策研究，加强文化与科技融合，加快培育数字文化创意产业、文化旅游产业等新兴业态，发展新支柱产业，推动产业转型升级，实现新旧动能转化，促进我国经济高质量发展。

与此同时，还需要加强文化对科技的影响研究。世界发展史表明，文化的繁荣兴盛是科技创新中心形成的先导与土壤。世界科学中心在其形成的过程中，均无一例外都伴随着深刻的思想解放和文化嬗变，如意大利科学中心与文艺复兴运动、英国科学中心与清教徒革命、法国科学中心与启蒙运动、德国科学中心与古典哲学的发展、美国科学中心与其民族精神形成等密不可分，科学中心往往也是文化中心。因此，在加强文化与科技融合的过程中，还需要充分发挥先进文化的先导和引领作用，为我国实现创新驱动战略、建设世界科技强国营造良好的文化环境，这也将是我们需要重点研究的课题。

我国数字文化产业创新发展的现实瓶颈与突围路径

赵玉宏[*]

摘　要：近年来我国数字文化产业取得了长足发展，但也面临原创内容缺乏、版权保护机制不完善、人才匮乏等发展瓶颈。要进一步促进数字创意文化产业发展，必须加大政策扶持力度、规范行业发展、完善版税保护机制、以技术创新为动力，促进本土文化的内涵挖掘和数字化转化，加大人才培养扶持力度，推动数字创意产业的全面、协调和创新发展。

关键词：数字文化产业　数字技术　创意产业

一　全球数字文化产业发展趋势

在全球文化消费领域，数字内容业态产品消费正快速增长。在文化产品生产侧，数字格式成为文化产品内容存在的基本标准。从印刷出版到数字出版、网络出版，从纸质图书到电子书，从胶片电影到数字电影，从音乐唱片到数字音乐，从手柄游戏到网络游戏，从传统广告到数字广告，从图纸设计到电脑设计，从传统博物馆到数字博物馆，文化产业各个领域都

---

[*] 赵玉宏，北京市社会科学院传媒研究所副研究员，博士，研究方向为文化创意产业融合、跨文化传播等。

在进行数字化转型发展。例如华尔街日报推出了网络版权,美国最大的DVD租赁公司Blockbuster正改变传统的服务方式提供按需下载DVD内容服务。而传统文化产业未能成功与数字化接轨的业态则出现了亏损、倒闭的现象。例如网络游戏的快速发展使游戏设备供应商任天堂、索尼深陷困境,因用户只需在Facebook上开通账号就可免费玩游戏,无须购买索尼的PS、任天堂的Wii设备。早在2009年,美国就出现了传统报纸的倒闭浪潮,33家日报申请破产。

在数字化时代,数字化设备覆盖了从生产、传输直至消费终端的全流程。这个趋势进程体现为文化内容创作、制作、表现等全过程的数字化。统计数据显示,2011年英国电子书的出版规模超越了精装书,亚马逊电子书销量超过了纸质书,中国移动网络游戏市场实现了51.2%的增长,新闻集团、连线杂志等纷纷推出了iPad版电子报刊,美国平均每天约有1亿人在线观看视频,而国际品牌广告商在数字媒体方面投入的广告费用也在持续增长。

随着互联网的快速发展、移动智能终端市场的兴起,全球文化需求市场正从传统的消费渠道转移至移动互联网渠道。统计数据显示,全球手机网民每周平均在线时间达到了13~16小时,用于阅读新闻、观看视频等文化消费活动。

在我国,随着新浪、搜狐、网易三大门户网站和腾讯、今日头条移动互联网公司的快速发展,微博、微信的兴起,移动互联网已经成为文化消费产品供给、内容获取的重要渠道,网络文学、手机游戏、在线音乐、短视频等成为文化内容消费的重要形式。2018年,中国游戏市场实际销售收入为2144亿元,重点网络文学网站营业收入达342亿元。2019年上半年,中国游戏市场实际销售收入约为1140亿元,同比增长8.6%。[1] 从国内外各领域发展的数据可以看出数字文化产业呈现蓬勃发展态势,全球文化产业正在转型走向数字化阶段。

---

[1] 郭义强:《坚持守正创新,担当文化使命,推动中国数字内容产业繁荣发展》,澎湃新闻,2019年8月1日。

二 我国数字文化产业发展面临的瓶颈

（一）版权保护机制尚不健全，缺少行业规范

政府对数字创意产业的保障最为核心的就是版权保护，对版权的保护决定了一个国家能否抢占数字创意产业链的前端有利位置。不管是美国、英国、日本还是韩国的数字创意产业发展都充分证明了这一点。以英国为例，2010年英国议会通过的《数字经济法案》对数字文化产品的版权保护进行了明确的规定，如规定政府有权屏蔽盗版用户，并允许版权所有者申请对非法盗版用户实施警告乃至断网的惩罚，这为数字化时代英国著作权保护提供了法律依据。

与此同时，数字创意产业内容关乎文化，文化的国家安全和意识形态属性决定了在我国现有国情下，政府相关部门制定政策推动数字创意产业的行业规范也十分有必要。我国数字文化产业发展中，网络文学、视频和音乐领域是涉嫌版权侵权的高发领域。《楚乔传》被曝多处使用《斛珠夫人》作品内容，收视率很高的电视剧《三生三世十里桃花》《锦绣未央》等均涉嫌抄袭，截至目前几起关于版权之争的案件还未宣判。从行业总体发展来看，我国数字创意产业版权保护机制仍不健全，缺少行业规范。

（二）本土文化内涵挖掘不足，缺乏原创内容

数字创意产业是文化内容的数字化产业，对文化内容的挖掘是数字创意产业成功的关键。文化是数字创意产业的魂，数字技术是文化的载体和呈现手段。从世界各国的发展经验来看，很多国家正是凭借对特色文化，尤其是本土文化的挖掘才在数字创意产业方面取得长足进步。如韩国政府采取各种措施鼓励本土文化内容的数字化，增强其现代性和易传播性，使数字创意产业成为新的经济增长点。因此，要发展数字创意产业，必须提高内容的原创水平，尤其要重视对本土文化内涵和元素的挖掘和阐释。在我国数字创意产业发展过程中，部分存在重技术轻内容的状况，对文化内涵，尤其是本土文化的深入挖掘不足，内容同质化现象比较严重。例如网

络游戏中充满宫斗、官场等题材的游戏，以及网络棋牌、捕鱼等具有不良倾向的涉赌游戏，应予以纠正。这一方面与当前中华优秀传统文化创造性转化和创新性发展的趋势不相适应，另一方面也使数字创意产业发展失去最深层次的动力。

（三）"科技+文创"融合尚不完善，缺乏技术创新

技术是文化内容的重要载体，很大程度上决定了数字创意产业的发展水平。日本和瑞典是数字技术创新发展方面的典范。例如日本通过多年来对"知音未来"这个虚拟角色的运营，已经实现个人演唱会、游戏、唱片、实体店持续经营运作，成为数字技术创造IP形象进而实现实体化发展的经典个案。随着数字创意产业的不断发展，融合发展成为趋势，文化创新和技术创新单独对产业的推动力逐渐弱化，只有将文化创新与技术创新有效结合，利用科技手段为传统文化传播提供全新传播渠道，传统文化为新科技的落地提供丰富场景，才能在新时期有效推动我国数字创意产业的发展。

（四）人才供应量总体不足，缺乏复合型人才

数字创意产业在我国发展迅速，对从业人员的数量和门类需求旺盛，每年以较快速度增加。数字创意产业是跨界产业，从业人才涉及创业策划、技术开发、美术、网络维护、营销、售后服务、在线管理等各个方面。但在现实中，我国数字创意产业相关的人才供应量总体不足，这与产业本身的迅速发展形成了鲜明对比，这种不平衡严重制约了数字创意产业的发展。从整个文化产业发展来看，既懂业务又懂市场营销的人才较少，尤其是高水平复合型人才严重匮乏，数字创意产业更是如此。由于数字创意产业链较长、产业环节复杂，对文化创意水平高、技术水平高、营销头脑活的人才需求迫切。

（五）数字文化企业"走出去"竞争力不强，缺乏拳头产品

由于信息技术的高传播性，数字创意产业的国际化成为趋势。近年来，我国版权输出增多，许多网络文学和电视作品走出国门，受到亚洲和其他地

区公众的欢迎。中国文化元素的感召力和吸引力很强，为我国数字文化产品"走出去"创造了良好基础，但仍然缺乏具有中国精神、中国风格、中国气派的数字创意产品走出国门。我国数字创意产业发展整体规模小、企业规模两极化、缺乏核心竞争力和竞争优势，这些都使企业在数字文化市场竞争中难以抵御风浪的冲击，从而制约我国数字创意产业的顺利推进。

三 加快我国数字文化产业创新发展的路径

（一）内容开发方面，为本土原创文化插上科技之翼

习近平总书记在关于中国文化发展方面的论述中指出，要加快我国传统文化的创造性转化和创新性传播。我国传统文化博大精深，是数字创意产业发展的源泉。数字文化产业发展要从内容上入手。第一，加强原创能力建设。数字创意产业是文化产业，要强调突出其文化内涵，因此要鼓励全民创意，加强原创能力建设，同时发挥新技术对文化产品开发、内容创作的支撑作用，切实提高产品的文化品质。第二，鼓励文化资源的创新性开发。系统梳理当前我国优质文化资源，鼓励对文物、非遗、旅游、艺术品等相关文化资源的数字化转化和创新性开发。第三，深入挖掘传统文化和地方文化资源。重点挖掘优秀传统文化的思想精髓，推进文化典籍的数字化，用技术手段传承振兴民族民间文化，赋予传统文化新的活力。另外，重视区域和民族文化资源的开发利用，加强现代设计与地方传统工艺的融合。第四，积极引导新兴业态发展。数字创意产业是创新性产业，数字出版、网络电影等新兴业态发展迅速，因此对新兴业态的健康引导十分重要。

（二）版权保护方面，为文化 IP 穿上法律外衣

1. 制定、完善相关法律法规

要进一步完善著作权保护制度，完善创意文化知识产权保护法律法规，对《中华人民共和国著作权法》进行修订，加入信息网络传播保护相

关内容，适应信息时代知识产权保护的新要求。从我国的具体实践来看，虽然《中华人民共和国宪法》《中华人民共和国民法通则》《中华人民共和国著作权法》等法律对著作权问题有明确规定，但具体到文化产业和数字创意产业，没有明确具体法律保障，对数字创意产业监管缺乏法律基础，一定程度上导致了目前国内网络文学、数字音频等领域盗版现象普遍的问题。盗版成为制约数字创意产业生态良性发展的重要问题之一，不利于行业的长期健康发展。

2. 通过技术手段实现版权保护

在信息技术迅速发展的背景下，版权人要积极利用技术手段来维护自身权益。随着信息技术的迅速发展，目前防止数字内容档案在未经授权的情况下进行简单复制的技术越来越多，一些被称为"数字权利管理系统"的技术系统应用也越来越广泛，将版权信息嵌入数字文件，从而追踪侵权人的技术也越来越成熟。这些新技术通过对数字内容文件进行加密，很大程度上实现了非授权不能使用的效果，有效地阻止了盗版侵害。新技术的应用可以有效地防止盗版，是完善数字创意产业版税保护机制的重要方式。

3. 充分发挥行业组织的力量及培养公众版权意识

从英国和日本的数字创意产业发展实践来看，行业组织在其中发挥了重要作用。在版权保护中，除了政府的规制和企业的技术保护，还应该充分发挥行业组织的力量，成立全国性的数字创意产业协会或研究会，在行业自律方面发挥积极作用。

近几年，我国公众的版权意识有所提高，但整体上还比较淡薄。从国外经验看，版权意识的培育需要一个过程，政府、媒体、行业组织和相关企业都有责任和义务通过各种手段加强对公众的宣传和教育，培育全社会的版权意识。

（三）技术创新方面，新技术应用为行业转型注入动力

创新是文化发展和进步的不竭动力。一方面，充分运用新技术新手段，开拓发展新空间，掌握发展主动权。进一步加大互联网技术、人工智

能、大数据等核心领域研发力度，持续推进云计算、物联网、网络安全等关键性技术突破，深度应用大数据、云计算等科技创新成果，促进创新链和产业链有效对接。另一方面，推动商业模式创新。探索应用个性定制、精准营销、网络共享等新型商业模式，推进数字创意产业商业模式创新。例如随着我国5G技术商业牌照的下发，目前一些游戏企业已经开展5G云游戏的服务，无须下载、即点即玩、云端运行的新特点可能会对整个游戏业态产生新的重大影响。另外，技术创新要注重数字内容的表达和呈现形式，提高趣味性、可读性、便利性，推动产品创新、模式创新和业态创新，让数字内容产业始终保持生机和活力。

（四）人才培养方面，高端复合型人才为行业领跑

数字创意产业人才培养必须从建立完善人才培养体系入手，着力培养一批文化创意新、数字技术精、管理能力强的复合型人才，构建数字创意产业人才高地。数字创意产业是创意产业，目前我国对创意人才没有完善的评价机制，应探索设定符合产业发展特点的考核考评体系，推进市场化人才培养和评估机制建设。除了本地数字文化产业人才的培养，还要加大海外高端人才引进力度。国家和地方政府应鼓励企业引进高端人才，为复合型人才的落户、待遇等方面提供优惠政策，为人才创造更加宽松的工作环境和生活环境。

数字时代的国家治理与舆情治理现代化

陈 端 肖馨宁 张 帆[*]

摘 要：经济社会的全方位数字化转型在持续改变我国国家治理和舆情治理的内在环境，也呼唤我们的指导理念、工作重心与操作实践随之做出调整。本文结合习近平总书记关于信息化、智能化、网络化的系列讲话精神，对数字治理涵盖的内容、数字治理对国家治理现代化的推动作用进行了阐述，在此基础上对数字时代国家治理与舆情治理现代化之间的内在关系、数字化时代舆情治理优化路径等也提出了自己的观点，以资实践参考。

关键词：数字时代 国家治理 舆情治理

一 数字治理为国家治理现代化提供新支撑

（一）数字治理体系和数字治理能力现代化是当前国家治理体系和治理能力现代化的题中应有之义和核心动力

党的十八届三中全会提出："全面深化改革的总目标是完善和发展中

---

[*] 陈端，传媒经济学博士，中央财经大学副教授，主要研究方向为媒体经济、数字经济、网络新经济；肖馨宁，中央财经大学传媒经济学硕士研究生；张帆，中央财经大学传媒经济学硕士研究生。

国特色社会主义制度、推进国家治理体系和治理能力现代化。"这一改革总目标的提出，对于我国社会主义现代化建设而言具有重大而深远的理论意义和现实意义。国家治理体系是在党领导下管理国家的制度体系，国家治理能力则是运用国家制度管理社会各方面事务的能力。推进国家治理现代化是党和政府面对全球范围内日新月异的技术革命和国际博弈格局带来的严峻挑战做出的战略回应。

我国正处于从传统向现代，从农业文明、工业文明向信息文明转型的进程之中，国家治理体系和治理能力的现代化水平对整个经济社会的现代化转型具有巨大的引领作用。而当前伴随着互联网、物联网、云计算、大数据等技术的崛起与发展，我们面临着全方位数字化、信息化、智能化转型，整个社会的数据呈指数形式增长，全球都进入了以数据为核心的大数据时代，数据不仅成为新的生产要素与创新要素，也重新定义了国际博弈的主战场，给处于深刻嬗变中的社会形态带来持续深远的影响。

在数字重塑社会形态、经济运行模式，给公众生活带来便利的同时，也渐渐威胁着传统的治理模式。如何提高数字治理水平、如何解决数字经济治理问题等已经成为如今数字经济时代发展的重要议题，党中央高度重视。2017 年，党的十九大强调，必须坚持和完善中国特色社会主义制度，不断推进国家治理体系和治理能力现代化。[1] 要求我们必须顺应信息化发展的背景进行国家治理体系与治理能力现代化的建设，使数字治理水平的提升尤为迫切。中央文件表明，"没有信息化就没有现代化"，因此，数字治理体系和数字治理能力现代化是国家治理体系和治理能力现代化的题中应有之义和核心动力。[2]

（二）数字治理的概念内涵与治理机制核心

"十三五"时期是新兴技术全面爆发崛起的关键时期，大数据、人工智能发展迅速，但随着技术的不断革新，数字时代的数据安全、信息孤岛

---

[1] 唐斯斯、刘叶婷：《加强数据治理 提升国家创新力》，国家电子政务外网管理中心，2018 年 5 月 4 日。
[2] 李齐、贾开、曹胜：《数字治理时代公共管理学科的回应与发展——第三届数字政府治理学术研讨会会议综述》，《中国行政管理》2018 年第 11 期。

等问题也渐渐凸显。同时，由于我国公民素质不断提高，以公众参与为中心、协同治理为核心的数字治理应运而生。[1]

但我国的数字治理还处在起步阶段，实践先于理论的特征较为明显。中国信息通信研究院将数字治理划分进数字经济"三化"框架。数字经济是生产力与生产关系的辩证统一。其中，数字产业即信息通信产业，含电子信息制造业、电信业、互联网行业等；产业数字化就是传统产业包括农业、工业、服务业应用数字技术使生产效率提升；而数字化治理包含了治理模式创新、利用数字技术完善治理体系、增强综合治理能力等方面。[2]具体框架如图1所示。

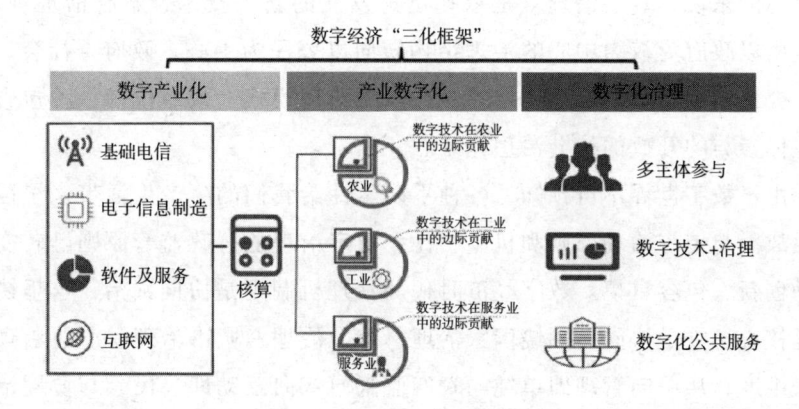

图1 数字经济"三化"框架

资料来源：中国信息通信研究院。

根据国内学者黄建伟、陈玲玲对数字治理的定义，数字治理即为电子治理，是数字时代全新的先进治理模式，它是继电子商务、电子政务之后出现的。数字治理有广义的数字治理和狭义的数字治理之分，具体概念及区分如表1所示。[3]

---

[1] 黄建伟、陈玲玲：《国内数字治理研究进展与未来展望》，《理论与改革》2019年第1期。
[2] 《数字经济7本白皮书，10大亮点｜CAICT核心成果分享》，http://www.sohu.com/a/312083554_505812，2019年5月6日访问。
[3] 黄建伟、陈玲玲：《国内数字治理研究进展与未来展望》，《理论与改革》2019年第1期。

171

表 1 广义、狭义的数字治理

数字治理	内容
广义	数字治理不是信息通信技术(ICT)在公共事务领域的简单应用,而是一种社会组织、政治组织及其活动的形式,它包括对经济和社会资源的综合治理,涉及如何影响政府、立法机关以及公共管理过程的一系列活动
狭义	数字治理是指在政府与市民社会、政府与以企业为代表的经济社会互动和政府内部运行中运用信息技术,简易化政府行政及公共事务的处理程序,并提高民主化程度的治理模式。其涉及政府、市民社会与以企业为代表的经济社会两大主体,形成政府与市民(G2C)、政府与政府(G2G)、政府与企业(G2B)之间的互动和政府内部运作(IEE)的几个层次

总的来说,数字治理就是依托迅速发展的新兴技术,融合治理理论,并且由以政府为权力中心的治理结构转向以公民为中心,政府、社会、企业、公民协同治理的治理结构的一种新型治理模式,或者说是一种包含多元主体参与的开放的社会治理体系。[1]

由于数字世界不可预知,各种不确定性给我们的生产生活带来了巨大的挑战。与传统治理原则和机制相比,数字治理的行政监管原则已转变为鼓励创新、包容审慎。数字经济时代的治理机制则是协同共治,这里协同便是核心,立足协同,围绕国家治理、社会治理、城市治理、产业治理这四大维度,从单向管理即单纯的政府监管向双向互动即公民参与协同治理的治理模式的转变,从线下到线上线下融合,再通过人工智能、大数据、区块链等新兴技术赋能数字治理。只有技术与管理相互促进,才能真正有效推动数据共享,促进协同治理,实现科学精准的决策,增强数字经济治理能力。[2] 新技术为国家治理的在线化、平台化、智能化和精准化提供了底层支撑,也为国家治理过程中的风险实时预警、效果实时反馈、决策实时优化带来了新的契机。正如习近平总书记所强调的,要运用大数据提升国家治理现代化水平。要建立健全大数据辅助科学决策和社会治理的机制,推进政府管理和社会治理模式创新,实现政府决策科学化、社会治理精准化、公共服务高效化。

---

[1] 黄建伟、陈玲玲:《国内数字治理研究进展与未来展望》,《理论与改革》2019年第1期。
[2] 李齐、贾开、曹胜:《数字治理时代公共管理学科的回应与发展——第三届数字政府治理学术研讨会会议综述》,《中国行政管理》2018年第11期。

二 数字治理的四个层级与重点内容

(一)数字治理的四个层级

1. 国家治理

国家治理层面上,国家必然是数字治理的权力中心,拥有对主权范围内所有数据体系的管理权,并且通过大数据驱动国家治理进一步发展,使政府管理更高效、决策更科学、服务更精准等。虽然目前我国的国家治理体系架构还不够完善,但国家在多个领域、多个部门都建立了基础数据信息库,在一定程度上取得了不小的成果。

2. 社会治理

社会治理层面上,社会治理强调多元主体之间的协调、合作、协作、协同以及相互促进,并形成相应机制,因此公民参与度的提升尤为重要,"以人为本"是社会治理的最终落脚点。通过人工智能技术的运用,社会治理在许多方面产生了治理新经验,对推动社会治理现代化产生了积极影响。

3. 城市治理

城市治理其实是衡量一个城市数字经济发展的重要指标,包括对城市基础设施、交通、环境等方面的治理。数字时代的城市治理更加注重公民的参与,不断推动政府向"善治"迈进,并且基于区块链等新兴技术的运用,赋能城市治理,推动城市治理向智能化转变,提升数字城市的竞争力。

4. 产业治理

产业治理层面上,我们选取了平台经济的治理作为典型分析。平台经济是业态经济治理的一个重要特征,平台经济的发展涉及产业层面,同样也必然是会上升至国家和社会层面的高度。物联网、大数据以及区块链等高新技术产业促进了产业的不断升级,生产和流通的融合更加向纵深发展,平台经济是互联网大数据时代流通与产业一体化的产物。

近年来，平台经济已成为数字经济发展不可或缺的一部分，成为推动我国流通体系升级的重要举措。平台经济凭借其高度产业化和高产值等特点和优势，迅速成为数字经济的发展核心，而如何处理其在发展过程中产生的问题，也成为国家和社会各界首先应当考虑的关键。

（二）我国数字治理的重点内容

1. 如何让数据有效转化为价值

数据本身并不具有价值，而是通过有效治理使无序的数据相关联，挖掘数据背后隐藏的信息，激活数据使其动态化，让并无价值的数据本身变得有价值。对于企业来说，通过有效的数据治理，能让其转化为利润，例如大数据使企业能精准营销、把握客户需求与特点等，进而提升企业的竞争力。对于政府来说，通过有效的数据治理，帮助政府进行更加科学有效的决策，例如舆情监控、业绩考核、风险预警等，进而提升政府的服务力。对于社会来说，有效的数据治理，能应用到社会治理的各个方面，例如整合公共安全信息、环境卫生信息等，使公民参与度不断提高，进而提升社会的创造力。因此，激活数据，使其变得有价值就显得尤为重要，从数据到价值的转化过程如图 2 所示。①

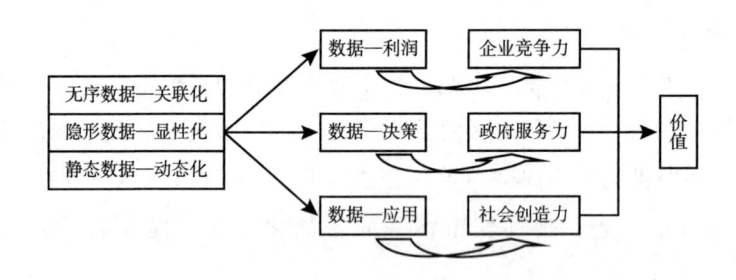

图 2　从数据到价值的转化过程

2. 如何加快数据开放、协同、共享

数据治理重在治理而非管理，不是传统意义上的政府单向管理数据，

---

① 唐斯斯、刘叶婷：《加强数据治理 提升国家创新力》，国家电子政务外网管理中心，2018 年 5 月 4 日。

而是通过政府、社会、企业、公民协同治理数据,让数据真正发挥其协同价值。因此政府正确引领数据开放,推动企业数据共享,惠及公众,成为我国数字治理的重点内容之一。①

3. 如何构建合理有效的数据治理框架

根据唐斯斯、刘叶婷对数据治理框架的研究,数据治理的框架是"三维"形式的,分别由政府业务数据、企业交易数据、个人行为数据构成。可以从数据技术结合数据标准规范的制定与政策规划来探寻构建合理有效的数据治理结构,以达到消除数据割据、碎片化等问题,提升数据创新能力的目标,形成国家、企业和社会多主体共同参与数据综合治理的良性局面。因此,如何建立数据治理框架是我国数字治理的重大议题,具体的框架如图3所示。②

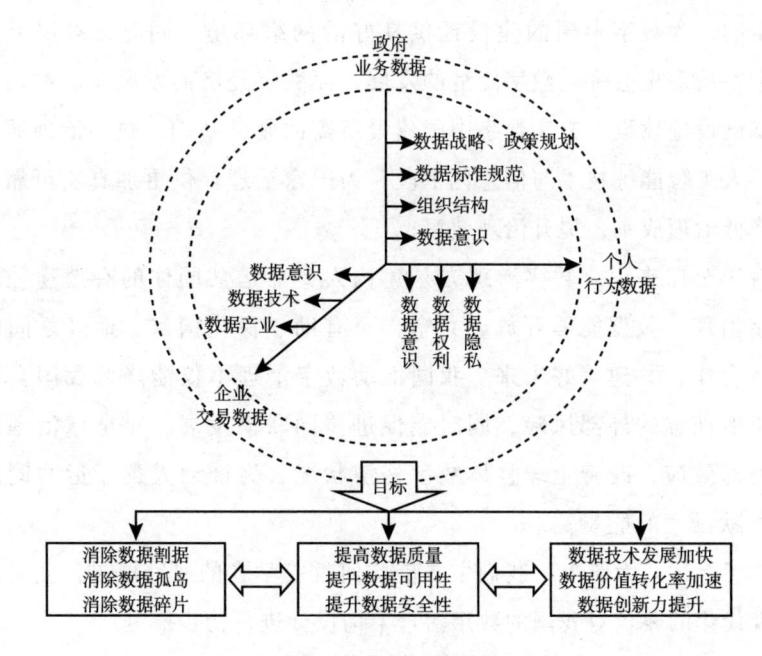

图3 数据治理的目标

---

① 唐斯斯、刘叶婷:《加强数据治理 提升国家创新力》,国家电子政务外网管理中心,2018年5月4日。
② 唐斯斯、刘叶婷:《加强数据治理 提升国家创新力》,国家电子政务外网管理中心,2018年5月4日。

三 立足国家治理现代化的数字治理架构设计

对于数字经济本身来说，数字治理为其提供健康的发展环境。如今数字经济的体量呈指数增长，线上线下不断融合，使得传统的治理方式适应不了快速发展的数字经济，而数字治理运用新兴技术手段变革、重塑经济治理模式，让数字时代中的经济风险得以可控，推动科学决策、精准管理，提升了经济治理能力。

对于国家来说，数字治理是建设"数字中国"的重要环节之一，也是推动国家治理现代化的核心内容。有效的数字治理有助于维持安定有序的网络空间，为数字中国的建设提供良好的网络环境。同时，根据上文所述，数字治理也会推动数字经济的发展，而数字经济的发展又会推动我国信息基础设施建设，夯实数字中国建设所需的硬件基础。数字治理通过大数据、人工智能等技术与信息化手段，为国家治理提供更加真实可靠的信息，降低治理成本，提升治理效率。

对于全球来说，数字治理亦是建构人类命运共同体的有效途径。通过数字治理，数据能够开放、共享，更有助于深化国家、地区之间的数字经济合作，共建美好未来。我国推动数字治理不仅能降低我国自身数字经济所面临的外部风险，同时能促进协同联动发展，对全球治理产生正的外部效应，改善全球整体数字经济状况，为推动人类命运共同体的构建贡献巨大的能量。[①]

基于上述几大维度，我们主要借鉴何哲等学者的研究成果，立足国家治理现代化的要求对我国的数字治理架构设计进行初步探讨。

（一）国家数字治理架构的基本原则及设计

根据何哲对国家数字治理的宏观架构研究，新时代的国家治理已经不再是以往松散、大范围的简单治理，新兴技术推动增强了数字治理能力，

---

① 《数字治理是国家治理体系重要内容》，人民智库，2018年5月8日。

国家治理转变为结构性的治理，应该适应新时代的中国特色，立足国情，走中国特色的现代化治理道路。因此，国家数字治理架构则应遵循以下三个基本原则。

首先，应遵循统一的建设原则。这里的统一不是指传统模式中的统一，也就是说，并不意味着要将数据汇集到一个地方，而是在于标准与逻辑上的统一。不可否认，国家仍应拥有对主权范围内的数据体系的最高管理权，但是数据的安全性与高效性会要求数据分布式储存以及在权限范围内可访问。这就需要国家制定相应的数据治理标准与规则，形成法律约束，使数据既能够开放共享又能够被有效管理。但是从实践角度来讲，现在要实现这个原则非常困难，不仅面临不同数据标准与格式的转化成本大、实施难度大的问题，还面临着不同的数据所有者同意及支持的问题。[①] 其次，应遵循流通的运作原则。这里的流通是指社会各部门之间的横向流通，建立联系。这种流通可以分为三个方面，包括行政体系内的数据流通、企业间的数据流通以及政府与企业间的数据流通。最后，应遵循安全的底线原则。对于数据治理来说，安全一定是底线，这里面又包含着三个层面的安全，分别是数据安全、流通安全、数字权利安全。根据上述三项基本架构原则，学者何哲建构了一个较为清晰的国家数字治理的整体框架，如图4所示。

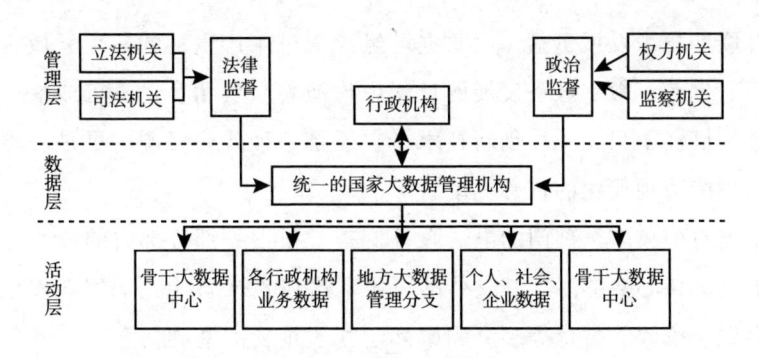

图4 统筹的国家数据治理体系架构

---

① 何哲：《国家数字治理的宏观架构》，《电子政务》2019年第1期。

177

何哲将其划分成三层，分别是管理层、数据层、活动层，每个层面都存在或设立相应的机构与之对应。数据层，也就是整个架构的中心，应由国家管理，它的权限应该包括主权范围内的所有数据体系。管理层应有行政机构、监管机构，实施法律监管、政治监督等。中心数据层应由这些机构进行监督，实现管理层与数据层的紧密联系。活动层由各个地方的行政机构、各个地方的大数据管理机构以及企业、个人数据等组成，而这些分支或者企业等都应被中心即统一的国家大数据管理机构管理监督。这一治理框架实际上将所有的行政行为、社会行为、个体行为等联系起来了。以数据层国家大数据管理机构为核心，上有管理层进行法律、行政、政治监督与管理，下有活动层即各个分支机构企业进行活动，受国家大数据管理机构监管，都对数据层起到了有效的支撑作用，这样便在国家范围内构建了一个较为完备的数字治理体系。[①]

（二）数字治理优化与国家治理现代化的路径探讨：以大数据价值挖掘为例

数字治理离不开新兴技术的赋能与推动。在国家治理维度上，我们选取了典型技术——大数据——来进一步解读大数据如何驱动国家治理。

互联网技术发展迅猛，大数据已经渗透进生产生活的各个领域，在产业升级、创新、数字经济发展的过程中扮演着重要角色，不可或缺。可以说大数据已经不只是一种创新技术，它还是一种战略资源，更是一种推动国家治理能力现代化的核心驱动力。

根据对中央多个部门的电子政务调查，很大一部分部门的核心业务都拥有各自的核心数据库，其整体的覆盖率达到 80% 以上。国家在安全、企业、金融、税收、教育等多个领域都建立了重要的基础信息库，表 2 列出了一些重要部门的信息库建设信息。[②]

[①] 何哲：《国家数字治理的宏观架构》，《电子政务》2019 年第 1 期。
[②] 高世楫、廖毅敏：《数字时代国家治理现代化和行政体制改革研究》，《行政管理改革》2018 年第 1 期。

表 2 几大部门信息库情况

部门	信息库建立
公安部	利用金盾工程建成了覆盖超过 13.5 亿人口的国家人口数据库
国家统计局	实现共计 160 余万家企业及个体户通过统计数据联网直报平台系统报送数据
国家工商总局	建成了完整的企业法人数据库
民政部和中编办	建设了社团和事业单位信息库
国家发改委	国家发改委牵头的国家自然资源和空间地理基础信息库已建成并投入运行

大数据的利用强化了政府信息节点的作用，有效增强了政府决策、行政、治理的能力，并且还在不断扩大治理领域（例如综合治理税务、应急管理等各方面），进一步推进了国家治理现代化。

1. 作为国家治理技术的大数据技术

大数据技术作为国家治理技术，对于推动创新型国家建设和国家治理能力现代化具有重要的战略意义和应用价值。

大数据本身具有容量大、价值大等特点，大数据技术则能够描述、分析、预测海量数据下隐含的各种信息，帮助后续的决策、措施应用等。

习近平总书记深刻分析了我国大数据发展的现状和趋势，提出要加强对大数据发展的把握能力，使得大数据能够在改善民生、保护国家数据安全、提升治理水平等各个领域、各项工作中起到更大的作用，发挥更强的力量。[1]

2. 大数据推动国家治理走向数据化、标准化和精细化

大数据在驱动国家治理上的作用机理可以归结于五大方面，包括科学决策、精细化管理、精准服务、精确监管以及高效协同。我们知道大数据技术通过对海量数据进行收集、整理、分析，使其中的信息价值得以浮现，推动国家、政府更有效、更精确地找到问题、解决问题，甚至预测可能出现的问题，有助于降低治理成本，提高治理效率。[2]

---

[1] 《大数据驱动国家治理的未来图景》，《网信中国》2018 年 4 月 9 日。
[2] 《大数据驱动国家治理的未来图景》，《网信中国》2018 年 4 月 9 日。

大数据对国家治理优化的作用主要体现在以下几个维度。

（1）以数据的联网共享推动公共决策优化。众所周知，决策过程中信息掌握的全面、充分与否是影响决策效能与偏差概率的重要因素。学者俞可平认为，碎片化、短期行为、政出多门、部门主义和地方主义，是我国现行治理体制和公共政策的致命弱点，严重削弱了国家的治理能力。而政府部门之间和政企之间的数据共享、数据挖掘，可以在很大程度上化解决策信息不充分的问题。

（2）以治理手段的智能化提升公共管理的精细化。云计算、边缘计算、大数据等技术互为支撑，以治理手段优化推动公共管理的流程和模式优化，可以为公共管理的精准定向、精准分析、精准预警、精准实施、精准反馈等提供巨大助力，通过技术手段对冲数字时代不断膨胀的社会巨系统带来的公共管理压力。

（3）以融合共享推进社会资源配置与生产效能的协同。通过电子政务、智慧城市等抓手，以数据集中和共享为途径，加强政企合作，推动企业社会数据与政务数据的对接，推动技术融合、业务融合、数据融合，打通信息壁垒，形成覆盖全国、统筹利用、统一接入的数据共享大平台，构建全国信息资源共享体系，实现跨层级、跨地域、跨系统、跨部门、跨业务的协同管理和协同创新体系。

（4）以大数据手段优化行业监管。早在2015年7月，国务院办公厅在《关于运用大数据加强对市场主体服务和监管的若干意见》中提出：要高度重视信息公开和信息流动带来的安全问题，也要充分认识推进信息公开、整合信息资源、加强大数据运用对维护国家统一、提升国家治理能力、提高经济社会运行效率的重大意义。充分运用大数据的先进理念、技术和资源，是提升国家竞争力的战略选择，是提高政府服务和监管能力的必然要求，有利于高效利用现代信息技术、社会数据资源和社会化的信息服务，降低行政监管成本。通过利用智能监管平台监控行业热点事件进程、挖掘网络舆情并进行风险预判与实时预警，可以更有效地实施动态监管和精准施策。

发挥基础资源作用和创新引擎作用，加快形成以创新为主要引领和支撑的数字经济是我们应对新一轮国际竞争的战略布局，而新的经济基础环境、基础设施和运行规则必然要求与之配套的现代化国家治理体系和治理能力。探索新形势下数字治理手段的优化对于我们发挥我国制度优势和市场优势，推动实体经济和数字经济融合发展，以政府决策科学化、社会治理精准化、公共服务高效化提升宏观管理与数字惠民效能都具有深远意义。这个方向的探索依然任重道远。

动画短片与当代艺术的跨媒介融合

尹媚丹[*]

摘　要：当代的动画发展趋势是集合了绘画、文学、雕塑、摄影、音乐、数字媒体等众多艺术门类，在虚拟环境基础上建立的非真实活动影像。VR技术、装置艺术与当代动画影像结合则让动画不再只是让观众坐在影院或电视前观看，而是在视觉和观影环境方面给观众身临其境的感受。从参与性方面来看，应运用交互装置、游乐装置与观众产生互动，提高动画的娱乐性。

关键词：动画　当代艺术　交互技术

工业革命时期照相机的出现，对艺术产生了很大的震撼。似乎艺术家的功能在某些意义上要被代替，整个美术界陷入了一种恐慌。在这种情况下出现了两种现象，有一些艺术家直接从事电影、摄影；另一些艺术家开始想画出一种让摄影、电影不能代替的新的绘画。如今，随着数字技术的发展，虚拟现实技术提升了观众视觉方面的体验。动画艺术家也希望运用各种技术手段来让动画的表现不局限于屏幕，还要在空间上进行延展。我们将这种介于传统动画与当代艺术之间跨媒介的表现形式称为"艺术动画"。而中国动画"学院派"把在创作观念、传播媒介、视听语言等方面具有探索性、实验性的动画创作称为"实验动画"。

---

[*] 尹媚丹，首都师范大学科德学院教师，研究方向为动画艺术。

一 实验动画艺术与传统艺术的结合

动画与艺术的结合由来已久。早在1923~1924年，法国立体主义画家费尔南·莱谢尔与西班牙人杜德莱·茂费，以机械齿轮、招贴画、轮盘、荡秋千的女孩、上楼梯的妇女等的图片为素材，运用电影手段共同完成了电影《机器的舞蹈》（*Ballet Mechanique*）。在影片结尾处，导演运用定格摆拍的方法，把形似卓别林造型的抽象画制作成定格动画。本片成为法国先锋电影运动中立体主义电影的代表作（见图1）。

在中国的传统动画中，作为中国动画"学院派"的代表作，1960年第一部水墨动画《小蝌蚪找妈妈》可谓动画与水墨画跨媒介结合的重要实验。在此之前，中国的动画艺术家进行了各种各样的尝试：1953年制作第一部彩色木偶动画片《小小英雄》，1959年制作剪纸动画《渔童》《猪八戒吃西瓜》。而在《小蝌蚪找妈妈》之后，中国动画艺术家完成了折纸动画《聪明的鸭子》（1960）、水墨剪纸动画《长在屋里的竹笋》、贴布剪纸动画《小八戒》（1983）等。现在我们回顾中国传统动画，可以看出它的最初创作就带有强烈的跨媒介特征，为当今中国动画对表现的形式探索、对视听语言的研究、对创作理念的突破做出了杰出贡献。跨媒介的运用，使动画成为当代一种非常瞩目的艺术形式。随着数字时代的到来，当代艺术家可以更加自如地使用各种艺术手法和艺术风格，通过动画的艺术形式来表达个人的独特感受。他们把当代动画带进一个充满创造、浪漫、想象、娱乐的艺术殿堂。

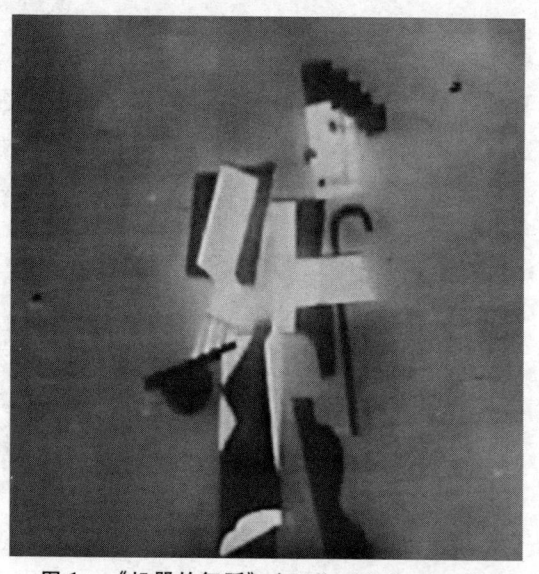

图1 《机器的舞蹈》（*Ballet Mechanique*）

说明：本文图片均来自相关影片或团队，为论证文章而用。

二　当代艺术与数字动画艺术的结合

探索与实践是当代艺术的特征，同样也是动画创作的原动力。计算机图形图像技术在二维手绘动画中的广泛运用，使动画的制作变得快捷。艺术家开始对动画材料和媒介进行深入研究，也开始注重画面镜头语言的表达创新与实验。1999年俄罗斯艺术家亚历山大·彼得罗夫用独创的油画绘制方法将海明威的小说《老人与海》搬上了银幕（见图2）。在创作过程中，他用指尖蘸着油彩在玻璃板表面进行动画制作，让灯光透过玻璃，使用70mm胶片拍摄完第一帧画面，之后对玻璃上的未干透油彩进行调整，再拍摄下一帧画面。历时两年半的艰苦工作，最终大气磅礴的写实主义巨作影片被呈现在巨幕之上。2017年，英国著名的电影工作室Break-Thru Films和Trademark Films共同将凡·高的画作与手稿进行数字化处理，完成动画电影《至爱凡·高》（Loving Vincent）。这部充满艺术气息的动画电影再一次把油画艺术与动画艺术进行了完美组合（见图3、图4）。

图2　《老人与海》

图3　《至爱凡·高》制作场景　　图4　《至爱凡·高》（Loving Vincent）

随着计算机硬件的不断更新、软件的不断升级开发，艺术家也尝试着使用3D技术来模拟艺术效果。2001年，导演兼编剧理查德·林克莱特

（Richard Linklater）采用 DV 真人拍摄，并用 Rotoscoping 技术将视频转化为"手绘动画"效果，创作了实验性动画电影《半梦半醒的人生》(*Waking Life*)（见图 5）。虽然影片最终的画面效果让观众觉得不够流畅，但是导演提供了一种新的手绘动画制作方法。到了 2006 年，他的第二部影片《黑暗扫描仪》(*A Scanner Darkly*)（见图 6）再次通过电脑插值计算，把真人拍摄的片段加工成类似油画风格，耗费了 50 个动画制作人员共一年半的时间，把影片超现实的迷幻风格表现得淋漓尽致。

图 5 《半梦半醒的人生》(*Waking Life*)

图 6 《黑暗扫描仪》(*A Scanner Darkly*)

最为重要的是，当代艺术领域引入数字技术后，使得艺术家的创作更为简单方便，能更加自由地表现个人的风格。对动画而言，其艺术语言将会更为综合多样。2000 年前后，Flash 软件风靡中国，中国涌现出许多优秀的独立动画人，其中以老蒋（蒋建秋）、皮三（王波）、卜桦、小小（朱志强）、周啸虎等最具代表性。他们的作品多数是较为简练的二维无纸动画短片，或者是具有互动性质的实验动画。到了 2006 年前后，中国当代艺术界出现了众多以 3D 技术为主要创作手段，结合当代艺术设计元素的优秀动画影片。例如，王海洋的作品《弗洛伊德，鱼和蝴蝶》，作者在一张 90cm×70cm 的砂纸上反复地擦画 600 多次，影片的风格将当代艺术设计元素融入动画作品。孙逊及其团队历时 4 年完成了色粉动画《21 克》（见图 7）。影片中黑色压抑的画面充满了象

图 7 《21 克》

185

征和隐喻，魔术师、革命、英雄、历史唯物主义、地心说等，展示出创作者强烈的魔幻现实主义风格。这种全新的、虚拟的、综合的视觉创造已经打破了动画的界限，动画成了跨学科、跨媒介的创作。

三　虚拟现实技术与装置动画的结合

随着当代艺术表现形式的不断发展，动画艺术创作者开始通过表演、装置、媒体图像、数字技术和互动技术等多种形式来展示作品。他们综合使用多种手段，模糊和消解了动画与当代艺术之间的边界，从而产生了一种新的动画艺术表现形态，我们称之为"动画装置艺术"。这种动画形式把动画从屏幕中释放出来，能够让观众沉浸在现实的动画作品中。

具有代表性的是比利时 Skull Mapping 团队的作品。例如作品《Le Petit Chef》（见图 8）在人们就餐前播放一段厨师做饭的动画，《Gallery Invasion》（见图 9）在画廊里为观众展示猴子追飞机的有趣场面。动画创作者利用各种三维动画制作软件、影视后期特效合成软件等，将作品的设计创意与创作理念转换成动画装置艺术的数字内容，再通过投影仪、计算机以及多种传感器等设备将数字内容呈现在建筑墙面、特制屏幕、水幕等有别于传统动画的载体上。

图 8　Le Petit Chef　　　　图 9　Gallery Invasion

还有种是我们称之为全息影像的当代动画艺术形式，例如谷歌公司在篮球馆为观众展示的鲸鱼出水画面。创作者利用现实平台，将图像直接投射到观众的眼睛上，直达视网膜，进而让观众的大脑认为"眼见为实"。其原理是在舞台前放置一块 45 度倾斜的 3D 全息透明屏幕。创作者把预先制作好的数字动画在 LED 屏幕上播放，通过 45 度斜拉膜将可见光折射到

观众眼中。观众因看不到屏幕而产生错觉，认为数字动画与真实舞台是一体的，从而达到炫目的播放效果。

还有的装置动画艺术结合机械设备，再现传统定格动画。例如，巴西广告公司 Loducca 为 MTV 做的一个创意宣传广告。用一颗钉子在 1 分钟内刺破了 600 个气球，气球上连续的卡通图案组成了一场有趣的动画电影（见图 10）。

图 10　广告短片截图

由此可见，动画装置艺术由数字内容和呈现载体两部分构成。它更多体现出创作者对高科技的应用，多种艺术元素的融合，同时也赋予动画一种新的展示形态，而且这些动画作品的内容与形式更具故事性和艺术性。

四　结语

当代动画与当代艺术的跨媒介结合，改变了传统动画艺术的表现形式，使传统动画的创作观念、制作技术手段、画面审美，以及观众的体验参与方式和互动过程等都产生了很大转变。当代的动画艺术集合了声、光、电等现代科技手段，并且继承和发扬了与其他多种当代艺术形式自由组合的形式，从而为未来动画艺术的发展带来了无限可能。

大数据对新闻传播的创新与局限

高佳妮[*]

摘　要：信息高速运转的网络时代，将大数据及其分析方法引入新闻领域，创新了新闻传播的形态和模式。同时，大数据因技术壁垒和自身不足限制了重大新闻和价值新闻的广泛传播；基于大数据的数据新闻因缺少行业标准，其权威性和真实性也有待考量。本文以现实生活中新闻媒体对大数据的实际应用案例入手，分析现阶段大数据方法在新闻传播中的创新和局限。

关键词：大数据　数据新闻　新闻传播　受众

在云计算、大数据、人工智能、互联网等技术因素驱动下，人类正在迎来"信息核爆"的大数据时代。大数据和数据分析法极大地改变了新闻的生产理念和思维方式，创新了新闻内容、新闻形态和传播方式，必将对新闻传播产生深刻的影响。大量数据的集成和分析处理，将一些看起来可能没有任何关联的事件结合在一起，把不相关的数据变为有价值的新闻。大数据正在重塑新闻业的整个生态系统，推动新闻内容智能化生产。随着大数据分析法在新闻来源环节中的应用，相继出现了机器人新闻、传感器新闻等新闻形态。人工智能辅助未来新闻变革，数据新闻应运而生，且发展势头迅猛，成为未来新闻传播的重要类型。

---

[*] 高佳妮，西安交通大学新闻学院硕士研究生。

脸书、推特、微博、微信的诞生，让互联网从信息传播的1.0时代进入以互动为特征的2.0时代。随着社交网络迅速"占领"人们的生活，新闻的生产与传播过程逐渐由先前的集中式趋向分散式，新闻传播由先前媒介向受众的单向传播演变成了媒介与受众之间的互动传播，受众成为传播的主体。大数据借助互联网和人工智能，开创了一个智能的受众传播时代。

一　大数据与数据新闻

谈及大数据对新闻传播的创新和局限，先要了解什么是大数据。学者喻国明在《大数据方法与新闻传播创新：从理论定义到操作路线》一文中对大数据进行了概念界定。他认为大数据是相对于前数据时代的"小数据"而言的，是指数据规模的海量，是"大"而"全"的数据包。由于技术的创新，人类在数据记录、获取及传输方面更快捷和便利，获取数据的成本也相对低廉，这便使原有的以高成本方式获得的描述人类态度或行为的有限的小数据变成了一个巨大的、海量规模的数据包。同时，喻国明认为前大数据时代也有海量的数据集，但由于其维度的单一、与人或社会有机活动状态的剥离，从而使其分析和认识真相的能力极为有限。"大数据的真正价值不在于大，而在于全——空间维度上的多角度、多层次信息的交叉复现，时间维度上的与人或社会有机体的活动相关联的信息的持续呈现。"[①] 大数据分析的价值和意义就在于，通过多维度、多层次的数据，以及周边关联数据，抽丝剥茧，找到问题的症结，发现事实的真相。

随着互联网和移动互联网在全球的广泛普及，各种信息源和数据库向公众开放。通过网络，公众可以获取大量信息并自由地传播信息。大数据时代，数据分析与算法模型正在重塑新闻业的整个生态系统，机器或者人工智能通过大量数据的集成和分析处理，将一些看起来可能没有任何关联的事件结合在一起，发现不同事物之间的相关性，以点带面地分析出事物的整体面貌，就能把彼此独立的数据变为有价值的新闻。数据新闻就是基

[①] 喻国明：《大数据方法与新闻传播创新：从理论定义到操作路线》，《江淮论坛》2014年第4期。

于大数据的一种新的新闻类型。学者郎劲松、杨海对数据新闻进行了概念界定,数据新闻也称"数据驱动新闻",是运用大数据处理技术对数据进行抓取、处理、分析和形象化呈现的新闻样式。[①] 数据新闻的数据来源主要有政府部门掌控的公共数据、各行业的统计数据、社交网络的用户数据、电子商务数据、移动终端设备数据、物联网终端数据、科研数据等。从数据里挖掘新闻、用可视化呈现新闻、以互动的形式向受众立体传播新闻,数据新闻代表了一种信息透明化的全新新闻建构方式,适应了大数据时代新闻传播发展的趋向,是未来新闻传播的一个重要来源。

二 大数据对新闻传播形态的创新

大数据为公众提供了一个大而全的数据库,海量的数据库为新闻的发掘、撰写提供了大量的信息和内在逻辑关联。与传统的新闻生成和传播方式不同,大数据借助类似百度指数等各类数据采集和分析工具去搜集、挖掘散落在社会文本中的碎片信息,以及具有新闻价值的资讯、数据和语意表达,由人工智能或者机器通过某种算法模型自动生成新闻,而传统上更多的是通过调查和采访这两种方式收集信息,再由媒体工作者据此撰写新闻资讯。大数据及数据技术极大地改变了新闻生产理念和思维方式,对传统的新闻传播产生深刻的影响。

大数据对新闻传播的创新有三种:其一,它创新了新闻形态,让新闻以可视化的方式、人性化的嵌入,即时、便捷地向受众传播;其二,它是一种全新意义上的内容创新,通过对碎片化的数据及文本的挖掘和计算,制造或者发现一种新形态的新闻内容,以及整合后的新信息;其三,它是传播方式上的一种创新,大数据借助互联网和移动互联网,通过后台一套模型分析计算受众的喜好和需求,对受众定向推送新闻信息,从而让新闻传播由之前以媒介为主导的泛传播时代向以受众为主导的受众传播时代演进。

---

① 郎劲松、杨海:《数据新闻:大数据时代新闻可视化传播的创新路径》,《现代传播》2014年第3期。

(一) 大数据创新了新闻形态，提升了新闻品质

在大数据时代，大数据及数据技术极大地改变了数据新闻生产理念和思维方式。传统的新闻报道因为人力、物力的限制，很难全面掌握信息。在大数据背景下，海量的数据库为新闻的发掘、撰写提供了大量的信息和内在逻辑关联，注重数据在空间维度和时间维度上相关联信息的持续呈现，以此创作的新闻内容在品质上得到有效提升。同时，数据新闻借助音频、视频等互联网等技术，在表现形态上五花八门，以受众喜闻乐见的形式创新了新闻形态，从形式上提升了新闻品质。央视《新闻联播》在2014年春节期间播出11集"据说春运"和"据说春节"，内容上数据化的新闻和故事化的画面展示了中国人的春运实况。

数据新闻在报道一些灾难性场景和新闻事件时，效果非常不错！财新传媒数据可视化实验室的《青岛中石化管道爆炸》作品就是一条不错的数据新闻。它的焦点是将爆炸现场拍摄的照片按拍摄位置还原到谷歌地图上，让用户在互动过程中仿佛身临其境。在该数据新闻中，用几个画面将谷歌地图慢慢缩小，在山东、青岛及发生爆炸的黄岛区的具体位置，用文字图片将事件、地址、缘由等布景做完整交代，用红色小标识标记事故现场，受众点击红色标识即可浏览记者在此地拍摄的新闻图片。这个作品就是从数据里挖掘的新闻，用可视化呈现新闻，以互动的形式向受众立体传播新闻，传播效果非常不错，堪称国内制作数据新闻的一个经典案例。2010年10月23日，《卫报》利用维基解密的数据做了一篇数据新闻。将伊拉克战争中所有的人员伤亡情况均标注于地图之上。地图上一个红点便代表一次死伤事件，鼠标点击红点后弹出的窗口则有详细的说明：伤亡人数、时间、造成伤亡的具体原因。密布的红点多达39万个，显得格外触目惊心。新闻一经刊出立即引起朝野震动，推动英国最终做出撤出驻伊拉克军队的决定。这些都是运用大数据技术手段改革新闻报道的典型案例。

(二) 大数据提升了新闻传播效率和传播效果

传统新闻在实际报道中受各种因素的制约，不可能对客观现实世界全面报道，经常造成受众对客观环境的认知偏差。大数据作为一种技术手

段，会将散落于网络空间里碎片化的数据记录下来，利用海量数据完整、实时地报道客观世界。当然，这种报道与传统新闻一样，都是"镜像化"的宣传报道。大数据还可以通过科学算法对大数据进行分析，从而深刻洞察客观世界复杂的相互关系。因此，大数据技术使数据新闻生产不断突破时间、空间的限制，构建一个更加立体的拟态信息环境，深刻影响着受众对客观环境的再认知，从而在很大程度上提升了新闻传播的效率和效果。譬如2017年8月8日四川九寨沟发生7.0级地震之后，中国地震台网的机器人仅用25秒就写作并发布了地震快讯，包括震中简介、震中天气、热力人口、地震参数图和地形图等。机器人借助互联网和移动互联网，快速撰写完成这则新闻并迅速传播。倘若是媒体派遣记者实地勘察采访，再撰写稿件，最快也需要好几个小时才能完成。在一些特殊地质环境或一些灾难性场景中，人工智能要比传统媒体更快勘查现场，生成便于传播的数据新闻。数据不仅是报道对象，更是重要的后台支撑，为更快、更智能的新闻报道提供帮助。

（三）大数据引发受众传播时代来临

大数据为公众和媒体人提供了一个品类丰富的信息库，大数据的信息经过计算机后台的分析汇总，也可以定向传播受众感兴趣的新闻和信息。这种受众新闻传播目前被广泛应用在网络新闻传播中。如百度新闻，当读者连续两次点开某一类新闻信息时，百度新闻此后会经常向受众推送此类新闻，直至受众不再点击此类新闻为止。比如一个电影爱好者多次点击某部影视剧，以后百度会经常推送这部影视剧的信息；一个孕妇经常点击孕期保健、孕期症状、饮食等相关事宜，网站就源源不断地推送与孕期相关的各种信息，以及商家广告等。《大数据时代》一书引述案例，一个孕妇的口味及消费模式是有一定规律的，单一一条信息也许不足以判定孕妇的喜好和需求，但计算分析有关她的不同来源的数据集合后的大数据，人们便很容易对她的真实状态进行一个基本准确的判断。商家以此推送相应的新闻信息。大数据时代，媒体运营商普遍认识到受众在公共信息和商业信息传播中的重要性，纷纷树立以受众为中心的传播理念，最大限度满足受众的个性化信息需求。百度新闻、今日头条等网站就是基于大数据分析后向受众（读者）定向推送新闻资讯的。百度作为最大的中文搜索平台，每天要处理70多亿次相关的搜索请求，其海量的数据基本反映搜索者的需求、兴趣点、个人特点等相关情况。实际上，百度已经成为中国最大的内容提供者。这种基于大数据分析的媒体向受众的定向内容推送引发了受众传媒时代的来临。

三　大数据对新闻传播的局限

大数据在重构新闻传播形态和方式的同时，却也因与传播理论相悖、对数据新闻未来发展形成桎梏性因素，限制了新闻传播的发展。

（一）数据新闻的真实性和权威性难以保障

大数据分析法与新闻传播所要求的精确性之间也是存在矛盾的。新闻讲究精确性，而大数据方法却以模糊性的呈现和把握为特点。知名学者赫伯特·阿特休尔将新闻专业理念分为四个层面，即独立新闻报道权、满足公众知晓权、揭露事实真相、客观公正。真实性是新闻的生命！传统的新闻是基于对事实的调查和采访由媒体专业人员撰写而成的，而基于大数据的数据新闻是在数据分析的基础上，用算法模型或者概率等技术手段生成的一种文本样式，新闻的生产过程和结果不能保证百分百的准确性、真实性。失去真实性，不管新闻形式做得如何花样百出，其传播效果往往不尽如人意，甚至适得其反。比如BBC前记者迈克尔·布拉斯兰德在报道2008年爆发的诸如病毒疫情时，发现网上报道有300万人感染此病毒，实际上样本选取的置信区间不一样造成感染人数数据的误读和巨大偏差。

此外，数据新闻获取的数据基本上为尘封已久的新闻事实，这与传统新闻报道注重新闻的新鲜性和时效性原则出现了背离。再者，传统新闻由专业媒体工作者采访撰写，而数据新闻是在数据库基础上由某种算法模型和科技手段或者人工智能自动生成的，倘若因为商业需要或者某些特定目的而对数据或算法模型进行篡改，其数据新闻的生产过程又缺少监管，这样一来数据新闻的权威性和可信性难以保障，甚至产生假新闻。

（二）数据新闻因投入大、周期长，性价比不高普及度不高

海量信息的收集、整理是一个庞大的工程，耗时费力，对于任何一家媒体机构来说都是一笔不菲的投入，且对媒体从业者的职业素养要求比较高。既要掌握一定的计算机技术、网络技术、数据挖掘及分析技术，还要有专业的新闻写作能力。这就导致生成或者制作一条数据新闻的成本较高。且大数据的数据结构性比较单一，功能性不强，从它的数据量以及解释的单一化层面来说，都存在缺陷。很多媒体和研究机构虽然大力提倡数据新闻，但因大数据分析中的某些重大要件或技术还不成熟，目前大数据还没有广泛应用于新闻创作和传播。大数据分析在新闻创作中还没有形成实际运用得法的模式和方法，这都限制了数据新闻的发展和成熟。很多媒体因为数据新闻成本过高，实际传播效果不显著而将正在开发的数据新闻停止或者转型。比如《南方都市报》做得相对早的"南都有数"数据新闻 ID，在 2016 年下半年就停止了更新，转而变成"南都指数"，走向了数据新闻的指数化和报告化，推出了一系列排行榜、指数和报告等。数据新闻要继续深化，数据库和指数将是一个必然的发展方向。2018 年 2 月 8 日，南方报业集团成立南都大数据研究院，主要搜集整理新闻数据库和行业数据，统筹数据产品；另外提供公共支撑，包括技术支持、数据分析、传播等。指数和数据库可以解决数据新闻所谓的"性价比"问题，虽然前期投入大，但后期可以持续产出，总体来说适合数据新闻的进一步深化，解决成本问题。

近几年，我国的数据新闻制作还处于初级阶段，深刻反映新闻事件深层内因、制作水准精良、在全国引起反响的数据新闻凤毛麟角。如何将大数据分析法的优势与传统新闻制作融合，制作出内容充实、形式漂亮、可视效果好的融媒体数据新闻，既是未来数据新闻的发展方向，也是主流媒体运营者应该考虑的问题。

（三）数据新闻缺少传统新闻的感性认知

由于大数据技术对数据新闻的深刻影响，很多数据新闻制作者经常将技术视为新闻生产重要参照物和衡量标尺，数据新闻中的技术唯数论的思

想体现在数据新闻生产的各个环节，不可避免地与传统的新闻理念发生冲突。大数据呈现的理性逻辑与新闻叙述的感性表达之间经常会产生矛盾。大数据强调的是信息结构化，基于大数据的数据新闻是在算法基础上的一种理性表达，而传统的新闻报道除了准确地阐述新闻事件过程，还具有感性认知和人性的温度。这种感性认知恰恰是新闻传播和新闻评论最有价值的部分。数据新闻之所以被人诟病不像新闻，更像论文或者报告，也是因为缺少传统新闻的感性认知。如何将结构化的数据表现出人类生活的温度和质感是大数据在新闻传播中面临的一大难题。这也是数据新闻需要解决的难题之一。

结　语

每一次技术变革必将带来传媒形态的巨大改变。大数据借助互联网和移动互联网，通过挖掘信息之间的内在逻辑和关联性，利用算法模型和大数定律挖掘新闻，一方面创新了新闻的报道形式，让新闻呈现多种形态；另一方面也改变了新闻传播方式，使受众成为媒体传播的中心。在大数据时代，受众不仅仅是信息的接受者，更是信息的生产和使用者。杰克·巴泰赛尔在《数据即新闻》一书中认为好的数据新闻不是将数据呈现在读者面前，而是让读者在接触数据的同时可以使用数据。数据新闻明显区别于传统新闻的几个特性：新闻呈现上的可视化与多维性、信息传递过程的选择性与个性化、传播媒体与受众之间的互动性。这些特点都是传统新闻不具备的。大数据改变了传统媒体时代新闻信息单向传输的模式，深刻影响着社会信息的变革格局。

数据是信息，更是一种语言。掌握数据这种语言进行新闻创作和传播，是未来新闻工作者的职业要求，也是数据新闻的生命力所在。基于大数据分析的数据新闻存在双重属性，既创新了新闻形态和传播模式，又因数据分析报道上的不足之处在诸多方面存在局限性。很多受众往往对枯燥、单调性强的数据不感兴趣。将技术与新闻专业理念完美地结合，巧妙利用数据讲故事，并通过数据可视化的技术手段完成信息生态的再构建，这是数据新闻工作者的必备素质，也是化解数据冰冷的理性思维与新闻理念之间矛盾的重要方法。

文化版权

基于巴泽尔产权理论的公共文化资源产权界定[*]

宋朝丽[**]

摘　要： 公共文化资源产权不等同于公共文化资源所有权。从巴泽尔的产权经济学理论出发，可以把产权分为法定权利和经济权利。法定权利是政府承认和执行的那部分权利，经济权利是所有者从物的所有权而获得经济收益的权利。对于公共文化资源来说，法定权利明确归国家所有，但利用公共文化资源获利的权利尚没有明确的使用规则。在文化经济时代，公共文化资源的活化利用不仅可以创造巨大的经济价值，还有助于传统文化的传承和传播。因此有必要对公共文化资源的产权进行明确界定，并从产权获取、产权交易、产权收益分配、产权调控等方面为产权运营制定规则，以便形成明确的公共文化资源产权市场体系，促进公共文化资源的利用。

关键词： 公共文化资源　产权界定　产权运营　产权调控

2018年，有两件事情引起了文化产业界的关注。一是故宫博物院宣布2017年的文创收入是15亿元，这部分收益的所有权归属及分配问题引起社会关注；

---

[*] 基金项目：本文为国家社会科学基金一般项目《农村公共文化服务与传统文化传承协同发展研究》（项目编号：18BZZ107）阶段性成果。

[**] 宋朝丽，艺术学博士，河南牧业经济学院副教授，主要研究方向为博物馆文创开发的产权制度。

二是位于湖南大学校园内的岳麓书院收取游客每人50元的门票，其合理性引发社会争议。由此引发的问题是公共文化资源作为全民所有的公共资源，在产生新的财产权的情况下，使用权和支配权归谁所有，产生的收益如何分配等。这些问题目前在法律层面还没有明确的解决方案，本文以巴泽尔的产权经济学思想为理论基点，对公共文化资源使用中的产权问题进行分析。

一 公共文化资源产权属性概念的提出

公共文化资源是指已经过了著作权保护期进入公共领域的文化遗产中，能够被用于再生产，创造出新财富的部分，包括有形文化资源和无形文化资源。有形文化资源包括历史文物、历史建筑、人类文化遗址中可以产生新价值的部分，无形文化资源包括风俗习惯、宗教信仰、民族工艺、民间文艺等非物质文化遗产中可供开发利用的部分。

根据巴泽尔的产权经济学理论，每一件物品都拥有多重属性，这些属性不可能被完全认识到，所以产权是一个相对的概念，随着新信息的获得，资产的各种潜在有用性被技能各异的人们发现，并通过交换来实现其有用性的最大价值。所以，产权是一个不断变化的过程。即使同一件物品，随着社会的发展，一些不能创造价值的权利不断被放弃，新的权利不断产生。从公共文化资源的角度来看，其产权也是不断发展变化的。以青铜器后母戊鼎为例，最初的用途是祭祀，物质属性占主导地位。随着社会的发展，后母戊鼎作为人类文明进程的见证进入博物馆，不再发挥祭祀的作用，物质属性被放弃，精神属性成为主导属性。近年来，以后母戊鼎为原型开发的复制品、文化创意产品不断出现并进入市场，作为商品创造出物质财富，其资产属性开始出现。

资产属性的出现意味着产生了新的财产所有权，即新的产权。目前我国的法律体系还没有对这种新型产权进行明确规定。《文物保护法》规定所有文物资源归国家所有，[①] 也就意味着文物的所有权归全体人民，境内

[①] 《中华人民共和国文物保护法》（2017年修订版）第五条规定："中华人民共和国境内地下、内水和领海中遗存的一切文物，归国家所有。"

的任何人都可以对文物资源进行开发利用。国际上,很多文博单位也在陆续将资源向全社会开放,如2017年2月美国大都会博物馆免费释放了馆藏37.5万件作品的图片资源和版权,公众可随意下载使用,包括可以用于商业开发获利。2017年7月,台北故宫在数字化博物馆开辟Open Data专区,公布7万张藏品的高清图像,供民众免费使用。

但是在公共文化资源的开发运营中,如果没有产权限制,任何人都可以对文化遗产进行开发使用并获得收益,容易陷入两重困境。一是"公地悲剧"[①],如对历史文化街区和文化遗址的过度商业化开发,破坏了原有的历史文脉,给文化资源带来不可逆转的损失;二是"反公地悲剧"[②],即文化资源有很多权利所有者,大家都有权设置障碍阻止他人使用,导致文化资源的闲置和使用不足。更为现实的问题是,由文化遗产向文化资产转化的过程有很高的市场风险,前期需要投入大量资金,如果没有产权机制作为保障,很难调动文化企业的参与积极性。当前国有博物馆藏品的文创开发就面临这样的问题。虽然国家政策鼓励博物馆和社会力量从事藏品文创开发,促进传统文化资源的创造性转化和创新性发展,但由于产权问题没有解决,博物馆和社会企业都不明确自己在文创开发方面享有哪些权利,承担哪些义务,它们的积极性很难被调动起来。因此,公共文化资源的开发使用,有必要建立明确的规则,对相关权利人各自的权限范围和利益分配进行规范,即对公共文化资源的产权进行界定。

二 公共文化资源的产权界定

巴泽尔从产权的相对性角度把产权分为法定权利和经济权利。法定权利是政府承认和执行的那部分权利,经济权利是所有者从物的所有权而获得经济收益的权利,法定权利和经济权利并不完全重合。从法定权利来

---

① "公地悲剧"是1968年英国哈丁教授首先提出的理论模型,公地作为一项资源有许多拥有者,每个拥有者都有使用权并且无法限制他人使用,会造成资源过度使用和枯竭。
② "反公地悲剧"是1998年美国黑勒教授提出的理论模型。他提出,尽管哈丁教授的"公地悲剧"说明了人们过度利用(overuse)公共资源的恶果,但忽视了资源未被充分利用(underuse)的可能性。

看，公共文化资源的所有权归国家，在《文物保护法》中已有明确的规定，但归国家所有在经济生活中则表现为公共文化资源所有者处于虚位，实际上没有个体有权利对文物资源进行开发利用，即文化遗产作为资产的经济权利尚没有进行产权界定，这是造成中国当前文化资源开发利用不足的瓶颈问题。本文从经济权利角度对公共文化资源的产权进行界定。

公共文化资源产权是利用公共文化资源进行开发并获取收益的权利，实际上是用益物权的一种。公共文化资源产权存在的前提条件是公共文化资源所有权和财产权的分离，也即法定权利和经济权利的分离。公共文化资源所有权是法律意义上资源所有者对资源的排他性归属关系，体现的是人与资源之间的关系。公共文化资源产权是指社会再生产过程中投资主体将资本金投入后产生的经营行为，即经营中的权利关系，体现的是人与人之间的关系。公共文化资源所有权归国家，而公共文化资源产权则归投资者。

从产权结构来看，公共文化资源产权包括占有权、使用权、收益权。占有权是对公共文化资源开发权的占有，即版权所有，并不代表占有公共文化资源本身。如对某一文物进行文创产品开发，只需要占有文物中文化元素和文化符号的使用权，不一定要占有文物本身。使用权是对公共文化资源的使用，使用以占有为前提，但使用方不一定是占有方，占有方可以通过授权、出让、交易等方式将使用权让渡给第三方。收益权是基于公共文化资源开发利用所产生的，收益权归产权所有者享有、支配，是产权私有的基本要求。基于这样的产权结构，以故宫藏品《千里江山图》为例，从法定意义上看，所有权归国家；从产权意义上看，对《千里江山图》进行开发利用，需要投资对其进行数字化和文化符号提取。假定投资方为公司A，则占有权归A，A通过授权将使用权转移给B，则B有权利用《千里江山图》的文化符号及品牌进行商业开发，生产茶杯、丝巾、鼠标垫等文化创意产品，投入市场后产生的收益归B支配。

公共文化资源产权的特殊性体现在处分权的权能缺失。公共文化资源不同于土地、矿产等一般意义上的国有资源。土地、矿山等资源在使用过程中可以对其形态进行加工、可以进行交易，但公共文化资源在使用过程中，不能对文化资源本身进行任何形式的改变和加工，不能对资源进行破坏或损毁，更不能对资源本体进行抵押、质押、典当、担保、交易等处置，这是由公共文化资源唯一性、独特性和意识形态性等基本属性决定的。

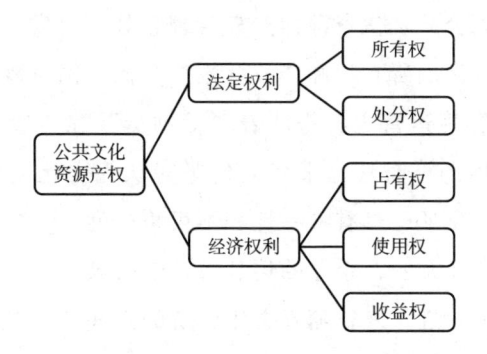

图1 公共文化资源的产权结构

公共文化资源产权主体是使用文化资源进行开发的法人企业或自然人。例如，把文化遗产进行数字化存储和展示的技术方企业，对文化遗产中文化元素进行提取和解读的内容方企业，为文化资源和使用方提供对接渠道的平台方企业，对文化资源进行研究和开发设计的研发方企业，以及为文化资源使用提供生产制造、经营管理、市场开发的服务方企业等。除了企业，文化文物单位、个人也都可以成为文化资源产权主体，如高校学生为某文物提供的文化创意产品开发方案被博物馆采纳并购买版权，该学生也是公共文化资源产权主体。

公共文化资源的产权客体并不是资源本身，而是依托公共文化资源进行开发利用的权利，这种权利的行使有时无法与资源本身脱离。如基于文化遗址、历史街区等古文化遗址开发文化旅游产业，有时与资源本身呈分离状态；如利用文化资源中的文化元素进行文化衍生品开发、影视制作、游戏制作、文学创作等，不需要拥有资源实物就可以进行。基于故宫藏品各种釉彩大瓶开发文化衍生品，开发者不需要拥有藏品本身，只需要借助其釉彩、纹饰、工艺、历史背景等文化元素进行创意加工，创造出新的文化产品。因此，从物权的角度来看，公共文化资源的产权客体是公共文化资源的占有、使用、收益权，是一种在所有权和使用权分离基础上形成的他物权。

三 公共文化资源产权管理现状

实践中，我国公共文化资源的产权管理正处于自发探索阶段。在传统社会，公共文化资源的所有权和产权并没有分离，国家既是公共文化资源的所有方，又是管理运营方，扮演着"裁判员"和"管理员"的双重角色。即使到了市场经济时代，很多人仍坚持认为文化遗产是一种特殊资源，是人类文明的见证，具有唯一性和不可再生性，只能用于收藏保护和研究，一旦用于商业开发，企业的逐利属性就会破坏文化资源，给国家带来不可挽回的损失。近年来，随着文化旅游的兴起和国外新博物馆运动的实践，国内文物主管部门越来越多地意识到，文物在开发中进行保护，不仅能够减轻国家财政负担，还能够使文化资源得到更好的传播和传承。国家开始委托社会企业对文化资源进行经营管理，公共文化资源产权由此产生。

公共文化资源产权最早出现在不可移动的文化遗产领域，主要用于文化旅游开发经营。如从20世纪90年代起，一些重要的风景名胜区就由公司开发管理。1997年起，湖南省就将张家界黄龙洞50年的经营权委托给了北京某公司，将宝峰湖60年的经营权签约租赁给马来西亚某公司。此后，股份经营、特许经营、资产重组、合作拍卖等形式在旅游经营中不断被运用。此时公共文化产权的主要问题是管理方、开发经营方与其他相关利益群体之间的利益博弈，在博弈中逐步完善产权规则。巴泽尔指出，由于商品属性的复杂性，部分属性在签订合同时价值很小，当事人并未对其权益进行明确的约定，但在合同有效期内其价值有所增长的情况下，产生纠纷的可能性就会增加。[①] 以四川省甘孜藏族自治州丹巴县境内的甲居藏寨为例，在2003年以前收入主要是门票，由县、乡两级政府收取管理，由于收入较少且广大村民缺少市场经济意识，没有产生利益争端。随着甲居藏寨影响力的不断扩大，门票价格上涨，村民开始有了门票收入分红的意

[①] 参见〔以〕Y. 巴泽尔《产权的经济分析》，费方域、段毅才、方敏译，格致出版社、上海三联书店、上海人民出版社，2017，第92~94页。

愿，引发了与政府的博弈。2008年之后，地方政府与村寨居民之间进行了收益界定，门票收入按照约定比例在村寨与家庭之间进行二次分配。①

可移动文物领域的产权产生较晚。由于大部分可移动文物保存在国有博物馆中，国有博物馆作为公益性事业单位，以文物的保管、维护、研究、展示为主要业务，决策上听从国家文物主管部门指挥。2013年台北故宫的"朕知道了"胶带走红以后，故宫博物院开始尝试进行文化创意产品开发，并成立了公司进行文创开发运营。此后其他博物馆纷纷掀起文创开发热潮。2016年5月，国务院出台《关于推动文化文物单位文化创意产品开发的若干意见》，鼓励文化文物单位与社会力量通过委托代理、合作授权等方式进行文化创意产品开发。社会力量从事文化创意产品开发必须经过文物所在博物馆授权。可移动文物开发中最大的问题就是产权问题，文物主管部门将文物文创开发权授予博物馆，是否符合文化资源使用的公平和效率原则，是个值得思考的问题。

其他国家在文化遗产的产权建构方面也有很多成功的经验可以借鉴。法国政府将文物资源产权分解为所有权、经营权、收益权、监督权，在确保文化资源属性稳定的前提下，积极引导民间资本和社会企业对文化资源进行开发，并通过法律保护文化企业的自主经营权，政府、市场、开发企业、民众之间形成了清晰的权利边界。如2002年卢浮宫的经营陷入困境，通过与文化部、财政部等部门签订目标合同，成为自主经营的法人实体，取得了独立的门票收益权、员工人事任免权、工资自主发放权，并且可以独立进行文化资源产业化发展。而文化遗产修缮保护和财务安全则必须接受文化部、财政部等部门的监督管理。②

意大利政府出台《文化和自然遗产法》《资助文化产业优惠法》等法律制度，界定了国家对境内出土文物的所有权，同时将经营权和使用权分离，通过租让方式将文物经营权让渡给私人资本经营，最长租期可达99年，而文物的所有权、开发权、保护权等相关权利实际由国家控制。对于

---

① 案例参见唐剑、张明善《少数民族文化资源的产权界定与保护性开发——基于巴泽尔产权经济学理论视角》，《民族研究》2016年第6期。
② 张舜玺：《从保护到经营：文化遗产法律制度的西欧经验》，《河南财经政法大学学报》2015年第1期。

经营收入，则通过个人或企业税收优惠、财政转移支付、公开招投标等方式合理让渡给经营者，以鼓励他们从事文物资源经营的积极性。

四 公共文化资源的产权经营

本文通过论证认为，公共文化资源具备财产权，但目前这种权利类型还没有受到充分关注，因此本部分关于公共文化资源产权运营的研究，是基于逻辑推理所做出的先验性探索。

（一）公共文化资源产权的获取

市场主体获取公共文化资源的产权有两个途径，产权初始获取和产权再分配。产权初始获取是国家作为公共文化资源所有者将公共文化资源使用权第一次分配给市场，即权利的初始界定。产权初始分配一般是国家通过法律来完成的，即在法律中明确判定公共文化资源的产权归属。这一理论最早是由产权经济学家科斯在1960年《社会成本问题》一文中首先提出的。他认为在交易成本为正的情况下，权利的初始界定直接关系到资源在不同利益主体间的分配，进而影响资源利用效率。科斯以"巴斯诉格雷戈里案"为例——通过斜井得到的新鲜空气有利于啤酒生产，但排出的浑浊空气影响了邻居的舒适。权利初始界定要在二者中选择一个：是啤酒的低成本和毗邻房屋主人的不适感，还是啤酒的高成本和增加舒适感。如果啤酒生产商享有低成本生产啤酒的权利，则毗邻房屋主人必须忍受不适感或出资让啤酒厂搬迁；如果房屋主人享有新鲜空气的舒适权，则啤酒厂必须搬迁或补偿邻居的损失。"法院面临的迫切问题不是有谁做什么，而是谁有权做什么。"[①] 同样，对于公共文化资源产权的初始分配，是国家文化主管部门将公共文化资源经营的产权分配给市场主体。分配的方式有两种：一种是行政分配的方式，即文化主管部门将公共文化资源的产权以"点对点"方式直接授予某个市场主体；另一种是市场分配方式，即主管部门将公共文化资源产权向全社会公开，由市场主体通过公开竞标、政府

[①] R. H. Coase, "The Problem of Social Cost," *Journal of Law and Economics*, Vol. 3 (Oct. 1960).

购买等方式获得。目前，这两种产权分配方式在文化资源产权领域都存在。从长远发展趋势来看，相比于政府直接对资源进行配置，市场配置方式更能够实现对文化资源的公平和有效使用，在未来有更大的发展空间。

公共文化资源产权的再分配，是在产权初始分配完成后，市场主体之间进行的产权调整。市场主体在取得公共文化资源产权后，可以通过转让、出让、交易、授权、抵押、出租、入股等形式将产权转移给其他市场主体。允许产权流转是产权市场形成的必备前提。公共文化资源产权可以通过买卖、互换和赠予等方式进行转让，拥有独立的处分权是公共文化资源产权的价值所在。但公共文化资源产权从某种意义上来说是特许经营权的一种，其转让不仅要经过产权所有方和转让方的同意，还需要报文化资源所有方即国家批准。产权抵押是产权所有人将公共文化资源产权作为债权进行抵押以获得融资，当债务人不再履行债务时，债权人有权将公共文化资源产权进行拍卖、变卖，并从所得价款中得到补偿。允许公共文化资源产权人将产权进行抵押，可以让产权人通过抵押获得资金用以文化资产开发、经营或其他用途，提高文化资源的利用效率，体现了文化资源产权的资产性。

（二）公共文化资源产权的交易

虽然市场经济制度已经在我国确立了四十年，但是文化资源开发领域的产权交易市场仍处于起步状态。一些人认为文物、遗址等文化资源具有唯一性和不可逆性，应该以保护为主，不能用于开发和商业经营。因此，即使国有资产所有权和经营权分离已经成为共识，在文化领域尤其是文物领域还没有开始实行。公共文化资源产权作为商品进入市场，是文化领域解放思想、树立市场意识的又一进步。文化资源产权交易的目的是通过市场来实现文化资源的优化配置，促进生产要素在文化企业间的合理流动、有效利用和科学配置。没有文化资源产权交易，文化资源开发利用领域职能就会停留在计划经济模式的产权初始配置层面，资源要素流动率很低，文化领域不能建立起真正的市场经济。文化资源是国有资产，建立规范的多层次、多形式产权交易市场，对我国文化资源的保护和经营都有很重要的作用。

公共文化资源产权交易的形式。资产重组、资产入股，如非物质文化遗产、传统工艺、文物资源数字化版权可以知识产权形式入股，与其他社会力量合作经营文化企业；股份上市，取得上市资格的文化企业可以将资产拆分上市；合资、合作、拍卖等形式转让部分文化资源开发经营权，所取得收益按照合同在合作方之间进行分配；协议转让，取得公共文化资源产权的企业，可以将产权部分或全部转让给其他企业、组织或个人，使占有权和经营权分离，促进文化资源产权更为规范地管理运营；项目收益权质押，文化资源产权方可以将产权质押向银行贷款，通过建立文化资源项目基金、开放式基金或股权置换等形式进行市场融资。

公共文化资源产权交易的原则。一是坚持处分权缺失的原则。文化资源不同于矿山、土地、海洋等自然资源，无论产权如何交易，都只是对文化资源经营权和开发利用权的交易，不能对文化资源本身进行任何处分，如某文化企业取得圆明园遗址的产权，只能对圆明园遗址进行经营管理，不能对圆明园遗址本身进行拍卖、抵押等交易。二是坚持文化资源公共属性不变。文化资源是全民所有的，任何人都享有使用文化资源的权利，因此，取得文化资源产权的企业只是取得了利用文化资源进行开发经营的经济权利，这种权利不具有排他性，不排除其他人对文化资源的使用，如美国国家公园的经营者将自己定位为管理员或服务员的角色，而不是业主，不能对文化遗产进行随意支配。三是坚持合理有度的原则。由于文化资源的价值很难评估，在文化资源的产权交易中最难的就是定价，尤其是对有重大历史文化价值、珍稀的文化资源，一定要坚持审慎的原则。不仅看经济收益，还要把好产权交易主体的资质审查，确保将文化资源交到能够真正发挥文化资源正面价值的企业手中。

公共文化资源产权的价值评估。对文化资源的价值评估，是文化资源产权交易的前提。长期以来，文化资源是无价之宝的观念根深蒂固，文化资源的资产化进程举步维艰。由于文化资源价值难衡量，很多地方文化主管部门在将文化资源进行委托时，不能客观、公正、科学地衡量文化资源的价值，将文化资源经营权以低于市场价格甚至免费的形式授予被委托方，造成国有资产的流失，对此需要以科学的方式审视文化资源转化为资产过程中的价值评估。文化资源产权是无形资产，其产权价值取决于利用该项文化资源在市场上的获利能力，影响文化资源价格的因素有以下三种。①资产租金。取得文化资源产权，意味着一定期限内租用文化资源的开发经营权，因此需要向资源所有方（国家）交付一定的租金，租金多少取决于文化资源自身的品牌价值、文化价值、地域价值等综合因素。②资产开发成本，包括文化资源开发设计规划成本、基础设施建设成本、生产服务成本、经营销售成本等。③资产收益。估算文化资产未来几年的收益，并采用适宜的折现率折算成现值，然后累加求和。① 公共文化资源产权价格用公式表示为：

公共文化资源产权价格 = 资产租金 + 资产开发成本 + 资产收益折现

公共文化资源产权计算是一个非常复杂的过程，但正确估算公共文化资源的价格对于文化资源所有权和经营权的分离具有非常重要的意义。在上述公式中，最难计算的是资产收益折现。只有正确预估文化资源未来收益，才能够准确估算公共文化资源的产权价值，为文化资源产权转让和交易提供经济依据。

（三）公共文化资源产权收益分配

收益分配的主体与客体。公共文化资源产权收益分配的主体是在促进文化资源向文化资产转换过程中做出贡献的群体，具体包括四类。①文化资源投资者，负责对文化资源市场进行研究后投入资金，他们的出资形成了文化资源经营企业的资产。②文化资源经营者。负责文化资源向资产转换过程中的具体运营，他们的经验智慧和决策直接影响着文化资源能不能获利和获利多少。③文化资源经营企业的员工。他们是资源转换的具体执行者和操作者，他们的劳动创造了文化资源能带来的财富。④文化资源所有方政府。政府作为文化资源的所有方和管理方，有权将文化资源开发使用的权利分配给市场主体，并收取相关授权费用，用来对文化资源进行维护和管理，创造社会效益造福全体民众。收益分配的内容如下。①产权交易收益。在文化资源产权获取、转让、交易过程中所产生的授权金。②终

---

① 叶浪：《旅游资源经营权论》，博士学位论文，四川大学，2008。本文在其基础上有所改进。

端市场收益。在文化资源成功转换为文化资产后，所形成的文化产品或文化服务得到市场认可，并最终产生的收益。

收益分配机制的构建。收益分配体系需要处理好三个关系：一是产权初次分配中资源所有方国家与产权拥有方经营者的关系；二是产权流转过程中不同产权主体的关系；三是文化经营企业内部员工间的收益分配关系。

第一层关系中，文化资源所有方与产权方的利益分配主要涉及产权交易收益，通过市场分配机制的招投标、政府购买等形式，产权方将授权金付给政府，以购买一定期限内的文化资源使用权，具体金额由双方根据版权具体用途、文化资源自身价值、市场潜力等综合评估定价，采取一次性交纳固定授权金或按市场收益固定比例交纳授权金的方式进行分配，具体分配细则在授权或合作合同中进行明确规定。之后在经营过程中，产权方企业通过缴纳增值税、流转税等方式将所得收益中的合理部分交给政府。

第二层分配关系中，处理好文化经营企业在产权流转过程中的收益分配。巴泽尔的产权理论明确了获得资产剩余份额的多少与利益主体对平均收入的影响成正比关系，即对资产剩余的影响越大，获取剩余份额越高。在产权流转中，主要看各文化企业在文化资产运营中对收入所做的贡献，贡献越大，获取的收益越高。

第三层分配关系中，处理好文化经营企业内部的收益分配，主要是建立合理的激励机制，调动企业员工的积极性。每一个项目都可以根据实际情况采取不同的激励方案，具体考虑的因素包括待开发项目对使用人才智的依赖程度、产出的不确定因素、开发主体的风险规避程度以及开发主体的工作强度等，确定每位企业员工在工作中的贡献，按劳付酬。

五　公共文化资源的产权调控

（一）产权登记

为了便于国家作为公共文化资源所有者对产权市场的规范和管理，可以参照土地承包经营权流转管理办法，在文化资源产权市场也建立产权登记制度，将文化资源产权的获取、出让、转让、交易、抵押等信息及时进行登记并颁发权利证书。这样可以将文化资源产权形式从抽象的、无价值的权利转化为新的、可量化的财产，为文化资产规范化管理提供依据，是文化资源产权界定在法律层面的延伸，使文化资源产权得到法律的认可和保护。

产权登记最大的难点在于文化资源涉及的管理部门较多。如对某文化遗址资源进行文化旅游开发，土地要到土地管理部门登记、树木要到林业管理部门登记、文物要到文物主管部门登记，多头登记给产权管理和流转带来不便，需要有统一的平台对文化资源产权进行登记管理。

（二）产权时效

公共文化资源产权时效从产权合同生效之日起计算，如某公司通过招投标方式从国家相关部门获得产权，中标后双方签订合同，合同中明确规定产权生效日期。第三方公司又与该公司签订授权合作协议，则第三方公司的产权也以合同中规定的产权生效日期为准。产权登记则是到公共文化资源主管部门备案，否则不具备法定效力。

产权中止是指在产权运营中，运营方如果违背合同规定，对文化资源没有很好地进行保护，在运营过程中过于商业化、低俗化，或者开发出的文化创意产品有违传统文化精神，在社会上产生负面影响，但情节没有构成犯罪的，国家主管部门或产权所有方有权终止与授权经营方的合作，收回公共文化资源产权。

产权终止有两种情况：一是产权合同期满；二是产权经营方因特殊原因不能有效履行合同，如违法违规经营、经营不当造成严重社会不良影响、财务状况恶化公司破产、不可抗力导致经营方无法正常经营等，国家文化资源主管部门有权终止产权。

产权延续，企业在获取公共文化资源产权之后，在合同期限内经营状况良好，没有违反合同规定的行为，没有违法行为，在合同期满之后有继续经营意愿的，可以考虑与文化资源主管部门或产权所有方续签合同，延续使用产权。

(三) 产权服务

政府作为公共文化资源的所有者,要做好产权保护,保护取得文化资源产权的市场主体的合法权益,包括文化资源产权主体享有不受国家文化主管部门干预的独立经营权、自由支配的收益权以及合法范围内的资产处分权;建立明确的产权使用规则;打击市场侵权行为。

建立规范的产权交易市场,确保公共文化资源产权交易在市场规则下进行,确保公共文化资源的使用经营权流转到具有资质和信誉的市场主体手中,避免产权交易中的暗箱操作。建立市场监管体系,制定文化资源使用负面清单,对文化企业在使用文化资源过程中的经营行为进行监管。建立产权信息库,公开文化资源的产权信息,消除在信息不对称情况下出现的侵权行为。

以上对公共文化资源产权实现方式的探索,是建立在公共文化资源产权得到国家承认基础上的。目前公共资源中的自然资源如土地、矿产、海洋领域的产权经营已经得到认可并可进入市场交易,相信随着文化经济在经济增长中影响力的不断增强,文化资源的产权问题也会引起越来越多的关注。

版权保护、文化产业发展与经济增长

——基于 2005~2016 年中国省际面板数据的实证研究*

陈能军　史占中**

摘　要： 版权保护、文化产业发展与经济增长有着重要的关联。本文首先从理论上阐释了版权保护促进经济增长的作用机制，指出版权既可以作为一种高级生产要素直接推动经济增长，也可以通过促进文化产业发展这一中介变量间接推动经济发展。本文利用 2005~2016 年全国 31 个省、自治区、直辖市的面板数据以及中介效应检验模型，研究发现：第一，版权保护对经济增长存在直接推动作用，两者之间存在显著的正相关关系；第二，版权保护对经济增长存在间接推动作用，版权保护通过促进文化产业发展的方式推动了经济增长，且这种中介效应占总效应的比例为 40.11%。本文的研究表明，现阶段推动经济发展，不仅需要重视版权理论研究和加强对版权的保护，也需要加大对文化类企业的扶持力度。

关键词： 版权保护　文化产业　经济发展　中介效应

---

* 本文系国家社会科学基金艺术学重大项目"文化产业的金融支持体系研究"（项目编号：16ZD08）阶段性成果。
** 陈能军，中国人民大学经济学博士，博士后，研究领域为版权经济、数字创意产业、国际经济；史占中，上海交通大学安泰经济与管理学院教授，博士生导师，研究领域为产业经济、文化金融。

习近平总书记在党的十九大报告中强调，要"完善文化经济政策，培育新型文化业态"。可以看出，党中央对文化产业发展的重视程度明显提高，对文化产业发展的实施路径做出了战略性安排。在推动文化产业发展中，版权产业作为文化产业实现市场价值的核心，在促进文化产业发展和推动国民经济增长过程中起到了重要的作用。

鉴于版权保护在中国经济发展中的重要性日益凸显，而当前相关研究实证分析较少，本文利用2005~2016年中国31个省、自治区、直辖市的数据实证检验版权保护、文化产业与经济增长的关系。本文的主要创新点体现在：理论上探讨了版权保护对经济增长的双重作用机制；实证上运用中介效应检验模型验证了中介效应的存在，并且计算出现阶段版权保护对经济增长的直接作用要大于间接作用；现实指导上提出了重视版权理论研究、加大版权保护力度、培育和扶持数字文化产业发展等对策建议。

一 文献综述

版权保护或版权资源与经济增长之间的关系，长期以来备受中外学者关注。有学者认为，发展中国家过强的版权保护政策会阻碍发展中国家学习发达国家的技术，阻碍发展中国家全要素生产率的提高，进而影响该国经济发展。[1] 还有学者认为，发展中国家的版权保护政策会影响该国可以享受的福利，弱版权保护可以提高产品质量而强版权保护可以丰富产品的种类。[2] 另有学者认为，过强的版权保护有利也有弊，利体现在可以增加被保护企业的利润，鼓励被保护企业创新，弊体现在阻碍了知识在全行业的扩散，降低整个行业研发部门的生产率。

我国正处于经济转型时期，建立符合我国国情的版权保护制度非常必要。陈凤仙、王琛伟通过构建双寡头垄断模型，研究不同发展阶段国家的

---

[1] Judith C. Chin, Gene M. Grossman, "Intellectual Property Rights and North – South Trade", *Social Science Electronic Publishing*, Vol. 13 (Nov. 1988).
[2] Amy Jocelyn Glass, Xiaodong Wu, "Intellectual Property rights and quality improvement", *Journal of Development Economics* 82 (2007).

最优知识产权保护力度，指出中国目前处于初级阶段、过渡阶段和高级阶段三个阶段中的过渡阶段，应加强对知识产权的保护。① 曾鹏、赵聪用2000~2013年中国省际面板数据实证检验了版权数量对经济增长的影响，发现版权数量虽然能够促进经济增长，但数量并不是越多越好。② 黄卫平、陈能军等用1998~2010年中国省际面板数据实证研究了版权贸易对经济增长的影响，将版权贸易分为版权输入及输出，研究发现版权输入和输出都对经济增长发挥了正向作用。③

目前，研究版权保护与经济增长之间影响机制的文章较少。理论分析主要为把版权资源作为一种生产要素带进模型来研究版权保护对经济增长以及社会福利的影响，包括韩玉雄和李怀祖、④ 董雪兵和朱慧、⑤ 屈晓娟⑥等。除此之外，有少数学者也在从文化产业发展的角度研究版权保护对经济发展的作用机理，⑦ 但偏重于描述性分析。现有关于版权经济的文献，定性分析主要集中在检验知识产权保护与经济增长的关系，并没有分析其作用机制，且主要考虑版权保护对经济增长的直接作用，忽视了版权保护通过促进文化产业发展这一中介效应对经济增长的间接作用机制。因此，本文拟在现有研究的基础上，进一步分析版权促进经济增长的效应机制，并通过构建相关模型对版权保护、文化产业发展以及经济增长这三者之间的关系进行定量分析。

二 版权保护促进经济增长的效应机制研究

版权保护对经济增长的推动作用可以分解为两个方面。第一个方面是

---

① 陈凤仙、王琛伟：《从模仿到创新——中国创新型国家建设中的最优知识产权保护》，《财贸经济》2015年第1期。
② 曾鹏、赵聪：《知识产权对经济增长的影响——以专利和版权为例》，《统计与信息论坛》2016年第4期。
③ 黄卫平、陈能军、钟表：《版权贸易对经济增长的影响——基于1998—2010年中国省际面板数据的实证研究》，《河北经贸大学学报》2014年第3期。
④ 韩玉雄、李怀祖：《关于中国知识产权保护水平的定量分析》，《科学学研究》2005年第3期。
⑤ 董雪兵、朱慧等：《转型期知识产权保护制度的增长效应研究》，《经济研究》2012年第8期。
⑥ 屈晓娟：《知识产权保护、技术差距与后发地区经济增长：一个分析框架》，《华东经济管理》2016年第10期。
⑦ 文小勇：《版权经济：版权产业发展的一个解释框架——基于2014年广东省版权产业调查统计分析》，《广东社会科学》2016年第4期。

直接推动作用，这是从宏观的国民经济全社会经济产出与投入的角度考察的，也是从版权的创新性角度考察的。版权在本质上就是创新的结果物，保护版权就是保护创新，通过创新提高全要素生产率，增加经济产出总量是经济增长最有效的选择路径。然而，版权又是一种特殊的创新结果物，可以通过版权交易、版权分割、版权保护等产权运行机制，达到社会创新的分享（即使是有偿性分享），降低社会创新成本和缩短创新进程，加快社会创新的分工和持续深入。

版权保护对经济增长第二个方面的推动作用，则是从具体产业发展角度考察的。版权在促进包括文化、教育、旅游、信息、制造等多个产业的发展中都能发挥重要的作用。本文主要以文化产业为例，探讨版权通过促进文化产业的发展推进整个社会经济的增长。

（一）版权保护对经济增长的直接效应

第一，版权的创新性是促进经济增长的内在动力。版权具有显著的创新属性，但不同于通常意义上的技术创新、管理创新、制度创新等生产或者管理手段（形式）上的创新，版权的创新性实质上是文化、艺术或者计算机程序、科学作品等生产领域中内容上的创新，与科学理论创新一样属于内容创新，对于人类社会的发展具有更加本质的意义。版权保护就是对创新的保护和激励，通过版权保护鼓励作者进行创作和创新，促进作品的传播，极大地推进科学与文化事业的发展。就生产要素理论而言，版权已经逐步发展成为知识密集型的高级形态的生产要素了，它是高度的智力创新活动的结果物。[①]通过版权保护实现创新驱动，可以提高全要素生产率，增加社会经济产出的总量，这是促进经济增长的最有效方式，也是保障经济可持续发展和高质量发展的强劲动力。

第二，版权在形成了一定的运行机制之后，对于经济增长的推动作用还体现在降低社会生产的投入成本上，尤其是社会创新的成本。版权保护与其他的知识产权保护是一致的，版权保护的最终指向不是垄断和限制，

[①] 波特提出生产要素的分级，将资金、原材料、生产设备、非技术工人等分为初级生产要素，将现代信息技术、高级人力资源等分为高级生产要素。

而是有序、适当和有条件的分享和传播。这种分享和传播必须建立在一定的版权运行机制的基础上，即通过版权交易、版权分割和版权保护等完善的制度体系，通过版权组织机构和版权专业人才的实际运作与管理而达成。

这种分享和传播，在社会经济增长中起到了十分重要的作用。它使知识内容的扩散成为必然，大大降低了后发型地区和组织的社会创新成本（全社会通过交易付出的成本总是远远小于各个地区、组织分别再创新的成本之和）。并且，它使社会创新能够立刻向更宽的横向分工和更深的专业领域发展，换句话说就是它促进了全新的社会创新分工革命。获得版权所有者的授权或者通过交易获得版权所有者的分享，有利于降低各类社会创新主体的研发成本和失败概率，使他们更加聚焦于自身占优势的生产和销售环节。

（二）版权保护对经济增长的间接效应

从具体产业发展的角度来看，版权保护对于包括文化创意产业、旅游业、教育产业、信息产业以及服装、玩具、家居等相关制造业的发展都具有巨大的推动作用。上述产业都是版权保护推动整个社会经济增长的中介，而在文化创意产业的发展过程中，版权保护的推动效应是更加突出的。

第一，版权保护是文化产业核心内容生产的基础。文化产业是个极具广泛性意义的大产业概念，但是其核心永远都是内容的生产也被称为 IP 的生产。只有保障核心层的生产，通过强化 IP 的原创版权保护机制，以产权边界确定收益边界，才能为外围层各类衍生品的生产提供不竭的源泉。这里的版权保护对于文化产业的推动效应，是通过版权保护机制在文化产业的生产环节中对于内容生产的产权激励体现出来的。

第二，版权保护是文化产品市场秩序保障的基础。市场体系是连通生产者与消费者的桥梁，保障市场秩序是任何产业发展都必须面临的。对于文化产业而言，一方面随着复刻技术的发展升级，文化产品更加具有可复制性的特点；另一方面文化版权的确权、维权机制都存在一定的模糊性。因而文化产品在市场中的流通存在较大的无序性，盗版、侵权等现象层出不穷,严重抑制了版权所有者的生产积极性,扰乱了市场秩序。通过源头上严格落实版权保护机制,可以很大程度上保障文化产品的市场环境和市场秩序得到有序、健康发展。

第三,版权保护是文化消费潜能激发与升级的基础。文化消费的潜能激发很大程度上取决于文化产品质量的提升和新的文化消费业态升级。文化产品质量的提升同时意味着超额利润的增加,版权保护作为文化产品质量提升和新的文化消费业态形成的关键因素,对于文化产业的消费环节具有积极的推动意义,主要表现为版权保护通过产品升级、激发文化消费潜能和升级文化消费模式。

三 版权保护、文化产业发展与经济增长的实证研究

(一)研究样本和数据来源

本文采用了我国31个省、自治区、直辖市12年(2005~2016年)的面板数据。其中,版权保护程度用自愿登记作品数量来衡量,数据来源于中华人民共和国国家版权局网站(http://www.ncac.gov.cn);文化产业发展用文化产业收入来测度,数据来源于2006~2017年中国文化文物统计年鉴;国内生产总值(GDP)、固定资产投资、消费、普通高等学校招生人数等数据来源于国家统计局网站(http://www.ststs.gov.cn/),变量的描述性统计如表1。

表1 变量的描述性统计

变量名	样本数	均值	方差	最小值	最大值
国内生产总值	372	15502.66	14390.62	248.8	80854.91
版权保护	372	19520.81	87726.51	0	1004877
文化产业发展	372	2804035	3005288	92945	31300007
固定资产投资	372	10127.86	9399.291	181.39	53322.94
消费	372	5900.18	5910.19	73.2	34739.1
人口	372	4304.965	2720.12	280	10999

(二) 模型的设定

实证考察版权保护的经济增长效应机制，本文构造了以下两个实证模型。第一，为考察版权保护对经济增长的直接效应，在控制劳动力、资本、教育等变量的基础上，检验版权与经济增长之间的关系，具体模型如式（1）所示。

$$式(1) \quad \ln gdp_{it} = \alpha + \beta_1 \ln bqbh_{it} + \beta_2 \ln control_{it} + \varepsilon_{it} \quad (1)$$

第二，为了进一步研究版权保护是否通过促进文化产业发展这一中间变量来推动经济发展，本文使用中介效应模型来进行检验，具体检验方程如式（2）所示。

$$式(2) \quad \ln gdp_{it} = \alpha + \gamma \ln bqbh_{it} + \mu 1_{it} \quad (2-1)$$

$$\ln whcy_{it} = \alpha + \beta \ln bqbh_{it} + \mu 2_{it} \quad (2-2)$$

$$\ln gdp_{it} = \alpha + \gamma^* \ln bqbh_{it} + \delta \ln whcy_{it} + \mu 3_{it} \quad (2-3)$$

鉴于中介效应的检验方法比较多，且统计检验出现错误的概率和检验功效方面各有优劣，单一方法的可靠性较低。[①] 温忠麟等在之前学者提出的不同检验方法的基础上，构造了一个综合的中介效应检验程序，能在较高统计功效的基础上控制第一类和第二类错误的概率。[②] 因此，本文将采用该检验程序进行中介效应检验。具体检验程序参见图1。

其中，t 代表时间，i 代表各省级行政单位，$\ln gdp_{it}$ 是各省不同年份的 GDP 的对数，$\ln bqbh_{it}$ 是各省不同年份版权保护指数的对数，$\ln whcy_{it}$ 是各省不同年份文化产业发展指数的对数，$\ln control_{it}$ 表示控制变量，α 是不可观测的固定效应，μ_{it}、ε_{it} 是随机误差项。

按照这一检验程序，需要对 γ、β、δ、γ^* 等系数进行显著性检验，其中中介效应由 $\beta \times \delta = \gamma^* - \gamma$ 来衡量，Sobel 检验统计量为 $Z = \beta \times \delta / \sqrt{\beta^2 S_\delta^2 + \delta^2 S_\beta^2}$（$S_\delta^2$、$S_\beta^2$ 为 δ、β 估计值的方差）。

[①] D. P. Mackinnon, C. M. Lockwood, J. M. Hoffman JM, etc., A comparison of methods to test mediation and other intervening variable effects, *Psychol Methods* 7 (1), Mar. 2002.
[②] 温忠麟、张雷、侯杰泰、刘红云:《中介效应检验程序及其应用》,《心理学报》2004年第5期。

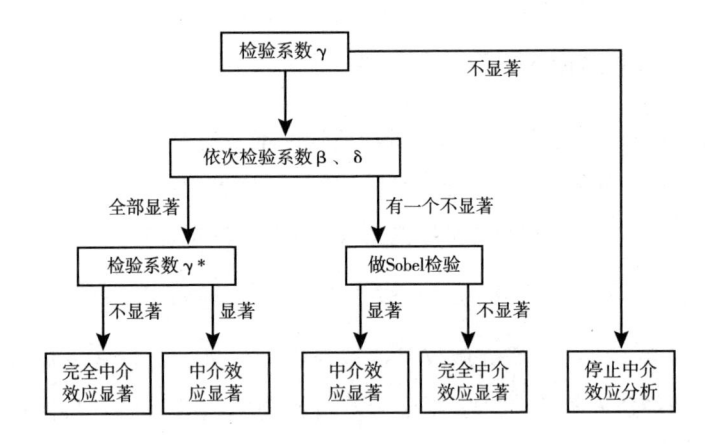

图1 中介效应检验流程

说明：* 代表通过10%的显著性检验。

（三）变量的选择

1. 被解释变量

该指标采用国内生产总值来衡量。国内生产总值指在一定时期内常住单位生产的所有商品和服务的价值总和，既包括新增价值，也包括转移价值。它反映常住单位生产活动的总规模。

2. 解释变量

（1）版权保护。本文用自愿登记作品数量来衡量版权保护程度，主要原因如下。第一，版权保护程度决定了版权登记方的登记意愿。由于是自愿登记，如果登记不登记的效果一样，企业通常没有理由选择登记。第二，在中国这样一个大国，企业可以做到"用脚投票"来选择登记省份，如果某地对版权的保护不够，盗版、复制猖獗，企业可以通过更换地址的方式迁移到对版权保护严格的地方，以实现利益最大化。地方对版权保护的重视程度越深，企业越有动力在该地登记作品，保护自己的合法权益。自愿登记作品数量数据来源于国家版权局。

（2）文化产业发展。本文使用文化产业收入衡量文化产业发展，主要有两个原因。第一，文化产业的规模决定了文化产业收入。一般情况下，企业的规模越大，企业的收入往往越大。对于文化产业来说，在单个企业规模一定的情况下,在文化产业里的企业数量越多,文化产业收入越大,文化产业的发展越好。基于此,从文化产业规模的角度来说,文化产业收入可以用来衡量文化产业发展。第二,文化产业内企业的发展质量决定了文化产业的收入,进而决定了文化产业的发展状况。对于文化产业里的单个企业来说,效率高的通常是能赚钱的企业。相反,一家企业能赚钱,发展质量肯定不会差。在文化产业里的企业数量保持不变的情况下,整个行业收入越高,行业的发展肯定越好。

3. 控制变量

(1) 固定资产投资。固定资产投资是推动国内生产总值增长的重要力量。首先,就支出法核算国内生产总值的公式来说,作为国内生产总值的组成部分,每增加一定量的投资,国内生产总值总量就会相应增加,形成投资对经济增长的直接推动作用。其次,投资具有乘数效应。对于微观个体企业来说,一家企业的一笔投资会增加其他企业的产品需求,而其他企业产品需求的增加会引起这些企业也扩大投资,如此循环传递,投资需求会不断扩大。再次,新兴技术行业的固定资产投资,可以通过提升技术水平的方式,提高未来生产商品和服务的能力。按照马克思的生产理论,固定资产投资,一方面可以维持简单再生产,即弥补和消费对产出的消耗;另一方面也可以扩大再生产,即增加未来时期社会财富的创造能力。

(2) 消费。消费按消费主体可以划分为政府消费和居民消费。居民消费主要是指居民个人用于生活的各项支出消费,既包括居民日常生活中各项物质方面的消费支出,也包括教育、医疗、文化等各项服务消费支出。政府消费指政府部门为全社会提供公共服务的消费支出以及免费或以较低价格向住户提供物质和服务的净支出。不论政府消费和居民消费,都对经济增长有重要影响。消费既是社会生产过程的终点也是生产的起点。消费作为一种需求,决定了生产者的生产水平,消费增加,生产增加,消费减少,生产减少。正是人类为了满足不断提高的消费需求,才解放且发展了生产力,推动了经济的极大发展。

(3) 人口。人口与经济发展之间的关系不只是简单的正负关系,人口对经济的影响具有双重影响:一方面人口的增加给经济发展带来阻碍,会影响人均资本积累；另一方面又给经济的发展提供动力，人力资本给经济发展以巨大的推动力，如人口发展带来规模经济等。总体而言，在现阶段的中国，人口即劳动力，是经济发展的重要推动力量。一定数量的人口是社会存在和发展的必要前提。人既是生产者，又是消费者。人口状况对社会的发展可以起加速或延缓的作用，与物质生产相适应的人口状况，有利于促进社会发展。

（四）实证结果及分析

本文的实证检验顺序是，首先在控制投资等其他相关变量的基础上，考察版权保护对各省生产总值的影响；其次利用温忠麟提出的中介效应检验方法，检验版权保护是否通过影响文化产业的发展而对经济增长施加了作用。

表2 版权保护对经济增长直接影响

变量	模型一	模型二	模型三	模型四
常数项	7.2628*** (0.1130)	1.6478*** (0.1311)	0.5379*** (0.1244)	1.4519*** (0.0707)
版权保护	0.3042*** (0.0161)	0.1012*** (0.0076)	0.1059*** (0.0059)	0.0086** (0.0043)
投资		0.7885*** (0.0173)	0.6010*** (0.0181)	0.1217*** (0.0180)
劳动力			0.3344*** (0.0217)	0.0545*** (0.1439)
消费				0.7581*** (0.0244)
调整 R^2	0.4993	0.9266	0.9561	0.9883

注：**、***分别代表通过5%、1%的显著性检验。

表2是根据方程（1）得出的实证结果。从表2的结果可以看出，版权保护与经济增长之间存在显著的正向相关关系，四个模型都在5%的显著性水平内显著。这与本文的理论分析相一致。版权保护作为一种高级生产要素，通过促进创新、提高全要素生产率的方式直接促进了经济增长，这也与张苏秋等人的研究保持一致。版权保护的系数，可以表示为版权保

护的经济增长弹性。在模型三中，版权保护的经济增长弹性为 0.1059，即版权保护所带动的版权资源每增长 1%，经济增长将增加 0.1059%，且在 1% 的显著性水平内显著；在模型四中，版权保护的经济增长弹性为 0.0086，即版权保护所带动的版权资源每增长 1%，经济增长将增加 0.0086%，弹性相比较模型三来说有所降低，但是显著性水平在 5% 的显著性水平内显著，有所降低。表 2 的结果说明，版权作为一种高级生产要素确实对经济发展有着直接的促进作用；实证结果同时表明，投资、消费以及劳动力的释放同样是促进国内经济增长的重要推动力。

表 3　版权保护通过文化产业发展促进经济增长的中介效应

被解释变量 解释变量	（1） lngdp	（2） lnwhcy	（3） lngdp
常数项	7.2628 *** (0.1130)	12.6647 *** (0.1075)	0.5379 *** (0.1244)
版权保护	0.3042 *** (0.0161)	0.1012 *** (0.0076)	0.1083 *** (0.0161)
文化产业发展			0.7199 *** (0.0407)

注：**、*** 代表通过 1% 的显著性检验。

表 3 是根据方程（2）得出的实证结果。表 3 第一列进一步说明版权保护对经济增长有直接的促进作用，在不添加其他控制变量前提下，版权保护对经济增长的弹性为 0.3042，且在 1% 的显著性水平内显著。由第二列可以得知，版权保护也能够促进文化产业的发展。版权保护对文化产业发展的弹性为 0.1012，即版权保护带动的版权资源每增加 1%，经济增长增加 0.1012%，弹性系数在 1% 的显著性水平内显著。由表 3 第三列可知，版权保护和文化产业发展与经济增长之间都为正相关，且系数都在 1% 的显著性水平内显著。根据中介效应检验流程图，当 β、δ、$\gamma*$ 系数全部显著时，中介效应显著，这说明版权保护确实通过促进文化产业发展的方式推动了经济发展。为了进一步验证中介效应的显著性水平，可以进行 Z 统计检验。

表 4　Z 统计检验

	T 值	标准差	P 值
Sobel 检验	-10.6382	0.0068	0
Aroian 检验	-10.6273	0.0068	0
Goodman 检验	-10.6491	0.0068	0

多位学者曾各自提出过检验中介效应显著性水平的方法。[①] 表4 P 值都为 0，Z 统计量在 1% 的显著性水平内显著，也即中介效应显著。

为了验证版权保护对经济增长的直接效应和中介效应哪一个对经济增长的推动作用更强，本文尝试计算中介效应占总效应的比值，按照 D. P. Mackinnon 等人提出的方法，通过计算 $\beta \times \delta$ 的方式计算中介效应占总效应的比例，计算结果为 40.11%，表明版权保护对经济增长的贡献当中，有 40.11% 是通过促进文化产业发展的方式产生的。

四　结论与建议

（一）结论

版权保护对于文化产业发展以及经济增长具有重要推动作用。本文首先从理论上分析了版权保护促进经济增长的作用机制，指出版权作为一种高级生产要素不仅可以直接推动经济发展，也可以通过促进文化产业发展这一中介变量间接推动经济发展。在此基础上，利用 2005~2016 年全国 31 个省、自治区、直辖市的面板数据以及中介效应检验模型，本文实证检验了版权保护、文化产业发展以及经济增长这三者之间的关系。研究发现，版权保护确实通过促进文化产业发展的方式推动了经济发展，且这种中介效应占总效应的比例为 40.11%。本文不仅在边际上拓展了对我国版权经济传导机制的研究文献，而且对思考版权强国背景下文化产业发展有一定启示意义。

[①] L. A. Goodman, "On the Exact Variance of Products," *Publications of the American Statistical Association*, No. 292, 1960; D. P. Mackinnon, G. Warsi, J. H. Dwyer, "A Simulation Study of Mediated Effect Measures," *Multivariate Behav Res*, Vol. 30, 1995.

（二）政策建议

1. 重视版权理论研究

版权产业作为新型文化业态的一个呈现，要想取得可持续长远发展，离不开理论的不断研究探索。因此，建议以学术研究机构为主体，建立政府、版权相关行业、企业、金融机构平台等多方联合参与模式，共同对版权领域进行深入的探索研究。此外，也应该注重版权人才的培养。基础版权产业的深度发展以及融合，核心要素还是人才，目前既懂版权又深谙产业思维的专业人才尤为匮乏。因此，建议各高等院校开设相关专业课程，同时也希望社会加强对版权专业从业人员的培训教育，通过多种方式培养版权领域的综合类、复合型人才。

2. 加大版权保护力度

具体来说，一方面，加强对版权的保护力度和版权运营的宣传力度。版权部门可以利用相关资助政策鼓励原创企业积极将作品的版权进行保护，政府相关部门可以将常规化的版权知识宣传与不定期的版权讲座和培训结合起来，将强制性学习与自愿性选修结合起来，向社会大众普及版权意识。另一方面，加大执法力度，维护好原创文化企业的合法利益。要彻底解决"劣币驱逐良币"的市场恶性循环，主管部门一定要加大对于侵犯版权事件的执法和查处力度，要进一步净化文化产业市场，实现文化产业的优化发展。

3. 培育和扶持数字文化产业发展

如前所述，版权保护通过文化产业这一中介效应，能够间接促进经济发展。党的十九大报告指出，要推动文化事业和文化产业发展。为此，不仅要鼓励发展电影、音乐、旅游、艺术等传统文化产业，也要培育和扶持创意园区、主题公园等新型文化业态，尤其要重视数字文化产业的培育与扶持。数字文化产业因其融创新内容和创新技术于一体，已经成为整个文化产业创新链和价值链的核心所在。因此，新时代要进一步重视并通过"文化+科技+金融"融合发展数字文化产业。

我国少儿出版"引进来"的阶段与特点研究[*]

刘晓晔　王　壮[**]

摘　要：中国与世界各国的互容、互鉴、互通是世界经济文化发展的重要基石。以 1992 年我国加入《保护文学和艺术作品伯尔尼公约》和《世界版权公约》、2001 年加入世界贸易组织为分界点，我国少儿出版"引进来"经历了学习借鉴、稳步引进，持续发力、规模成长，快速增长、规范经营三个发展阶段。形成了从自以英美为主的发达国家引进到与全球少儿出版商广泛合作；从盲目引进到不断抬高门槛遴选少儿出版精品；从引进单本书到引进品牌和整套产品运作模式的"引进来"发展特点。少儿出版"引进来"为我国少儿出版产业发展提供了重要的资源与经验借鉴。

关键词："引进来"　少儿出版　跨文化交流

世界经济全球化使国际交流与合作日趋常态化，少儿出版作为出版领域中最为活跃的因子，已经打破国家壁垒，成为世界上很多国家出版

---

[*] 本文为北京市教委社会科学计划重点项目"跨文化传播视野下儿童图画书的文化教育功能研究"（项目号：SZ201910028014）阶段性成果。

[**] 刘晓晔，博士，首都师范大学学前教育学院副教授，研究领域为早期阅读与儿童语言教育、儿童读物；王壮，博士，北京语言大学出版社副社长，教授，研究领域为出版信息管理、儿童出版与语言教育。

产业发展中最具成长性、最具活力的重要推动力量。中国出版业对国外优秀少儿产品"引进来"有两个重要途径：一个是图书进口，一个是版权贸易。根据国家统计局统计数据以及国家新闻出版署发布的《2018年全国新闻出版业基本情况》，2010年以来我国少儿图书的进口数量和进口金额持续增长，尤其在2014~2018年进口金额增长速度极快（见表1）。2018年我国累计进口图书数量2995.39万册（份、盒、张），其中少儿读物进口就占981.84万册，约占全部出版物进口总量的32.78%。从国际版权贸易来看，近年来，我国平均每年引进童书版权4000种到6000种，是所有图书板块中引进量最大的。引进版少儿图书在当当、京东等电商平台及北京开卷信息技术公司的少儿图书排行榜中，一直占有重要席位。

表1 2010~2018年少儿图书进口数量与金额

单位：万册、万美元

	2010年	2011年	2012年	2013年	2014年	2015年	2016年	2017年	2018年
数量	39.47	78.66	76.14	106.88	172.45	487.48	510.40	690.59	981.84
金额	375.30	629.25	440.31	476.91	689.53	1614.04	1671.76	2371.98	3089.47

改革开放40年来，我国少儿出版产业不断发展壮大。2018年全国新出版少儿图书2.3万种，重印少儿图书2.1万种，累计达到4.4万种，总印数8.9亿册。[①] 其中引进版少儿图书增长迅速。1998年我国引进版少儿图书仅有144种，仅占全部少儿图书的2.29%，[②] 而伴随中国少儿出版对外交流与国际合作40年的发展变化，引进版少儿图书在我国少儿图书整体市场中的比重越来越大。可以说，改革开放以来少儿出版的"引进来"一直伴随着我国少儿出版产业发展直至壮大的整个历程。"引进来"为我国少儿出版推开了世界之窗，让我们拥有更加开阔的国际视野，丰富了我国本土少儿出版物品种，提升了少儿出版物整体质量，为优化少

---

① 国家新闻出版署：《2018年新闻出版产业分析报告（摘要版）》，《中国新闻出版广电报》2019年8月28日，第6版。

② 李学谦：《少儿出版：从版权引进到双向互动》，《中国知识产权报》2015年9月18日，第10版。

儿出版流程管理、创新少儿出版业经营模式、刺激少儿图书市场增长，尤其是为我国少儿出版不断以国际化水准作为发展方向，逐步由少儿出版大国向少儿出版强国跃升，参与世界少儿出版竞争起到了推动和促进作用。

一 我国少儿出版"引进来"的三个发展阶段

我国少儿出版"引进来"有不同的阶段划分标准。关于我国 1990 年之前进出口和版权贸易方面的统计数据很少，给少儿出版"引进来"的研究工作造成困难。大量研究均采用了"里程碑"的阶段划分方法。我国于 1992 年加入《保护文学和艺术作品伯尔尼公约》和《世界版权公约》、2001 年加入世界贸易组织，这是我国版权领域影响最大的事件，因此本文以此为依据与节点，将中国少儿出版"引进来"划分为三个大的阶段。[①]而绘本引进数据研究发现，这种三个阶段的划分方式在中国版本图书馆编著的现行国家书目《全国总书目》所采集的 1978~2008 年引进版少儿图画书出版数据中得到了很好的体现（见图 1）。[②] 三阶段的划分具有可靠性，反映我国少儿图书引进的三个阶段的信息数据真实，结果得到印证。

（一）第一阶段（1978~1992 年）：学习借鉴、稳步引进

1978 年党的十一届三中全会开启了我国改革开放的历程。这一阶段的少儿出版首先表现为出版人才"走出去"，一些少儿出版工作者在政府组织下外出访问、参与国际出版研讨会、参加书展活动等，学习发达国家少儿出版同行先进的经营管理理念和经营方法。另一方面把国外少儿出版专家"请进来"，学习国外先进的少儿出版经验，开展少儿出版方面的业务交流。这一阶段各个出版企业都处于观望和学习期，所以引进的少儿出版物比较少。从图 1 可以看出，尽管 1978 年我国少儿出版

---

① 周蔚华、杨石华：《中国出版对外交流与国际合作 40 年》，《中国出版》2018 年第 20 期。
② 汪菲：《我国引进版少儿图画书出版的实证研究 1978－2008》，硕士学位论文，华东师范大学，2010，第 6~13 页。

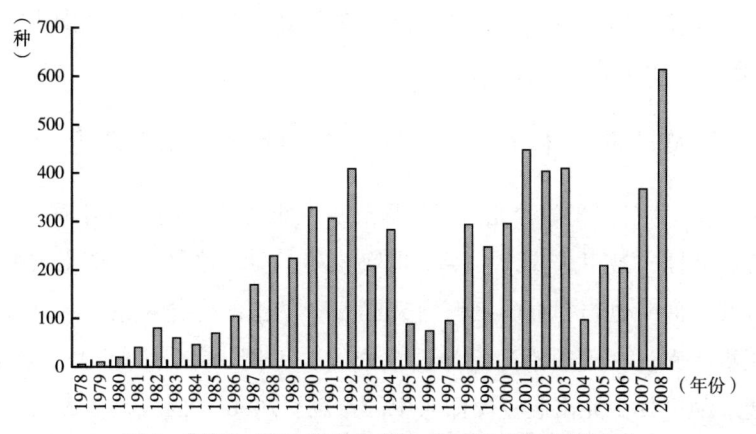

图1　1978～2008年引进版少儿图画书的出版数量

已经开始了对外合作，但规模极小。1978年，中国大陆出版的引进版少儿图画书只有4种。到1992年，出版界迎来了第一个引进版少儿图画书的小高潮，当年该类图书出版种数达到421种，实现了一定程度的高速增长。这与我国1992年加入两大公约关系密切，我国的少儿出版在国际版权公约保护下得到一定程度的接纳和信任。也正是在此时，我国少儿出版业也开始向国际少儿优秀出版物敞开胸怀，欢迎国外优质少儿读物进入中国市场。

（二）第二阶段（1992～2001年）：持续发力，规模成长

2001年，我国正式加入世界贸易组织。作为知识产权贸易重要内容的版权贸易是世界贸易组织三大贸易体系的重要组成，中国出版产业需要遵守国际出版市场中的版权保护和市场竞争规则，这就为我国少儿出版的对外交流与国际合作提供新的机遇与挑战。

这一时期我国主要通过出国参加国际书展进行选品、版权代理机构推荐图书及合作出版等形式进行版权贸易。据统计，1992～2001年我国引进图书版权约3.8万种，占我国这个时期新书出版总品种的5.3%。[①] 同时，图画书开始成为这一时期"引进来"的重要代表。根据汪菲估算，少儿图

[①] 辛广伟：《1990～2000年十年来中国图书版权贸易状况分析（1）》，《出版经济》2001年第1期。

画书引进总量可以占到年均引进版出版物总量的30%以上。我国少儿出版"引进来"开始进入规模成长的新阶段。

（三）第三阶段（2001年至今）：快速增长，规范经营

进入21世纪，我国少儿出版与国外少儿出版的交流迅速升温，大量国际优秀少儿图书被引进我国，少儿出版与英、美、法等少儿图书出版强国实现接轨，同时也与邻近的亚洲国家建立了紧密的合作关系。国际著名少儿出版机构和教育出版集团更加看重中国少儿图书市场的巨大发展潜力，越来越多的国外少儿出版资源涌入中国市场。2006年的《新闻出版业"十一五"发展规划》明确指出要积极实施"中国新闻出版业'走出去'"；2011年，国家单独针对"走出去"制定了五年发展规划，即《新闻出版业"十二五"时期"走出去"发展规划》；2012年，《关于加快我国新闻出版业走出去的若干意见》对新闻出版业"走出去"进行了全方位布局。中国少儿出版"引进来"和"走出去"形成了双边互动的贸易形式。

这一阶段的显著特点是"引进来"成为少儿出版的常态，不但所有的少儿出版社积极从国外引进少儿选题，更多的非少儿出版社同样大量引进国外少儿出版物。同时，国内少儿出版的迅速发展壮大也不断促使版权贸易和多边交往更加快速与规范。2000年9月，人民文学出版社出版了哈利·波特系列的第一部《哈利·波特与魔法石》，引爆少儿图书市场。从此中国少儿出版进入市场发展的高峰时期。

二 我国少儿出版"引进来"的三个发展特点

（一）从自以英美为主的发达国家引进到与全球少儿出版商广泛合作

数据显示，我国少儿图书引进国家超过120个，英、美、法、日、韩五国却接近引进数量的八成，市场份额依次为28.90%、22.14%、10.50%、9.18%、6.31%。[①] 出版作为一种文化产业受经济发展水平的影

[①] 张金婵：《少儿引进版图书本土化的制约因素及其消解措施研究》，硕士学位论文，北京印刷学院，2017，第15页。

响和制约，英美等国作为老牌资本主义国家，它们的少儿出版业发展较早，少儿图书创作质量和出版规模均具有较强的国际竞争力，因而也是我国少儿图书版权的引进大国，美国的"彼得兔"、英国的"DK"产品长久以来占据畅销榜前列。少儿图书引进也受到跨文化传播中文化理解因素的制约，与我国地域、文化相接近，同时经济发展水平较高的日本和韩国其少儿出版物在中国也广受欢迎。国家版权局数据显示，2013~2017年，我国引进出版韩国图书总量近4400种，年平均引进出版870余种，其中少儿图书在中韩图书版权贸易中最为活跃。[①] 日本的"鼠小弟"系列和引领了AR图书引进与创作风潮的韩国"香蕉火箭科学图画书"系列，都成为我国少儿市场的畅销和常销品牌。我国少儿出版业以包容的姿态译介和引进世界各国的优秀作品，使我国引进版少儿图书呈现多元、丰富的发展态势。

（二）从盲目引进到不断抬高门槛遴选少儿出版精品

英美等国的少儿出版在编辑理念、设计制作、市场营销等方面都相对成熟，因而适当的"引进来"可以为我国原创少儿出版提供不少借鉴。但在21世纪的前10年，一些出版社为了缩短投资周期、降低出版成本和市场风险，选择直接引进，对国外良莠不齐的少儿图书不加分析地直接"拿来"。盲目引进和跟风引进，使得一些质量不高的作品流入我国少儿读物市场，不仅损害了少儿读者的利益，也使得少儿出版市场在恶性竞争之余，出现了严重的"水土不服"。这些现象引起了国内少儿出版界的高度重视，一些出版社开始潜心研究国内少儿市场特点、需求与规律，并凭借多年累积的少儿图书引进经验，开展引进前的市场调研和选题论证，不断抬高少儿图书引进的门槛。这一方面为我国少年儿童奉献精品读物，另一方面则致力于弥补国内市场选题空白，努力扩展和丰富儿童的精神视野。

南海出版公司的"巴学园"系列、接力出版社的"第一次发现"系

[①] 徐来：《从书号版权数据看近年我国引进出版韩国图书态势》，《中国新闻出版广电报》2018年10月22日，第5版。

列、安徽少年儿童出版社的"国际安徒生奖大奖书系"等系列童书都成为引进精品,少儿出版社开始致力于打造引进版少儿图书的品牌,形成品牌价值,"彩乌鸦""信谊起步走""金麦田""爱心树""凯迪克大奖系列"等人们耳熟能详的畅销经典读物和国际大奖童书系列应运而生。此外,在对市场进行充分调研的基础上,一些出版社引进了不少内容和形式创新的少儿图书,例如童趣出版有限公司引进的《我的第一本专注力训练书》关注了儿童的学习品质;连环画出版社等出版社引进了《小鸡鸡的故事》《乳房的故事》等不少与儿童性教育有关的图画书作品;中国农业科学技术出版社等出版社引进了不仅关注科学知识,同时重视生存体验的"体验自然启迪智慧五大游戏系列"等图书;中信出版社引进了"DADA全球艺术启蒙系列"等关注少儿艺术教育的图书;而AR图书、异形图书、游戏互动书、包含配套操作材料的图书也相继被引入国内市场。

(三)从引进单本书到引进品牌和整套产品运作模式

在早期"引进来"阶段,大部分出版社缺乏品牌意识,大多引进单本图书或分散地引进一些获奖作品。由于市场认知度不高,也未能形成规模和品牌,导致不少优质图书引进并上市后迅速被市场淹没。在经历了市场探索以及引进版作品积累、产品运营模式的学习过程后,出版社开始广泛采纳品牌策略,《鳄鱼怕怕牙医怕怕》《猜猜我有多爱你》《爷爷一定有办法》《逃家小兔》等一些先前的引进作品被结集出版,形成"信谊世界经典绘本""启发精选绘本""爱心树绘本"等系列。与此同时,越来越多的出版者意识到,少儿出版的"引进来"不能单纯地依靠图书引进,而应重视图书创作、出版、营销一系列产品运作模式的引进。例如,童趣出版有限公司在成功引进迪士尼系列出版物经验的基础上,在版权购买、产品发行、衍生品制作等方面尝试本土化运作,成功推出了"米菲"系列的衍生读物。安徽少年儿童出版社则通过国际儿童读物联盟授权的方式,持续出版"国际安徒生奖大奖书系",加强了丛书的权威性。同时为了提升系列产品的品质和社会影响力,安徽少年儿童出版社还动员相关职能部门、行业专家等权威人士参与活动,邀请国际安徒生奖获奖作家在北京、上海、合肥举办公益性阅读推广活动,制定立体的营销计划,利用全球媒体为丛书造势。

三 小结

世界经济文化的发展需要国与国之间的互容、互鉴、互通。我国政府制定的中国出版"走出去"发展战略为推动我国少儿出版的国际化进程创造了前所未有的发展机遇,同时也使我国原创少儿出版的国际突围面临全新的挑战。对我国少儿出版"引进来"不同发展阶段和不同发展特点的总结回顾,有助于使我国少儿出版在未来的发展进程中能够以全球化视野和更加科学、理性的态度不断引进优质外版产品并研发创造高质量的原创产品;以更加熟练和创新的思维打通国内、国际两个市场,让"引进来"和"走出去"实现有机互动;以更加开放的文化意识传播中华优秀传统文化,促进各种文化相融相生,为全世界少年儿童构筑优质、绿色的文化教育环境。"引进来"是为了更好地"走出去","引进来"和"走出去"共同担当着推动跨文化交流的重要使命。"引进来"和"走出去"的协同发展必将推动中国少儿出版出现新的发展高峰,全面走向国际化、现代化的成功发展之路!

中国文化产业版权保护研究综述[*]

张 国[**]

摘 要：目前，国内学界主要从背景、历史、重要性、问题、对策等方面对中国文化产业版权保护进行了研究和分析，取得了一定的进展。在将来的研究中，既应当结合国家重大战略的推进来深化以上几个方面的研究，也要深入总结各地在文化产业版权保护方面的实际经验。同时，不同学科背景的研究者之间应当加强交流，努力做好多学科的协同创新研究。

关键词：文化产业 版权保护 反盗版

目前，在中国文化产业版权保护的研究中，国内学者已经产生了比较大的进展，产生了一批质量较高的研究成果，但是在研究中仍旧存在不少问题亟待解决。在此，本文对当前这一领域的研究现状进行比较全面的梳理，并就下一阶段的研究进行初步的展望。

---

[*] 本文系 2016 年度国家社会科学基金重大项目"促进科技与经济深度融合的体制机制研究"（项目批准号：16ZDA011）的阶段性成果。
[**] 张国，法学博士，应用经济学博士后，北京建筑大学马克思主义学院讲师，共青团中央中国特色社会主义理论体系研究中心特约研究员，研究领域为中国特色社会主义文化建设、中国国有企业改革。

一 文化产业版权保护的研究现状

目前,国内学者对文化产业版权保护问题的研究可以概括为以下几个方面。

(一)版权保护的背景

目前,国内学者主要分析了进入 21 世纪之后中国文化产业版权保护的背景。张勤指出,加入世界贸易组织之后,版权产业走向世界是中国跨世纪的战略,也是中国版权经济的必然选择。[1] 刘杰认为,在知识经济的崭新时代,以信息化、网络化为排头兵的高新技术已经渗透到社会生活的诸多领域,日益显著地影响着普通民众的工作和生活方式,也对著作权的集体管理、收取和分配使用费的机制等提出了新课题和新挑战。[2] 张梅指出,在中国加入世界贸易组织后,国内市场的全面开放问题不可避免,世界上其他国家和地区质量好的文化产品必将进入中国市场,中国本土的文化产品和服务也必将进入国际市场。[3] 陈小奇指出,随着互联网时代的来临,普通人的生活方式发生了巨大的变化,人类现存的法律制度面临的挑战在所难免,版权制度遭受的冲击不容忽视。数字技术给了盗版者更大的生存空间,互联网技术极大地推动了文艺作品的发行与传播。[4] 高满堂认为,近年来互联网企业在文化版权内容采购与自制内容上的投入不断地增长,与传统文化产业之间优势互补的良好状况正在逐步形成。[5]

(二)版权保护的历史

目前,国内学者主要对中国古代、近代和新中国成立后版权保护的历

---

[1] 张勤:《版权产业与版权贸易的发展:从美国经验看中国》,硕士学位论文,对外经济贸易大学,2003。
[2] 玉兰:《让文化艺术产品的创作得到有效保护》,《中国旅游报》2006 年 12 月 18 日,第 13 版。
[3] 张梅:《版权产业与版权保护》,《学术论坛》2006 年第 3 期。
[4] 陈小奇:《版权技术措施的法律保护研究》,硕士学位论文,湘潭大学,2007。
[5] 高满堂:《加强网络文化产品版权保护》,《辽宁日报》2015 年 3 月 13 日,第 2 版。

史进行了梳理和研究。裘安曼指出,版权制度最初是封建统治者用以保护印刷出版商的。后来资本主义和人权思想兴起,作者权利至上的版权制度盛行起来。20世纪后,对作者的保护无法脱离对传播者的保护独立存在了。① 张勤指出,宋神宗熙宁四年（1071）,司天监设立了印历所,掌雕印历书,保护历书版权。② 宋亮认为,为了实现本国版权保护的国际化,大力推进版权方面的国际交流,中国在1992年加入了《保护文学和艺术作品伯尔尼公约》和《世界版权公约》,并在1993年加入了《保护录音制品制作者防止未经许可复制其录音制品公约》。③ 朱慧认为,1910年颁布的《大清著作权律》参照了当时美国、德国以及比利时等各国的法律,颁布之后在国际上也引起了极大的关注,被翻译成多国文字传到国外。尽管该法在实施一年之后就被废止,但其所采用的结构编制、权利配置、法律救济模式、版权权利的限制都对中国以后的版权法产生了重要的影响,它掀开了中国版权史的新篇章。④ 栾振兴认为,中国在2001年先后两次对《著作权法》进行了修正,有效地推动了知识产权制度国际化水平的提升。⑤ 张鹏指出,国民政府于1944年颁布的著作权法首次将电影作品列为首要保护的客体对象之一。⑥ 张阿源认为,对于数字内容版权的保护在20世纪80年代就已经非常普遍,软件保护中最早的就是DRM（Digital Rights Management）的应用。⑦ 叶翠对南宋、清朝以及新中国成立后的版权保护历史进行了研究。⑧

（三）版权保护的重要性

目前,国内学者主要从以下两个方面探讨文化产品版权保护的重要

---

① 裘安曼:《传播者权利的保护与版权保护》,《中国出版》1987年第10期。
② 张勤:《版权产业与版权贸易的发展：从美国经验看中国》,硕士学位论文,对外经济贸易大学,2003。
③ 宋亮:《论我国对外贸易中的版权保护》,硕士学位论文,湖南大学,2005。
④ 朱慧:《激励与接入：版权制度的经济学研究》,博士学位论文,浙江大学,2007。
⑤ 栾振兴:《世界版权法三百年：流变与走向》,http://cci.cuc.edu.cn/html/cydz/a2/2008 - 5/7/20080507091847992.html, 2020年1月6日。
⑥ 张鹏:《论电影作品版权侵权及其法律保护》,硕士学位论文,山东艺术学院,2011。
⑦ 张阿源:《数字出版的版权运营研究》,硕士学位论文,北京印刷学院,2011。
⑧ 叶翠:《版权保护与地方文化产业发展的关系》,《2014年8月民俗非遗研讨会论文集》,2014,第72~75页。

性。一方面，从整体上阐述版权保护的重要性。傅家骥认为，版权保护的法律性、持久性可以显著提升文化创意领域从业人员的安全感，能够有效地调动他们工作的积极性和主动性。① 戴俊指出，建立健全现代版权保护制度，着力推进版权保护工作，有助于中国现代化建设的顺利开展。它在维护版权所有者自身权益的同时，也对国内文化和科学的发展起到积极的推动作用。② 宋亮认为，版权保护能够推动国际贸易发展，而版权壁垒不利于国际贸易的正常开展。在适度的版权保护之下，发展中国家的对外贸易能够正常地持续推进。③ 何宏指出，通过对数字水印技术的研究，再结合网络出版业务的开展特点，探讨合适有效的版权保护系统十分有必要，这对于培育和规范国内网络电子商务市场，有效地保护版权人和网络出版发行经营商的权益，实现利益最大化，有着十分重要的意义。④ 张梅认为，建立比较全面的版权保护制度，有利于开发民族智力资源，促进科技成果的正常使用与知识的有效传播，对社会主义和谐社会的建设起到积极的促进作用。⑤ 卢海君、邢文静指出，在新时期中国文化产业的发展中，版权保护能够发挥有效的促进作用。⑥ 叶翠认为，版权制度的激励功能极大地推动了文化的发展和繁荣，而版权制度的规范功能则为文化的表达与传播提供了广阔的空间。⑦

另一方面，结合具体的文化产品阐述版权保护的重要性。刘杰指出，著作权集体管理制度对于权利人维护自身的合法权益、促进作品的合法使用和传播、鼓励作品的创作、创造经济效益和促进国际交流等方面具有十分积极的意义。⑧ 徐殷颖指出，合理的数字版权保护制度可以推

---

① 傅家骥：《技术创新学》，清华大学出版社，2006，第346页。
② 戴俊：《版权的法律冲突及法律适用》，硕士学位论文，湖南师范大学，2004。
③ 宋亮：《论我国对外贸易中的版权保护》，硕士学位论文，湖南大学，2005。
④ 何宏：《数字水印及其在网络版权保护中的应用研究》，硕士学位论文，武汉大学，2005。
⑤ 张梅：《版权产业与版权保护》，《学术论坛》2006年第3期。
⑥ 卢海君、邢文静：《文化产品的版权保护、竞争法规制与文化产业的发展——"〈人在囧途〉诉〈人再囧途之泰囧〉案"引发的思考》，《中国出版》2013年第15期。
⑦ 叶翠：《版权保护与地方文化产业发展的关系》，《2014年8月民俗非遗研讨会论文集》，2014，第72~75页。
⑧ 玉兰：《让文化艺术产品的创作得到有效保护》，《中国旅游报》2006年12月18日，第13版。

动数字音视频产业链的建立,有利于开发多种商业运营模式,将促进数字音视频资源的丰富和发展。完善的数字版权保护制度可以推动数字影视作品传播的公平竞争,能够促进数字影视版权交易。[1]聂媛认为,构建区别于法律救济手段的网络环境下影视作品著作权保护制度,从平衡权利人和使用者的角度进行规范,既有利于作品的传播,同时也使影视作品著作权人通过作品传播获得经济利益。[2]董玉玲认为,只有在对电视节目版权进行全面保护的基础上,才有可能确保电视节目制作方和发行方的获利权利。[3]张丽丽指出,只有对综艺节目模板的法律保护落到实处,才能释放其中巨大的商业价值和文化价值,创作人和节目制作人的权益才能得到有效保护,电视行业良好的竞争秩序才能得以维护,电视行业的创新才能持续推进。[4]

(四)版权保护的问题

目前,国内学者对文化产业版权保护中存在问题的研究主要体现在以下几个方面。其一,立法和执法中存在的问题。戴俊指出,由于涉外网络版权侵权案件是新型的案件,中国至今还缺乏针对涉外网络版权侵权的法律及相关规定,司法实践对此也缺少经验,没有相关的司法解释。[5]熊艳玲指出,版权法作为平衡器的功能现在有些失灵了,版权保护与信息资源共享之间的矛盾更加尖锐,这主要体现在版权制度自身的利益冲突和版权保护标准不断提高而使公共利益空间受到严重挤压。[6]刘杰指出,中国的著作权集体管理起步较晚,整体发展速度比较缓慢;权利少,不能适应各种使用需求;机构少,不能覆盖需要管理作品的种类等。[7]张梅指出,多年来,中国版权保护执法力度相对比较弱、行政管

---

[1] 徐殷颖:《数字音视频产品版权保护研究》,硕士学位论文,上海交通大学,2007。
[2] 聂媛:《网络环境下影视作品的著作权保护》,硕士学位论文,中国政法大学,2011。
[3] 董玉玲:《中国电视节目版权贸易问题研究》,硕士学位论文,山东大学,2013。
[4] 张丽丽:《综艺节目模板的版权保护》,硕士学位论文,西南政法大学,2014。
[5] 戴俊:《版权的法律冲突及法律适用》,硕士学位论文,湖南师范大学,2004。
[6] 熊艳玲:《论版权保护与信息资源共享的利益冲突及平衡》,硕士学位论文,湘潭大学,2004。
[7] 玉兰:《让文化艺术产品的创作得到有效保护》,《中国旅游报》2006年12月18日,第13版。

理机构分散、司法审判受到的干扰太多。①巩法新认为,有所欠缺的法律制度使盗版可以钻空子,不健全的行政体制和需要加强的行政执法让盗版有机可乘。②汤家芳认为,从版权保护制度上加以分析,盗版与伪书泛滥的原因在于相关的法律法规对版权保护力度偏小,执法力度不够,刑事处罚太少,刑事责任门槛过高。③姚颉靖、彭辉认为,中国在版权保护领域的确存在立法强、执法弱的现象,这既体现为版权执法在不同程度上存在的缺位和越位,也体现为在版权执法中有时松有时紧的工作方式。④张昆指出,在当前的网络著作权保护中,中国虽然有了长足的进展,但仍然面临着以下问题:中国网络作品著作权保护体系初步建立,但总体上不够健全;网络侵权的管辖权规定得过于简单,其技术措施需要调整,权利与责任规定得不够细致;著作权集体管理存在问题。⑤卢海君、邢文静指出,就中国《著作权法》修订的情况而言,中国在有效推动版权产业发展的版权保护工作方面亟待加强。自中国《著作权法》修订以来,在科技的推动下理应得到版权保护的文化产品并没有及时地列入被保护的范围。⑥

其二,具体文化产品版权保护中的问题。谢莹指出,数字时代,音乐版权诉讼不断,音乐版权问题凸显。同时,版权支付成本过高,影响音乐产业的发展。此外,新的合理的版税标准尚未建立。⑦张梅认为,中国版权保护依然侧重于图书、报刊、音像制品,对软件、电影、玩具、陶瓷等新兴行业领域的保护需要大力加强。⑧徐殷颖指出,在国内,电视剧、纪录片、电影和音乐光盘等文化产品的盗版问题已经非常严重,的确应当引

---

① 张梅:《版权产业与版权保护》,《学术论坛》2006年第3期。
② 巩法新:《数字内容产品的盗版现象分析与对策研究》,硕士学位论文,国防科学技术大学,2006。
③ 汤家芳:《国际版权引进中的法律问题探析》,硕士学位论文,复旦大学,2010。
④ 姚颉靖、彭辉:《版权保护与文化产业创新投入能力关系研究》,《淮阴工学院学报》2011年第2期。
⑤ 张昆:《网络版权若干法律问题研究》,硕士学位论文,广西师范大学,2012。
⑥ 卢海君、邢文静:《文化产品的版权保护、竞争法规制与文化产业的发展——"〈人在囧途〉诉〈人再囧途之泰囧〉案"引发的思考》,《中国出版》2013年第15期。
⑦ 谢莹:《论数字时代音乐版权的保护与调节》,硕士学位论文,武汉大学,2004。
⑧ 张梅:《版权产业与版权保护》,《学术论坛》2006年第3期。

起相关部门的高度重视。[①] 王焰安认为，近年来，许多发达国家利用现代技术随意改造其他民族的传统文化形式，充分利用各种大众传播媒体向公众传播，获取了巨额的经济效益，很显然这并不利于这些传统文化形式的有效传承。[②] 叶远清指出，版权问题一直是制约国内数字媒体市场发展的关键问题，网上的大部分数字音像制品欠缺合法版权，盗版问题必须得到根治。[③] 曾祥素认为，在电影作品版权侵权中，利用互联网侵犯影视版权的案件逐渐增多，利用局域网传播影视作品的版权侵权案件比例逐年上升，对电影作品的使用有些已经造成对版权人精神权利的损害。[④] 张鹏指出，中国电影作品版权保护存在的问题主要表现在两大方面：法律上的问题和实践上的问题。电影作品的定义范围较小，电影作品与原作品之间的权利与义务关系模糊不清。[⑤] 杨梦认为，在国内，既没有明确界定电视节目版权产品的法律法规，也无法同世界电视节目版权法律规范实现有效接轨。[⑥] 董玉玲指出，由于中国版权法和专利法尚未对电视节目的版权保护做出相应的法律规定，很多版权和经济纠纷频发，电视工作者的创作热情也不是那么高涨了。[⑦] 张丽丽认为，综艺节目模板法律性质界定不明，侵权认定存在困难。[⑧] 张啸指出，近年来，视听产品的版权人同网络平台权利纠纷的案件时有发生，这些案件也已经在一定程度上影响了视听产品的版权贸易和分销业务。[⑨]

其三，国际比较中存在的问题。戴俊认为，目前中国的版权国内立法已经形成了相对完整的版权保护体系，但与世界上许多国家相比仍存在较大差距。[⑩] 姚德权、赵洁指出，与美国等发达国家相比，中国版权保护的

[①] 徐殷颖：《数字音视频产品版权保护研究》，硕士学位论文，上海交通大学，2007。
[②] 王焰安：《民间文学艺术作品版权保护政策的重要实践》，《广西师范学院学报（哲学社会科学版）》2008年第2期。
[③] 叶远清：《基于P2P且带监管方的数字音像版权管理系统》，硕士学位论文，电子科技大学，2008。
[④] 曾祥素：《影视著作权侵权呈现新特点》，《中国质量报》2010年3月17日，第7版。
[⑤] 张鹏：《论电影作品版权侵权及其法律保护》，硕士学位论文，山东艺术学院，2011。
[⑥] 杨梦：《我国电视节目版权经营策略研究》，硕士学位论文，湖南大学，2011。
[⑦] 董玉玲：《中国电视节目版权贸易问题研究》，硕士学位论文，山东大学，2013。
[⑧] 张丽丽：《综艺节目模板的版权保护》，硕士学位论文，西南政法大学，2014。
[⑨] 张啸：《国际版权贸易中视听产品分销服务法律研究》，硕士学位论文，复旦大学，2013。
[⑩] 戴俊：《版权的法律冲突及法律适用》，硕士学位论文，湖南师范大学，2004。

范围、内容以及对版权性质方面的规定还不够健全。在执法方面也存在诸如行政管理机构分散、执法力度较弱以及司法审判不严等问题。① 姚颉靖、彭辉指出，同韩国、新加坡、马来西亚、印度、中国等国相比，日本的版权法修订次数最多，日本也是亚洲版权保护最为完善的国家之一。②

其四，技术方面存在的问题。谢莹认为，在数字时代音乐版权的保护中，新的技术应用纷至沓来，版权保护是相对滞后的。③ 赵娇美认为，网络技术的发展对与文化产业知识产权保护相关的著作权法的冲击是巨大的，网络媒体的合法地位尚未得到承认，多媒体网页的版权保护亟待加强，网络文化产业的版权技术保护与合理使用之间的关系需要协调。④ 赵圆圆指出，目前，国内数字版权保护与认证算法，在安全性、严密性方面的隐患未除，这会威胁信息版权所有者和合法经营者的利益。⑤ 聂媛指出，更为重要的是，基于上传和下载的传播行为更加便捷，而且几乎毫无成本，其导致的影视作品的网络侵权盗版现象十分严重。⑥ 王文宗认为，数字技术强大的拷贝功能会导致文化创意作品的大量非法传播，给相应的版权保护造成了极大的困难。⑦ 孙玉燕认为，目前在数字版权应用规模有限的情况下，尚有多种技术手段能够解决数字版权的保护问题，但超大规模版权保护的问题还不能有效地应对。⑧ 高满堂指出，在网络盗版技术大量出现的情况下，原始版权方和正版网站无力有效应对版权内容的广泛传播问题。⑨

---

① 姚德权、赵洁：《中国版权贸易研究综述》，《国际经贸探索》2007年第1期。
② 姚颉靖、彭辉：《版权保护与文化产业创新投入能力关系研究》，《淮阴工学院学报》2011年第2期。
③ 谢莹：《论数字时代音乐版权的保护与调节》，硕士学位论文，武汉大学，2004。
④ 赵娇美：《我国文化产业发展的知识产权保护问题研究》，硕士学位论文，华中师范大学，2009。
⑤ 赵圆圆：《基于置乱加密和数字水印的数字版权管理系统客户端设计》，硕士学位论文，武汉理工大学，2010。
⑥ 聂媛：《网络环境下影视作品的著作权保护》，硕士学位论文，中国政法大学，2011。
⑦ 王文宗：《基于协同学和数字指纹的版权保护与追踪技术研究》，硕士学位论文，华中科技大学，2011。
⑧ 孙玉燕：《基于CPK的身份认证在数字版权管理中的应用研究》，硕士学位论文，北京交通大学，2013。
⑨ 高满堂：《加强网络文化产品版权保护》，《辽宁日报》2015年3月13日，第2版。

其五，其他方面存在的问题。巩法新认为，传统积淀的文化氛围使中国版权制度缺乏非正式约束的支持，维权主体动力缺乏，从而导致盗版传播行为屡禁不止。① 宋丽颖指出，公民的版权意识和法律意识还不高，对盗版、侵权对社会的危害还缺乏足够的认识，"盗版无害论"在社会上还有相当的市场，这就纵容了盗版行为的蔓延。一些地方甚至推行地方保护主义，从眼前的利益去考虑问题，认为打击盗版会影响当地经济，这对版权业来说是相当有害的。② 卢鑫指出，跨媒体传播下文本版权面临的困境体现在版权的权利主体对数字版权授权缺乏明确约定、版权的维权成本高、版权的接受主体版权意识缺失等方面。③ 高满堂指出，目前网络盗版的维权成本还在增加，权利人的损失因为侵权损害法定赔偿标准偏低而得不到有效的补偿。④

（五）保护版权的对策

目前，国内学者主要从以下几个方面探讨文化产业版权保护的对策。其一，技术手段的保护。何宏指出，在对版权的保护中，利用数字水印技术的一些特性，能够有效地保护版权不受侵犯，同时还能追踪侵权者，发现盗版者。⑤ 叶远清认为，版权问题的处理就技术而言是能够实现的，数字版权保护技术能够助力数字音像制品版权保护问题的妥善解决。⑥ 赵圆圆指出，基于置乱加密和数字水印技术的数字版权管理系统模型，全面比较涉及数字版权保护的置乱加密算法、数字水印、身份认证以及权限描述语言等相关技术，有效利用 VC 6.0 的开发平台，能够实现该系统模型下的客户端程序。⑦ 张阿源指出，目前在实际应用中，被人们所熟知的数据

---

① 巩法新：《数字内容产品的盗版现象分析与对策研究》，硕士学位论文，国防科学技术大学，2006。
② 宋丽颖：《中美版权贸易比较分析》，硕士学位论文，东北财经大学，2012。
③ 卢鑫：《跨媒体传播与文本版权问题研究》，硕士学位论文，陕西师范大学，2014。
④ 高满堂：《加强网络文化产品版权保护》，《辽宁日报》2015年3月13日，第2版。
⑤ 何宏：《数字水印及其在网络版权保护中的应用研究》，硕士学位论文，武汉大学，2005。
⑥ 叶远清：《基于P2P且带监管方的数字音像版权管理系统》，硕士学位论文，电子科技大学，2008。
⑦ 赵圆圆：《基于置乱加密和数字水印的数字版权管理系统客户端设计》，硕士学位论文，武汉理工大学，2010。

加密、数字水印技术和基于数字水印与内容加密的 DRM 技术,以 DRM 技术应用最广、效果最好。① 王文宗指出,综合利用协同学和数字指纹的版权保护与追踪技术,能够有效保护数字产品版权,准确跟踪非法传播的源头,能够切实阻止侵权者的非法行为。②

其二,做好立法和执法方面的工作。张勤指出,在立法上,进一步完善中国的版权法律体系。在执法上,继续加强中国的版权保护执法。③ 熊艳玲认为,在版权保护与信息资源共享利益平衡机制构建中,要从版权法上的限制来实现利益平衡,中国《著作权法》规定了合理使用和法定许可使用。④ 宋亮指出,在完善中国对外贸易的版权保护机制时,版权立法的完善主要体现在民间文学艺术作品的保护、作品中虚拟角色商品版权的保护、取消超国民待遇等方面;司法保护的完善主要体现在防止版权人滥用权利、解决版权与其他知识产权的冲突、完善临时措施、加强刑事保护力度等方面。⑤ 巩法新认为,在中国反盗版传播的进程中,应当完善版权相关立法细则,厘清加强版权行政的职能。⑥ 张梅指出,在中国文化市场的执法中,切实有力地打击其中存在的侵权盗版行为,既能够保护国内文化的创新和实现版权产业的可持续发展,也有助于提升国际竞争能力。与此同时,相关政府主管部门还要经常对企事业单位践行知识产权法律的实际情况进行检查,并采取有效的应对措施。⑦ 徐殷颖认为,为了加强国内数字音视频产品版权管理,必须确定法律修订的目标,出台行业规定。⑧ 汤家芳指出,在中国版权保护制度的完善中,侵权的赔偿金额同其造成被侵权人实际损失、预期损失和侵权人获利等密切相关,一定额度的惩罚性赔

---

① 张阿源:《数字出版的版权运营研究》,硕士学位论文,北京印刷学院,2011。
② 王文宗:《基于协同学和数字指纹的版权保护与追踪技术研究》,硕士学位论文,华中科技大学,2011。
③ 张勤:《版权产业与版权贸易的发展:从美国经验看中国》,硕士学位论文,对外经济贸易大学,2003。
④ 熊艳玲:《论版权保护与信息资源共享的利益冲突及平衡》,硕士学位论文,湘潭大学,2004。
⑤ 宋亮:《论我国对外贸易中的版权保护》,硕士学位论文,湖南大学,2005。
⑥ 巩法新:《数字内容产品的盗版现象分析与对策研究》,硕士学位论文,国防科学技术大学,2006。
⑦ 张梅:《版权产业与版权保护》,《学术论坛》2006 年第 3 期。
⑧ 徐殷颖:《数字音视频产品版权保护研究》,硕士学位论文,上海交通大学,2007。

偿也要涉及。① 姚颉靖、彭辉认为，中国必须大力推进版权立法的全面修改，有效地保护相关权利人的权益，切实增强文化产业的创新能力。② 张昆指出，中国网络版权保护制度的改进措施体现在进一步完善立法、加大其执法和法律监督工作等方面。③ 赵娇美认为，中国应当借鉴美国版权保护中的部分经验，继续完善著作权方面的法律法规，切实增强国内文化产业发展的动力。④ 卢海君、邢文静指出，为促进国内文化产业的快速和有序发展，需要扩大著作权保护的范围。同时，加大打击文化产业内不正当竞争的力度，从而保持良好的竞争秩序。⑤ 叶翠认为，充分发挥版权部门的职能，组织开展打击网络侵权盗版、计算机软件非法预装、盗版工具书等一系列专项治理行动，提高公众版权保护意识，为文化产业的发展营造公平有序的外部环境。⑥ 张鹏指出，中国有必要根据国情，适时调整和修改相关法律法规，以更好地应对出现的和可能出现的电影作品版权侵权问题。对电影作品定义进行修改，明确电影作品与原作的权利与义务。⑦ 卢鑫指出，在中国跨媒体传播文本版权保护方面，应当健全版权推广数字技术的法律法规，提供有效的法律支撑，并尝试新的商业模式。⑧

其三，相关制度的建立健全。熊艳玲认为，在兼顾版权保护与信息资源共享时，必须创建公共借阅权制度，重视对版权滥用行为的控制。⑨ 巩法新认为，在中国反盗版传播的若干对策中，创新版权相关产业的政策和

---

① 汤家芳：《国际版权引进中的法律问题探析》，硕士学位论文，复旦大学，2010。
② 姚颉靖、彭辉：《版权保护与文化产业创新投入能力关系研究》，《淮阴工学院学报》2011年第2期。
③ 张昆：《网络版权若干法律问题研究》，硕士学位论文，广西师范大学，2012。
④ 赵娇美：《我国文化产业发展的知识产权保护问题研究》，硕士学位论文，华中师范大学，2009。
⑤ 卢海君、邢文静：《文化产品的版权保护、竞争法规制与文化产业的发展——"〈人在囧途〉诉〈人再囧途之泰囧〉案"引发的思考》，《中国出版》2013年第15期。
⑥ 叶翠：《版权保护与地方文化产业发展的关系》，《2014年8月民俗非遗研讨会论文集》，2014，第72~75页。
⑦ 张鹏：《论电影作品版权侵权及其法律保护》，硕士学位论文，山东艺术学院，2011。
⑧ 卢鑫：《跨媒体传播与文本版权问题研究》，硕士学位论文，陕西师范大学，2014。
⑨ 熊艳玲：《论版权保护与信息资源共享的利益冲突及平衡》，硕士学位论文，湘潭大学，2004。

自我救济的几种简单策略值得重视。① 聂媛指出，为了保护网络空间下影视作品的著作权，应当努力健全作品版权登记制度、版权补偿金制度和著作权集体管理制度。② 徐殷颖认为，在强化国内数字音视频产品版权管理时，必须掌握各行业数字版权管理的具体需求，确立兼顾著作权利益与扩大作品传播的版权管理新机制，建立数字版权集体管理机制。③ 王焰安指出，21世纪以来，为保护国内民间传统文化，从中央到地方相继出台了一些政策和法规，这些政策和法规在某种程度上促进了民间文学艺术作品的版权保护。④ 张昆指出，中国网络版权保护制度的改进措施体现在增强用户的著作权意识、尝试建立新型的免费正版使用制度和准备引入补偿金制度等方面。⑤

其四，提升相关主体的版权保护意识。张勤认为，在版权保护中，最根本的在于加强宣传教育，切实提升普通民众保护版权的意识。⑥ 张梅指出，要做好全社会的版权保护工作，需要权利人、执法部门、司法部门、社会每个人努力形成合力，并持续地向前推进。⑦ 赵娇美指出，加强《著作权法》的宣传和教育，增强公众的著作权保护意识。⑧ 宋丽颖指出，在文化产业的版权保护中，除了需要政府的宣传和普及工作，公民个人也应该约束自己不去购买盗版，尊重他人的版权。同时，版权行业自身也要加强版权保护意识。⑨ 张鹏认为，总体来说，应打击电影版权侵权行为，以提高大众版权意识为重点，保护电影版权人的合法权益，促进中国电影产

---

① 巩法新：《数字内容产品的盗版现象分析与对策研究》，硕士学位论文，国防科学技术大学，2006。
② 聂媛：《网络环境下影视作品的著作权保护》，硕士学位论文，中国政法大学，2011。
③ 徐殷颖：《数字音视频产品版权保护研究》，硕士学位论文，上海交通大学，2007。
④ 王焰安：《民间文学艺术作品版权保护政策的重要实践》，《广西师范学院学报（哲学社会科学版）》2008年第2期。
⑤ 张昆：《网络版权若干法律问题研究》，硕士学位论文，广西师范大学，2012。
⑥ 张勤：《版权产业与版权贸易的发展：从美国经验看中国》，硕士学位论文，对外经济贸易大学，2003。
⑦ 张梅：《版权产业与版权保护》，《学术论坛》2006年第3期。
⑧ 赵娇美：《我国文化产业发展的知识产权保护问题研究》，硕士学位论文，华中师范大学，2009。
⑨ 宋丽颖：《中美版权贸易比较分析》，硕士学位论文，东北财经大学，2012。

业的健康发展。①

其五,其他方面的措施。宋亮指出,为了加强中国对外贸易中的版权集体保护,必须充分发挥版权协会的作用,着力扶持版权代理机构,努力促进版权集体管理组织的不断发展。② 田亮认为,在加强版权保护时,为了实现社会总福利最大化这一目的,政府部门应当更多地考虑消费者的利益。③ 杨梦指出,在制定中国电视节目版权保护策略时,加强行业自律、健全监督机制主要体现在发挥行业协会的自律效能、打造版权保护的第三方监督机制和提倡主动保留证据的版权登记行为等方面。④ 卢鑫指出,在中国跨媒体传播文本版权保护中,应当努力协调版权人、传播方、受众之间的关系。⑤ 高满堂认为,在互联网行业,众多企业需要继续转变经营理念,在正版内容和原创内容的采购上加大力度,全面采用正版运营模式。⑥

二 研究展望

在未来的研究中,对国内学界而言,既应当结合国家重大战略的推进来深化以上几个方面的研究,也要深入总结各地在文化产业版权保护方面积累起来的实际经验。具体而言,一方面,在将来的研究中,要结合国家正在大力推进的"走出去"、"一带一路"、京津冀协同发展等工作,推进文化产业版权保护方面的实际研究工作。另一方面,近年来,全国各地在文化产业版权保护的实际工作中已经积累了比较丰富的经验,需要国内学界去全面地加以总结,而且要上升到理论高度。

同时,对国内学界来说,不同学科背景的研究者之间应当加强沟通和交流,努力做好多学科协同创新的研究工作。目前,这方面的情况并不是

---

① 张鹏:《论电影作品版权侵权及其法律保护》,硕士学位论文,山东艺术学院,2011。
② 宋亮:《论我国对外贸易中的版权保护》,硕士学位论文,湖南大学,2005。
③ 田亮:《盗版与版权保护的经济学分析》,硕士学位论文,吉林大学,2009。
④ 杨梦:《中国电视节目版权经营策略研究》,硕士学位论文,湖南大学,2011。
⑤ 卢鑫:《跨媒体传播与文本版权问题研究》,硕士学位论文,陕西师范大学,2014。
⑥ 高满堂:《加强网络文化产品版权保护》,《辽宁日报》2015年3月13日,第2版。

很乐观。不但理工科、人文学科和社会科学的研究者内部应当加强沟通和交流，不同学科背景的研究者之间也要加强沟通和交流。这种经常性的沟通和交流，不但能够拓宽学者各自的知识面，而且有助于取得更高质量的研究成果。

文创园区

创意园区向创意社区转型的重要意义及措施

吕绍勋[*]

摘　要：创意园区的现有功能和形态，已无法与后工业社会的转型相适应。创意园区亟须转型升级，进一步开放化、社会化和多元化，成为创意社区，从而与市民的日常生活相融合，起到聚集产业、吸引人才、举办文化活动和创造价值理念等作用，成为一个开放包容的文化场所，为城市发展提供内在动力。

关键词：创意园区　创意社区　城市发展

我国文化创意产业发展迅速。创意园区作为文化创意产业的聚集空间和发展载体，在大中小城市纷纷涌现。这种现象一方面体现着社会经济形态的发展；另一方面也预示着现代城市空间结构的变迁。创意园区是城市空间、城市功能和城市形象重塑的重要动力。但是，创意园区现有的功能与形态日渐显得滞后和保守，无法与城市发展需求相匹配，亟须向创意社区转型。

一　当前创意园区在发展思路上的主要问题

"20世纪90年代以来，创意产业在国际各大都市中迅速发展，成为各

---

[*] 吕绍勋，哲学博士，青岛市社会科学院文化研究所副研究员，研究领域为文化社会学与宗教哲学。

国经济新的增长点和竞争力,促进了城市的品牌建设,推动着城市各方面的积极发展。"[①] 然而,随着社会转型升级的加剧,大部分创意产业集聚区却存在着这样那样的问题,没有发挥出应有的功能。

(一) 创意园区大多比较封闭,与周边街区、社区互动性不够

"我国目前大部分创意产业集聚区都是较为封闭的创意园区,是在'工业园区'等产业发展背景下演化而来的,创意园区大部分有较完整的生产链,但生产与生活脱离,大多数'创意园区'只是创意人士的工作场地及创意企业的集聚地。"[②] 园区的功能和结构相对单一和封闭,除了提供工作场地之外,给创意阶层提供生活上的支持过少;同时和周边的街区、社区联系更少,互动性不够,成了一块"飞地"。故而无法形成园区与周边社区的有效交流、沟通,无法空间共享、互通有无,以至于园区活力不足。

(二) 创意园区缺乏多元主体的参与

因为创意园区和周边街区、社区的互动性不够,所以创意文化的生产主体(创意阶层)与消费主体(广大市民)之间,就没有实现有效互动。创意环境和创意文化被限制在了园区之内,不能充分满足广大市民的需求,不能调动广大市民参与的积极性,从而也就不能在更大的空间范围,尤其是不能在城市的日常生活和日常空间里,形成创意文化的精神氛围和价值认同,难以刺激创意文化消费、促进创意文化消费升级。

(三) 创意园区内部空间商业化严重

创意园区不仅是一个具有商业属性的经济空间,更是一个具有文化属性和社会属性的精神空间。目前,大多数创意园区的内部空间商业化严重,逐渐失去了其文化空间和社会空间的属性。园区内创意活动过少、人气不旺、影响力小。文化创意活动能够有效促进创意阶层与社区居民的交流,提升创

[①] 陈波、吴云梦汝:《场景理论视角下的城市创意社区发展研究》,《深圳大学学报》(人文社会科学版) 2017 年第 6 期。

[②] 陈波、吴云梦汝:《场景理论视角下的城市创意社区发展研究》,《深圳大学学报》(人文社会科学版) 2017 年第 6 期。

意园区的活力和氛围,吸引更多创意主体参与的积极性,将创意阶层与社区居民密切联系在一起,并逐步形成本区域内共同的价值认同。过于商业化的运作、过于单一的产业模式,无形中削弱了创意园区的活力。

(四) 创意园区之间缺少分工与合作

创意园区大多数的开发主体是商人或商业机构,其运营理念和方式也具有鲜明的商业性质。但是由于开发商缺乏全局统筹的视野和彼此协作的胸怀,各园区之间往往存在趋同化现象。发展路径相互抵触,彼此竞争和损耗,产业功能定位不清晰;再加上创意产业园区发展的产业缺乏鲜明的个性,以及专业化服务水平跟不上等,使得各创意园区未能成为有机的集群,作为城市创意空间的载体,没有发挥应有的作用。

二 创意园区发展思路的转变:向创意社区转型

创意产业聚集区不能故步自封,仅仅局限于某一块固定的区域,成为一个封闭的"园区",而应该在为创意阶层提供工作条件的同时,为他们提供更加健全的生活文化设施、社会交往网络和举办各种活动的可能,成为周边街区和社区能够共同参与、共同享有的文化空间,与外部环境互动性更强,开放性更大。

(一) 创意社区的基本特征

开放性。不同于传统意义上创意园区的封闭性,创意社区是一个开放的空间。创意社区更加强调"社区"这个概念,不再刻意区分产业与生活之间的区别,也不再刻意区分创意阶层与普通居民之间的区别,而是将产业融合于生活,将创意阶层融合于普通居民,以便形成良好的互动。"创意社区的开放性实际上就是将创意产业融入普通人的生活中,在相互接触和互动中增加创意产业的动态性和开放性。"[①]

---

① 范黎丽、王文姬、任丹:《从创意园区到创意社区:论中国城市创意产业的模式转型》,《智能城市》2018年第4期。

社会性。指的是突破传统创意园区经济体的性质，一方面，创意社区在为创意阶层提供工作场所的同时，也提供各种生活上的便利，成为创意阶层工作和生活相结合的综合性社会空间。另一方面，创意社区在城市发展格局中的定位不仅是一个经济体，更是一个文化体，承担着为城市居民提供文化娱乐场所、举办各类文化活动，以及构建城市文化空间的社会职能。

多元性。创意社区在推动主体上不再以企业为主，而是政府、企业、社会机构、创意阶层和社区居民等多元组合。在功能上，不再仅是单一的创意产品的生产空间，还是消费空间、文化空间和社会空间。在发展目标上，经济不再是主导因素，而是经济、社会、人文相融合。就资本要素而言，不再局限于土地、金融等领域，而是融合了文化、智力、创新等要素。

（二）创意社区与创意园区相比的优点

创意社区相对创意园区而言，不再是一个封闭空间，不再是功能单一的经济体，而是一个融开放性、社会性、多元性于一体的综合空间，在城市发展中承担更加重要的社会功能和文化意义。

在这个区域内，创意活动和人们的日常活动是相互交融、彼此促进的。创意活动是该区域的文化、产业提升要素，而日常活动和便利的生活设施，则为创意活动、创意阶层和社区居民提供方便和创意转化途径。人们在这里不但是工作、创业这么简单，而且是生活、生产、学习等，多元而丰富的生活形态为其创意活动提供了支持和保障。

总之，创意社区是产业空间与居住空间良性互动形成的产业居住混合区，"是一个由原住居民、创意人士、政府和创意产品服务对象共同构筑的整体人文生态"。[①]

（三）从创意园区向创意社区转型的必要性

目前，创意园区主要起到集聚创意产业的作用，但在园区内，企业的

[①] 施玮：《基于地方特色文化的创意社区发展模式研究》，《长春理工大学学报》（社会科学版）2014年第10期。

类型和模式具有高度的相似性，导致园区文化形态单一、创新模式有限。

创意园区亟须进一步开放，将产业园区融入周边更大的社区发展，甚至融入城市以创新创意为内生动力的发展格局。在为社区、社会和城市发展注入活力的同时，也为产业园区自身发展注入活力，通过消费需求来拉动产业发展和升级。

广大社区居民的积极参与，可以激发园区工作人员的活力。对于社区居民来说，可以改变自己的价值观，构建社区价值观和社区意识。创意社区不再是封闭区域，而是城市中更加开放的、能够与广大居民共享的公共空间。创意社区不仅是一个经济体，也是一个文化体，在注重经济需求和市场导向的同时，更加注重创造氛围，培养创新精神，促进创意企业、创意人才和社区居民形成更深层次的价值认同和情感联系。

三 促使创意园区向创意社区转型的建议

创意园区应该突破已有的"园区"观念，面向周边社区、街区和居民，形成更加开放的创意社区，吸引更加多元的参与主体，进一步完善可以共享共用的生活文化设施，多举办具有吸引力的文化活动，在更好地服务周边社区的同时，提升自身的空间功能，营造文化和价值观念，为城市的转型更新提供内在动力。

（一）形成从创意园区向创意社区转型的开放理念

创意园区的物理构成，决定了长期以来人们在观念理解上存在误区。大多数传统的创意园区，是在博物馆、工业遗址、规划用地等基础上建成的。这个空间一般比较封闭，与城市居民的日常生活有一定距离。创意园区的发展已经到了瓶颈期，必须更新观念，打破原有的边界和围墙限制，使园区融合于社区，促进普通居民的参与和互动，构建开放、多元、互动的创意文化生态圈，将更多的创意阶层和社区公众吸引到创意社区的发展中，加强创意社区内部的文化空间内生动力。目前我国有些城市（如上海）已经意识到了这个问题，并且厘清了创意园区向创意社区发展的思路。"上海创意产业中心提出，创意产业发展模式是'从培育单个的创意企业到集聚成封闭的创意园区，再到形成开放式创意社区'。"[1]

创意社区的营建，一般包括自然环境、内在体系和情感三个方面。"社区营建是情感、体系、自然三者的互动：一是自然环境及改善自然的技术手段，是社区的硬件条件；二是社会意识或生活方式，社会经济结构、政策或管理体系，是社区的内在体系；三是社区成员的情感，即社区美学与艺术。"[2] 创意社区的营建，是这三者的有机统一，而不仅仅是硬件条件一方面，后两者的经营更加重要。

（二）完善创意园区内的生活文化设施，促使其向创意社区转型

便利的生活文化设施，如书店、美术馆、咖啡馆等，一方面有着不同的社会功能，另一方面也彰显着不同的文化含义。这些不同的文化设施以不同的方式组合在一起，就会产生不同的价值取向。某一区域会因为自身所具有的价值取向，而吸引不同的人群来此居住、生活和工作。而不同的人群，则会对该区域的经济文化发展形成不同的驱动作用。

创意社区的生活文化设施，以生活休闲消费类为主，如咖啡馆、书店、特色小食店、果品店、超市、健身房、主题酒店、银行、移动打印，以及清洁高效的餐厅等。这些设施一方面为创意阶层提供生活上的便利，另一方面也构成创意阶层特有的生活格调和生活方式。更加重要的是，这些生活文化设施的存在，使创意园区不再是一个封闭的、单一的工作区域，而成为一个融工作、生活、居住、消费和娱乐于一体的多元性区域。这个多元性区域是开放的，可以和周边社区居民共享共用。因此，完善创意园区内的生活文化设施，是向创意社区进一步转型和开放的重要途径。

（三）整合创意园区的空间功能，更好地服务于周边社区

传统创意园区的建设和发展，多依靠"自上而下"的政策支持，如资

---

[1] 王兰、吴志强、邱松：《城市更新背景下的创意社区规划：基于创意阶层和居民空间需求研究》，《城市规划学刊》2016年第4期。
[2] 金道沿、翟宇琦：《关于创意社区的发展机制研究：以韩国 Heyri 艺术村为例》，《上海城市规划》2015年第6期。

金投入、税收减免、内部规划调整等,缺乏灵活性和主动性。同时过于倚重园区的物质属性和硬件设施,而忽略了社会意识和生活方式等内在体系的营建,忽略了社区参与主体的多样性和积极性,以及彼此之间的情感联结。

可以通过建立数据库的方式,调查城市内各大创意园区的产业布局情况、内部设施情况和企业生产情况等,并调查园区与周边社区的互动和互融情况,制定更加有效的政策,促进园区与周边社区的互动,将园区进一步向社区开放,鼓励社区更加多元化的创意主体、消费主体参与园区事务。根据周边社区的具体特质,重新构建园区内的产业布局,使园区发展与社区需求进一步对接,使园区成为真正促进区域文化、经济发展的内生动力。

(四)依托创意社区举办各类创意活动

以创意社区为空间依托,举办各类文化创意活动,对于创意社区的发展具有重要作用。第一,多举办创意社区内部特定的、有组织的文化创意活动,如各种路演、创业大赛、展演,以及各式各样的创业沙龙俱乐部活动等,以吸引大批创意阶层和投资者、创业服务机构,营造浓厚的创新创业氛围,激发创新创业的活力。

第二,要鼓励创意社区内创意阶层和周边社区居民自发组织创意市集、设计展、创意工作坊等文化创意、休闲娱乐活动。这些活动可以更好地促进创意文化的生产主体与消费主体之间的互动,更好地适应各类人群对创意社区的参与偏好。提升文化创意的参与度和互动性,是营建现代创意社区必不可少的手段,也是衡量创意社区发展水平和活力程度的重要指标。

(五)通过营造创意社区价值观念,推动城市转型升级

创意社区不像传统意义上的创意园区,仅仅是一个工作场所,还担负着重要的社会功能。它一方面为创意阶层提供工作和生活空间,另一方面为社区民众提供文化消费和主体参与的创意空间,是一个为人们提供精神体验和情感认同的空间区域,是一个彰显特定文化理念和价值观

念的公共空间。在后工业社会，创意空间作为城市创新的单元，其发展形态直接影响着一座城市的转型更新。通过全局性的视角，使创意社区成为融合园区与社区、创意阶层与社区居民、生产与消费、生活与服务的城市单元，在推动城市发展中发挥更加重要的作用。

历史文化街区更新策略研究

——以成都宽窄巷子为例

刘晓菲[*]

摘　要：在城市更新的浪潮中，历史文化街区作为记录城市文明的重要载体，面临着历史脉络模糊断裂、空间功能日益模糊、地域特色不断弱化等多重困境。成都宽窄巷子作为街区复兴的典型案例为历史文化街区的更新模式提供了有效的经验借鉴。历史文化街区的更新应注重平衡保护与开发、传统与创新的关系，以历史文脉为依托，保护传统风貌；以活态文化为传承，保留生活方式；以街区空间为载体，设计多元场景；以时代特征为特色，打造城市名片。

关键词：城市更新　历史文化街区　宽窄巷子

一　历史文化街区在城市更新中面临的困境

随着经济社会的不断发展，我国的城市更新已经逐步迈入以存量更新为主的阶段。历史文化街区承载着重要的历史文化记忆，是记录城市文脉的重要载体。当前历史街区普遍面临的问题是城市空间物质性老化所带来的功能性和结构性衰退。如何在保留其文化特色的前提下对其空间进行优化，使之适应现代生活的需求是历史文化街区亟须解决的问题。

---

[*] 刘晓菲，深圳大学文化产业研究院博士研究生，研究领域为文化产业。

（一）历史脉络模糊断裂，街区空间缺乏活力

街区更新改造中忽视对历史文化价值内涵的挖掘，缺乏对传统格局的尊重意识，追求短期效益和经济利益，导致历史街区整体系统层面的结构断裂，历史脉络变得模糊，文化价值降低。历史文化街区历经历史的洗礼，见证了历史文明的变迁，积淀了大量的文化记忆，这些文化内涵往往并不只是浮于建筑风貌等实体元素的外显层面，其更多地隐藏于街区中不易为人察觉的隐性因子中，譬如街区居民多年生活传承下来的风俗等价值理念。只有通过对街区文化的深入调研与总结，挖掘其内在的文化内涵，才能以一种立足全局意识、统筹过去与未来发展的眼光，对街区中的各个节点进行改造更新。而在现实情况中，历史街区的改造往往只能被迫服从于利益追逐法则，缺乏长远发展的眼光，出现盲目建设、新旧建筑风貌不协调、街区整体风格偏离历史记忆等问题，街区空间特色缺失、风格混杂，沦为利益追逐的牺牲品。

（二）空间功能日益模糊，传统生活关系逐步消解

历史文化街区由于历史悠久，大量建筑空间老化情况严重，设施体系陈旧，已经无法良好地满足现代生活的各项基本需求，居住功能不断流失。另外，在街区更新过程中，大量空间植入新的功能，商业业态也开始不断入驻。空间功能的日益模糊，使街区空间单元的划分愈加变得不明朗。在街区开发过程中，难以界定保护区域和开发区域，这就使街区的资源保护也趋向碎片化，不利于街区整体性的资源产业开发。另外，居住空间的缩减也使作为街区文化重要组成载体的街坊邻里关系不断弱化，街区人文关系难以传承。

（三）商业模式千街一面，地域特色不断弱化

商业业态的发展是街区复兴过程中的重要一环。在大部分历史文化街区中，原住居民的社会阶层不算高，通过商业业态的入驻改善相关利益关系可有效实现空间单元的提升。然而，在商业元素融入街区的过程中，由于缺乏完善的经营管理，街区商业容易出现业态单一、同质化情况严重、

缺乏街区原生品牌以及原生品牌未得到有效凸显等问题，从而使街区运营陷入故步自封的困境。商业业态的千篇一律也使街区自身的特色不断被掩盖，文化价值大打折扣。

二　成都宽窄巷子建设经验

成都拥有大慈寺、文殊坊、宽窄巷子三处重点历史保护区，宽窄巷子是其中唯一一处拥有重要街区文化的保护区。宽窄巷子的更新发展思路是在保护老成都真建筑的基础上，形成以旅游休闲为主、具有鲜明地域特色和浓郁巴蜀文化氛围的复合型文化商业街，并最终打造成具有"老成都底片，新都市客厅"内涵的"天府少城"。宽窄巷子以保护性开发策略树立可持续发展的理念，在实现建筑历史风貌延续的同时，也实现了巷子空间整体功能置换，满足了新时代背景下人们的生活需求，重新塑造了具有场景精神的街区空间，让古老陈旧的街区重新焕发活力。

（一）注重文化保护，还原历史文化街区传统风貌

强调历史文化的延续和传统风貌的保护是贯穿街区改造全过程的核心思想。宽窄巷子的改造规划遵循的是"保护性更新"的模式，强调迁而不拆。宽窄巷子确立的是街巷、院落、建筑、构件四位一体的保护模式，全方位保护街区的历史风貌。宽窄巷子历史街区的宅院建造融合了清朝建筑等级思想和民国年间"西风东渐"思想。街区中建筑整体色调为黑灰色，实则清代建筑规范结果和等级制度的反映。清朝建筑制度规定官员品级不同，其住宅正门所用色彩也不同，《大清会典事例》记载"公侯以下官民瓦屋……门用黑饰"[1]。宽窄巷子承载着街区近百年的历史文化记忆，保留着具有老成都特色的原生特色院落，是成都城市文脉的重要组成部分，具有十分珍贵的历史文化价值。对于历史文化街区的更新改造，宽窄巷子采用的是有机更新的模式，即保护为主、循序渐进模式。在建筑物的改造中，

---

[1]　佘龙：《成都宽窄巷子历史文化保护区保护与利用研究》，硕士学位论文，西南交通大学，2004。

各种建设活动都要以修复、整治为主，严格控制建设强度，以防对建筑物造成不可恢复的损伤。对于保留较好的建筑进行修缮保护，对破坏较为严重的部分进行整修改造，并且对于重要的建筑构件进行了保留，通过一系列保护措施尽最大可能实现建筑风貌的整体延续。

（二）增加多元业态，完善历史文化街区功能单元

人作为街区活动的主体，满足人各项活动的需求是街区空间改造的重要目的。宽窄巷子通过对土地利用的调整来实现功能置换，将原来主要以生活为主的土地升级改造为集商业、文化、娱乐、休闲等多功能于一体的复合型功能空间，对居住空间进行了适当保留。街区经过漫长历史岁月的洗礼，大部分建筑空间都已破败不堪，已经难以满足人们的日常生活需求，各种基础生活设施亟待改造。因此，在街区的改造中政府对部分原住居民进行了迁出安置，对街区的居住功能进行了适当的保留。一方面为街区的多功能发展提供空间，一方面也实现了街区原始生活方式的保留。街区空间大片区域的腾换实现了对以往散乱的碎片式空间的整合，促进了空间格局的完整性，有利于进行相关的空间规划。

改造后的宽窄巷子作为重要的历史文化保护区和旅游展示区，面临着大量游客涌入的空间承载压力，因此对街区空间的功能进行合理布局十分重要。对宽巷子、窄巷子、井巷子进行不同的功能定位，结合历史建筑的特色，布局相关的功能业态。以窄巷子为例，作为"慢生活"区的功能单元，为了契合其功能定位，在院落文化展示的空间区域内融入了咖啡厅、茶馆、酒吧、艺术沙龙等诸多业态，共同构成了窄巷子安逸、悠闲的氛围。这些店铺的装饰也各具特色，巧妙地与院落风格融为一体，毫无突兀感。多元功能业态的入驻不仅未损伤街区的古朴风貌和文化氛围，还以各自独特的风格丰富了街区的文化特点，优化了游客的空间体验。值得注意的是，商业业态的引入也要有度的把握，在宽窄巷子后期的发展中，也逐渐产生了一些商业化业态喧宾夺主的现象。

（三）立足人性化原则，合理协调空间与居民的关系

人的更新是宽窄巷子升级改造的重要方面。宽窄巷子在规划中给予社

区重要关注,并对街区内的原住居民和外来租户进行了区分,充分考量并尊重居民的搬迁意见,最终成功实现了人的更新。经过对业主精心"挑选",宽窄巷子留下一些传承文化基因的"钉子户",他们是宽窄巷子中所有居民的代表。他们看到了宽窄巷子更新改造的意义,他们愿意向外来游客介绍宽窄巷子的历史和典故,介绍旧时成都的生活百态,成为宽窄巷子最具有说服力的生活延续者。[①] 在街区空间更新的过程中,建筑设计也充分遵循以人为本的原则,注重空间营造对于人的尺度的设置。坚持较低人口密度,优化街区环境,使之适宜人的日常活动;通过完善基本设施,提升街区人们的生活质量。在历史风貌的保护中,注重调动居民的参与性,让居民自觉地投入街区环境的保护。在街区的商业布置中,依据建筑特色采用了"院落式商业"的经营模式,完美地实现了将消费人群与游览人群分流的效果,避免了人潮过于拥挤杂乱的现象。改造后的宽窄巷子不仅为很多原住居民提供了新的经济来源,也吸引了大量的人才在此就业,拉动了城市的经济发展。

三 成都宽窄巷子对历史文化街区更新的文化借鉴

(一) 以历史文脉为依托,保护传统风貌

历史文脉的延续是传统街区改造升级的必要考量。历史文化街区核心是"历史",其形态则是"古老"。[②] 基于文化规划的开发理念,对具有重要历史文化价值街区的文化遗产资源进行调查、研究,深刻领悟文化内涵,对空间布局进行整体规划,以实现历史文化的线性衔接,延续街区的历史文脉。通过对过去仿古建筑案例进行调研发现,许多建筑存在形式上的复古,但在建筑的功能、空间组合、传统元素运用等方面有失偏颇,打

---

① 李艺楠、刘伯英:《成都宽窄巷子历史文化保护区复兴及其对存量规划的启示》,《城市设计》2016年第2期。
② 王俊、蒋玉川:《基于成都宽窄巷子的历史文化街区改造探析》,《生态经济》2012年第6期。

着传统的旗号,设计现代建筑。[1] 对古城风貌的理解要破除其只是古风建筑群的落后观念,建筑风貌是不同时代的文化在建筑中的折射,具有深厚的文化底蕴。对于街区历史风貌的延续,要注意协调好保护与开发的关系。从恢复建筑单体的肌理出发,遵循"修旧如旧"的理念,对建筑进行修缮。单体建筑风貌的修复要符合街区整体的建筑风格,保持整体风格的统一。要树立可持续发展的观念,不能仅以经济效益为主导,要修建兼具本土性、民族性、时代性的建筑。

(二) 以活态文化为传承,保留生活方式

"以人为本"是贯穿居民区更新发展的重要理念。居民区更新区别于工业区、商业区更新的一个重要因素是对原住居民和街区原始生活方式的保留和传承。历史文化街区作为一种城市空间、文化场景或社区单元,其文化内容、历史遗存和城市记忆都来自民间。它们凝聚着群众的集体智慧并在日常生活中薪火相传,一方面充满了较强的文化认同感和情感归属,另一方面延续着难以磨灭的文化记忆与价值共识。[2] 居民作为街区生活的主体,与街区文化生态的活化传承息息相关。居民的生活习俗、行为习惯、价值理念,都是经过漫长历史岁月的沉淀传承下来的,具有珍贵的历史文化价值,是街区文化的重要构成,也是街区文化中最具生命力的部分。在居民区的更新发展中,如何在优化街区居民生活体验的基础上,帮助居民寻找新的经济来源,是实现街区空间整体提升的重要问题。街区空间实现更新,居民是必须考量的要素。为了对街区空间进行升级改造,以留出部分空间迎合旅游发展的需要,完善街区功能单元,需要对一些原住居民进行外迁安置。杭州市对历史文化街区的保护原则是逐步降低人口密度,改善居民的居住条件,保持原住居民的生活风貌。[3] 因此,在居民区

---

[1] 谭笑:《传统院落空间在历史文化街区保护与更新中的实证研究——以成都为例》,硕士学位论文,西南交通大学,2016。
[2] 齐骥:《历史文化街区的空间重构与更新发展》,《广西民族大学学报》(哲学社会科学版) 2017 年第 6 期。
[3] 杨春蓉:《"走"还是"留":历史街区改造中原住居民安置的两难困境——以成都宽窄巷子改造中原住居民安置为例》,《理论月刊》2009 年第 11 期。

的更新中，要注重顶层设计，对街区功能单元进行合理规划，对居住空间进行适当保留，合理安置外迁居民，关注居民的需求。房屋拆迁是一件关乎居民利益的大事，因此在安排居民外迁的过程中，应做好教育引导工作，帮助居民安全渡过搬迁期，切实维护被拆迁人的利益。对于回迁的居民，设置专项基金鼓励其发展传统生活习俗和文化艺术。另外，还可以引入一些手工艺的传承者和具有较高文化品位的艺术家，在传播文化的同时也提升了街区的整体文化氛围。合理安置居民和商户后，培育新的社区文化至关重要。通过协调引导，帮助街区主体人群树立正确的价值理念，促进共建共享，建立新的社区生态圈。

（三）以街区空间为载体，设计多元场景

多元场景的设计是街区空间特色的重要呈现载体。实现多元化的文化场景需要注重对场所精神的营造。场所精神指的是人在特定环境下所特有的感受与体验。街区的空间设计应考虑街区中主要群体的实际需求，即居民和游客的需求。居民作为与街区空间共同生存发展的群体，需要一定的公共空间满足其社交需求，因此在空间更新过程中要注意打造满足居民需求的邻里公共空间，营造良好的社区生态环境。作为体验历史文化的游客，需要多元化的文化体验场景、健全的基础设施体系以及合理的空间节点布置。文化场景的打造需要从顶层设计开始，以区域的文化内涵为核心，运用多样的科技展示手段和创意规划，将无形的历史文化塑造为有形的空间体验：一方面有利于挖掘文化价值，另一方面有利于游客旅行体验的优化。在街区的空间开发中，还应为传统文化、非遗传承留出专门的展示区域，将街区乃至整个城市的特色进行集中展示。以成都为例，成都拥有蜀绣、蜀锦、竹编、川剧等多项重要文化遗产，文化遗产需要传承需要展示，需要空间来进行传播。

另外，要合理布置街区空间的触媒节点，实现街区空间有序建立。街区空间并不是孤立存在的，应是彼此之间相互联系的空间单元。空间节点的布置一方面有利于游客从一个场景顺利过渡到下一个场景，实现心理空间的渐进过渡；另一方面，节点的布置有利于激活街区空间的活力因子，成为空间中的活力场景。空间节点往往是街区空间中最具活力的部分，具

有重要的触媒作用，有助于实现空间单元的衔接。

街区空间产业的发展也应依据街区的历史文化差异和不同特点进行合理规划。例如，宽阔小巷的建筑风格逐渐由宽巷向"好巷"转变，由传统走向现代。因此在业态安排中，宽巷子风貌保存较为完好，应严格控制商业业态的入驻，商业业态应更多地立足于本地文化；而窄巷子应契合本身定位，从传统生活中提炼产业发展要素；井巷子则可更多地发展现代生活产业。

（四）以时代特征为特色，打造城市名片

符合时代特征的街区风貌和文化内涵是城市文化体现的重要符号。街区传统风貌的更新需要对城市文化的本真性进行深度挖掘，以契合街区历史文化特征、符合城市整体时代特征。以文化为魂，打造街区可持续发展的内生动力。宽窄巷子能够成功打造成成都一张响亮的城市名片，一方面得益于其得天独厚的历史文化资源；另一方面还应归功于改造者在规划前期对宽窄巷子的文化进行了深度挖掘，并对其特色进行了提炼和保留。一些国际政要名流的来访以及诸如新年倒计时、音乐消夏季等多种重要活动的举办大大提升了宽窄巷子的知名度和国际影响力。宽窄巷子体现着原真性的传统地域特色，在市民心中具有浓烈的情感价值。宽窄巷子作为成都市民的共有财富，也成为成都市民的乡愁寄托。[1]

---

[1] 李藝楠、刘伯英：《成都宽窄巷子历史文化保护区复兴及其对存量规划的启示》，《城市设计》2016年第2期。

文创园区在文化产业专业实践教学中的应用

张濛方[*]

摘 要：文化产业的发展在产学研深度融合的背景下逐渐呈现新的态势，因而对文化产业专业教学也提出了新的要求。加快从课堂理论教授向产业实践教学转型成为文化产业教学的首要目标，以产带教、以教促产的教学合作模式成为未来人才培养的创新路径。文创园区作为文化企业聚集地、创新技术的萌芽地、文化成果的孕育地，为文化产业专业教学搭建了供需一体的实践教学平台，在一定程度上解决了当前文化产业专业教学中存在的问题。本文在产学研深度融合的背景下，分析文化产业专业的人才培养现存问题，结合文化创意产业园区发展方向的新思考，探讨文创园区在解决文化产业专业实践教学问题中的静态空间价值和动态媒介价值，从而探索未来文创园区在高校实践教学中的创新应用。

关键词：文化产业 文创园区 实践教学 产学研融合

一 产学研融合背景下文化产业教学与文创园区的发展

产学研融合即通过产业（或企业）、学校与科研（或研发）三方

---

[*] 张濛方，中国传媒大学文化产业管理学院硕士研究生。

的有机协作，整合各方优势资源和功能价值，形成生产、开放、研究一体化的运行模式，以专业化、精细化分工协作共同服务社会。它实现了产业链上中下游的融合与创新，有利于人才更好地适应市场需求、经济发展、科技更新和社会进步，为高校人才培养模式改革创新带来了机遇。

（一）新方向：文化产业专业教学从理论灌输向产业实践转型

文化产业是复合型产业，知识横跨不同学科领域，研究覆盖产业链运转全过程，其发展过程是动态且不断更新的。产学研融合的背景下，文化产业专业面临着创意研发落后于产业发展、科研成果转化率低、人才实操能力较差等问题。若要加快促进文化产业的技术研发、创新升级与成果转化，需要加强对基础知识扎实、熟知历史文化、紧跟产业科技前沿、实际操作能力优秀的综合创意人才的重视与培养。

产学研的深度融合为我国文化产业教学发展提供了转型机遇和全新方向。第一，产学研融合促使高校文化产业教育从传统课堂的知识教授向以获取实践经验与能力为目的、产业与科研前沿结合的应用教学转化，教师与学生的身份从研究学者拓宽至产业实践参与者、文化产品开发者，实现了文化产业专业研究的产业化、市场化，在科研成果原始学术价值的基础上赋予其更多的经济、社会价值。第二，产学的融合依靠产业前沿的实践经验和市场信息，加速理论知识向实践应用转化，以产业发展现状进一步细化高校人才培养路径，填补产业发展过程中的人才空缺，促进文化产业专业人才知识的创新应用以及在文化组织中的自我表达能力，提升综合素质与适应能力。第三，学研合作以科技为支撑，促进研究成果与现代信息技术、专业应用技术的结合，减少了高校文化产业专业培养中的科研资金投入，以前沿科技丰富学术成果的内容，提升了科研成果的创新应用价值。

（二）新路径：文创园区搭建供需一体的综合实践教学平台

文化创意产业园区（简称"文创园区"）是指在政府的整体规划和引导下，按照兴办经济开发区的成功模式，以区域文化资源为载体，以优惠的产业政策吸引多种文化生产要素聚集的园区。① 文创园区是文化产业迅猛发展并形成规模后的产物，是促进文化产业发展的具体模式之一。作为区域物质文化与精神文明的集合体，文创园区围绕特定文化主题在区域内形成不同产业、行业的规模集聚，并依靠鲜明的区域文化特色和内部文化的创造、交流、交易等互动，增强对外吸引力，以其多元功能和产供销一体的文化企业链，维持着自身的可持续发展。

产学研融合背景下，文创园区作为文化企业聚集地、创新技术的萌芽地、文化成果的孕育地，既有创新人才和创新成果的资源基础，又有对创新人才和创新成果的需求。第一，文创园区位于文化产业产学研合作的主导位置，既拥有完整的产业链，又有前沿的科学技术支撑，已实现了产研的初步融合。在满足园区产业自给自足的基础上，外部优秀的创新人才和创意成果是帮助园区突破原始功能、实现产业转型和技术升级等的关键。第二，文创园区搭建了开放的平台，吸引不同行业、企业等组织及个人的入驻，整合多方资源、共享多元信息，为高校专业人才走向社会、文化产业专业靠近市场一线、高校科研成果应用于产业发展搭建了桥梁。同时，文化产业创意人才的大规模聚集，也为高校提升人才培养质量、接轨产业发展、加速创意成果供给与转化提供了优质的资源。

（三）新要求：以产带教、以教促产成为教学合作必然方式

产学研融合推进了知识、技术、经济的紧密结合，实现了文化产业与现代科技、高校教育的无缝对接，提高了科学技术和教育应用对社会经济的贡献。文创园区以产业优势带动高校文化产业人才培养模式转型，高校人才携发散的创意思维走进园区，激发了产业的活力，呈现以"产"带"教"、以"教"促"产"的优势互补、合作共赢趋势。

第一，文创园区搭建文化产业实践、科研平台，接收高校人才和优质科研成果，为文化产业专业教学存在的问题提供了解决方案。文创园区拥有丰富的实践岗位和技术基础，为高校人才提供了实践和科研平台。同时，高校远离产业前沿，部分科研成果无法满足快速变化的市场需求，高

---

① 韩骏伟、胡晓明：《文化产业概论》，中山大学出版社，2014，第123页。

投入与转化率低使科研成果面临可操作性弱、价值难以评估的问题。文创园区靠近市场,了解市场信息、需求和创新方向,弥补了高校人才培养的缺陷,解决了文化产业专业就业难的问题。

第二,鼓励高校人才进入文创园区,有利于促进园区产业技术更新、行业转型升级,提升"双力"与"双益",为文化产业人才后续发展奠定基础。高校文化产业专业人才的加入,从供给端促进了文创园区内部企业链的良性循环,通过创意资源的引入延长价值链,增强园区的创新活力和竞争力,提升经济效益和社会效益。文化产业人才在参与产业实践中学习,提高理论知识的实践操作价值,直观地观测行业趋势、市场规律等产业动态。产业链不同位置的学习与实践,为文化产业专业人才提供延伸学习的机会,在突破传统理论教学内容限制的同时,以多元岗位为人才的后续发展提供了多种选择。

产学研融合背景下,文创园区与文化产业专业的人才培养利用双方优势、弥补彼此短板,以商业价值、教育价值、文化价值的相互赋能,激发各自潜力,促进文化产业人才融入文化产业实践,以教育资源创新文化传承,以文化资源推动经济发展。

二 当前文化产业专业人才培养存在的问题

(一) 理论与市场脱节,综合应用型人才短缺

文化产业专业受文化产业综合性、交叉性特征影响,至今未形成统一清晰的学科定位和完整的专业培养体制。在人才培养方面,各高校虽已相继进行培养模式的转型,将目光投向人才理论与实践的平衡统一,但对人才的培养仍缺少市场意识与科技意识,专业人才对理论知识的跨界应用能力也有待提高。

第一,市场意识淡薄,理论与实践脱节。部分高校文化产业的人才培养脱离产业,导致培养出的学生职业技能匮乏,缺少经营管理智慧。仅凭文字理论支撑产业研究,实际上对市场实时信息了解滞后,很难把握前沿发展方向、判断未来机遇,导致最终呈现的理论成果很难解决产业实际问

题，转化为实践成果的概率极低，无法满足文化产业发展对人才的多元要求。

第二，科技意识欠缺，理念与技术落后。文化产业是在新兴技术影响下不断转型升级的动态产业，与当下科学技术共同进步。当前，各高校忽视了对科技应用型文化产业人才的培养，无论是课程设置还是专业实践，未能接轨技术理论学习和实践应用，技术的基本认知与操作成为专业人才的学习盲区。技术是促进文化产业创新转型、可持续发展的不竭动力，脱离技术的人才无法跟上文化产业的创新速度，无法真正走进发展中的文化产业领域。

第三，高端复合型人才短缺，质量与标准欠佳。文化产业专业不光要培养产业相关行业的专业人才，更需要创新思维和综合能力素质并存的综合人才：既具备深厚的文化艺术素养与现代科学技术知识又能综合运用经营与管理知识；既有独立的创新创业意识和新领域学习能力，又洞察敏锐、眼界宽广。当前，不同高校的文化产业专业隶属于不同学科，导致研究方向与课程设置存在巨大差异。同时，各高校对"懂文化、知经营、能管理"的高素质、复合型人才培养意识不足，培养出的学生很难从全局认识文化产业，不符合社会对文化人才的基本要求。文化产业专业的学生最终要从专业走进产业，承担传承文化、传播文化、创新文化的重任，因此，具备综合素质的文化创意人才不仅丰富了文化产业的创意内容，更是促使文化产业拉动国民经济快速增长的重要力量。

（二）正确价值引导疏忽，社会服务意识薄弱

文化作为衡量国家软实力的重要指标，对内影响着国民对国家文化与民族精神的认同感、凝聚感，对外展现着国家的影响力、创造力、亲和力和文化辐射力。文化产业围绕国家文化资源创造、生产、传播、消费文化产品与服务，对内满足公众精神文化需求，对外提升国家文化软实力。无论是国家文化还是文化产业，都具有强大的公众影响力，青年作为感知、传承、创造文化的主体之一，更是肩负着传承、传播优秀文化的重担。

文化产业的生产力源于人的创造力与创意的转化，文化产业人才是文化产业内容创作与持续发展的灵魂，因此，文化产业人才需要更高的综合

素养。现如今，高校文化产业专业培养的重点停留在专业理论与实践应用的转化，缺少熟知文化且具有服务意识的规则型人才。

第一，缺少艺术审美与历史底蕴内容教授。在课程内容、人才培养模式的制定中，学校既没有针对各地历史、人文等文化资源的实地考察环节，也没有进行相关历史渊源的普及，学生无法从文字描述中获取真切的文化认同感、发掘更深刻的文化价值，导致相关文化创意灵感的缺失。

第二，忽略课程对人才的正确价值引导。高校对文化产业专业人才的教学内容缺少社会高度责任感与使命感的注入，弱化了文化产业服务人民、以人为本的理念，缺乏公共政策、法律法规等内容的普及，与文化产业满足大众精神文化需求的功能价值相悖。专业学习与现实环境脱节，缺少对政策法规的正确认知，无法紧跟时代步伐为人民创造优良的精神文化产品。

（三）独立型人格缺失，人才自我定位模糊

文化产业具有复杂性，其专业领域的内容、概念至今未能明确，不同地区高校依托不同学科优势和地方文化资源、产业特色，将文化产业专业置于不同的研究领域之中。文化产业横跨多个学科，研究范围广泛，培养出的人才对自身专业却很难有正确的定位。文化产业需要通用型人才，但多元学科的培养体系的成效却不尽如人意，造成了专业基础知识学习参差不齐、跨学科研究能力薄弱、认知浅薄、产业实践能力匮乏、人才流失等问题。

文化产业专业人才创新力不足、就业压力大等问题的根本，在于教学过程中独立型人格培养的缺失。独立人格是自主性、独立性、创造性较强，并有独立意识的人格体现，通常表现为习惯独立思考与独立实践，且具有良好的情绪管理、适应能力和社会参与度，它帮助人独立思考并坚守自己的原则。在程序化理论知识教授过程中，学生思维很容易受教学内容的影响而固化，导致研究成果千篇一律，学生思维创新活力不足。教学中对培养学生独立人格方面的疏忽既降低了学生的自主学习能力，也影响了学生的独立思考和创新能力。学生很难在文化产业的多元领域

和多元内容中自主寻找兴趣点、明确目标，因而对未来就业感到迷茫，同时又缺乏自主创新、创作的能力，从知识与实践中创作出更有价值的文化符号。

传统方式的教育无形压制着文化产业人才的创新意识，未来的教育方式应以市场需求为导向，强调人才的自主思考、创新创造、分析性思维、终身学习能力，以培养有远见的复合型专业中的专业人才。

三　文创园区在文化产业专业教学中的实际应用价值

文化创意产业园是城市中为公民提供公共交往、互动交流的新型开放空间之一，它为市民提供了文化消费场所，也是城市精神、多元文化的承载体。作为社会学视角下的新型城市公共空间，文创园区为文化产业专业人才培养搭建了连通专业与产业的桥梁，以物理场所功能开放而包容地吸引人才参与园区建设、产业运行，以多元的参与互动，建立全民创造下的文化产业集群，促进社会文化与经济的发展。

当前文化产业专业人才培养的问题根源在于教学中实践机会的缺乏，文创园区具有多元的功能价值，它可以帮助解决当下文化产业专业实践教学中的问题，更好地迎合文化产业对创新型、复合型、规则型、应用型人才的需求，以创新模式为培养具有独立人格的高素质专业人才创造机遇。

文创园区在文化产业专业教学实践中具有静态空间价值和动态媒介价值。静态空间价值包含了文创园区作为产业集聚空间、传统资源再造空间和综合展示空间所传递的文化内涵；动态媒介价值则包含了其作为文化发展媒介、文化传播媒介、公众精神消费媒介所带来的社会效益、经济效益。

（一）静态空间价值

1. 产业集聚空间

文创园区以开放共享的理念实现了同一空间内经济、社会、文化的战略构建。

聚集差异化企业，提供多元化选择。产业集聚是文创园区的核心功能，通过集中产业链上的各类文化企业，形成了整体组织运作体系，聚合文化及相关产业及其上下游产业，形成园区独特的竞争力和持续的产业优化力。在产学研深度融合的背景下，文创园区是文化产业专业实践教学的首选地。它所提供的创新实践与职业实践的双重平台，实现了人才从个人到组织再到平台的转换，缩短了专业与产业间的距离，进一步促进个人创意向产业流动，以不同类型、组织形态的文化企业为人才提供多样的实践、就业选择。

紧随产业前沿需求，调节人才供需平衡。不同文创园区的核心产业和功能具有差异化，它在已有资源的基础上深度挖掘和开发，具有明显的区域文化特色。园区拥有完整的产业链、企业链，它以市场需求为导向，将文化创意与商业无缝衔接，通过大规模高效率的生产、专业集中的传播，有针对地面向市场实现价值再造，无限放大创意价值，获得更高的产业利润。除了自主研发，文创园区也会通过市场购买、合作开发来完成产业组织的运行，它为高校文化产业专业提供了合作的机遇，解决了当下高校科研成果转化率低的问题。高校应以适应区域发展战略、服务地方产业经济为目标，科学定位文化产业专业实践教学方向，即培养紧随产业前沿的应用型文化产业人才，充分利用文创园区产业集聚空间价值，更好地服务于社会经济发展，满足市场需求。

2. 传统资源再造空间

文创园区是历史文化与现代艺术碰撞的结果。它既是对所在地区乃至中华传统文化的传承和再现，也是以现代创意方式实现传统文化的创新与延续。

传承传统文化，传递城市精神。依托传统文化资源而建立的文创园区，与所在地区的自然、人文景观和历史文化密切相关，它参与城市形象的重构，代表城市的文化底蕴，展现城市的精神文明。园区输出的不仅是有形的文化产品，更是中华民族文化和价值观，它们融于园区内的各个文化场景，让进入园区的人们潜移默化地接受精神文化的洗礼、感悟城市文明。园区内蕴含的城市精神为进入园区实习、调研的文化产业人才提供了深刻感知历史、丰富文化底蕴的机会，增强了文化人才对中华文化的认同感与归属感。

用现代创意解读历史文明，以文化氛围激发创作灵感。文创园区将传统文化与现代创意充分融合，它将传统文化赋予现代意义，用创意视角解读历史文明，为传统文化资源转化提供了实验和孵化平台，加快了传统文化资源的现代化转型。同时，依托当前高科技展示手段和方式，拓宽传播路径，增加受众范围，营造文化空间和文化创意氛围，以高渗透力的艺术熏陶完成文化的传播、普及和再现。[1] 在传承文明、转化历史、活化文化、物理空间资源再利用、内容价值再造的创意创造过程中，文创园区所构建的创意空间激发了文化产业的生产活力，促进了革新与创新。同时，刺激新理念、孕育新产品、开辟新机遇，为培育创新型文化产业人才提供了沃土。

3. 综合展示空间

文化、技术、商业、产业的碰撞让文创园区成为功能多元的公共空间，对内拥有支撑园区运营发展的企业精神，对外讲述城市故事。它囊括了产业、艺术、科技、休闲娱乐、地方特色等多重元素，以多样形式吸引不同的人群到来，为园区产业发展注入源源不断的能量。

以主观意识铸造文创空间，以包容理念吸纳创意人才。文创园区是一个集传统、现代、想象与创新于一体的场所。从外部建筑设计或改造到内部文化主题、设施规划等，均被人赋予了深层的文化内涵，既展现文创园区内部人才的创新品格，又代表了城市艺术与文化服务，是城市注重文化产业发展、鼓励新兴产业的标志。园区每时每刻都传达着接纳多方要素、鼓励人才加入的信息，这有利于文化产业人才顺利融入行业，参与园区构建与运转的实践。

倾诉时代故事，唤醒社会责任。文创园区的生命力在于讲述和记录一定地域在一定时间限度内的活动或事件，再现或延续过去的文化生命和记忆。园区是由一个个故事串联组合形成的空间，这些故事共同构成了园区的前世今生，创造着园区的未来。故事是具体的，贯穿于文化的生产、制

---

[1] 王晓玲：《中华传统文化的现代转化与文化产业园区实践研究》，博士学位论文，上海交通大学，2015。

造、营销、服务、创新等各个环节。① 它客观反映了文化产业的发展历程，从静态到动态，均能感知文化产业工作者为此做出的努力与贡献。此氛围更容易唤起高校学生心中对专业的认同感，培养文化创造者对社会应有的责任感。

弘扬创业精神，培养独立人格。文创园区不仅由不同类型、大小的文化企业组成，更孕育了个人创业的工作室。文化工作室不仅是浅层意义上的独立空间，更代表着独立、自由、创新、个性的工作状态。工作室在行业间激烈的竞争中生存，以创业者精神培养出了有远见、有魄力、敢尝试的综合型人才。它为高校文化产业专业提供了特别的工作学习氛围，鼓励人才自主学习、独立思考、大胆尝试、综合发展。

（二）动态媒介价值

1. 文化发展媒介

文创园区通过多方整合，挖掘文化资源、聚集创意人才、吸纳社会资本、引进多重力量，激发园区的创新力，以先进的研发、生产、经营方式，满足当下多变的文化消费需求，提供个性化的文化产品和全方位的文化服务，从而实现文化产业的优化升级。它既是服务于社会的创意经济集群，也是解放文化生产力的多元产业孵化平台。

以多方资源整合，培养复合型专业人才。文创园区以固定空间媒介实现了多种产业资源的整合，包括地方文化资源、文化企业资源、社会资本、新兴科技、现代信息流等。它们将需求多元的文化市场细分，在内部进行各自优势的共享。前沿的产业资源与市场信息填补了高校文化产业专业人才教学中的缺憾，解决了产业实况了解片面、市场信息获取迟缓、研究资金不足、技术水平较弱等问题。学生以参与产业的动态运作作为个人实践，从中吸纳各领域知识，最终发展为复合型文化产业专业人才。

以公共平台搭建，促进科研成果转化。文创园区在自主研发的同时，也会通过多方企业联合、组建战略联盟等方式共建产品研发平台，吸引更

---

① 王晓玲：《中华传统文化的现代转化与文化产业园区实践研究》，博士学位论文，上海交通大学，2015。

多元的行业、产业、技术等方面的成员加入，在价值链上探索，以孕育创新产品与服务。它搭建了促进高校文化产业专业研究成果转化和孵化的公共平台，通过专业人才、市场、技术等的信息共享，帮助解决高校研究中出现的技术问题；通过近距离接触文化产品与服务，把专业研究转化为现实生产力，融于产业运行，服务于社会经济文化发展，最终提高教学成果与科研成果转化率。

以行业人才竞争学习，激发创意生产灵感。文创园区聚集各行业的创新型人才，集聚后产生的学习效应加速了园区内部知识的传播交流。同时，园区内行业间的竞争激发更多创意灵感，实现了创意生产和文化积淀，最终以更高效的方式将创意成果推入市场，获得市场盈利。人才的聚集不仅为园区提供了内生动力，也有利于文化产业专业人才在实践中获取多方知识要素，在交流中迸发灵感火花。在打破学校封闭环境的同时，从文化生产的源头学习行业经验、交流产业思考，养成自主创新、主动学习的习惯。

2. 文化传播媒介

文创园区作为经济发展到一定程度后产生的空间形态，以易于辨识的形式展示或培育各种文化形式，以平易近人的方式输送关于空间的新的体验和互动，从而构建多层次的认同感、归属感，成为建设城市文化的新生力量。[①] 作为城市公共空间，文创园区既是文化传播的媒介，也是公众参与文化互动的媒介。

以需求特征重构文化形象，以生活美学丰富精神世界。文创园区通过打造特色文化产业品牌，不断聚集社会资本、吸引高新技术，它以市场需求和大众文化消费偏好为指引，以现代时尚潮流、青年文化等普适度较高的形式，促进传统文化资源的现代化转型，以满足当下时代消费需求。它所创造的融合生活、工作、休闲等功能的公共空间与所生产的文化产品，均满足了大众的文化需求，它将文化内涵融入园区的每个角落，传递美学理念，丰富人的精神世界。将文创园区作为文化产业专业的实践基地，有助于学生提高文化修养和艺术审美水平。

---

① 王晓玲：《中华传统文化的现代转化与文化产业园区实践研究》，博士学位论文，上海交通大学，2015。

以文化人，以文育人。文创园区在进行生产、服务、消费的过程中，更进行着文化需求满足、文化观念制造、文化思想传达、文化育人功能激发的活动。通过灵感激发和艺术创造对已有文化进行再创造，塑造多样的文化形象，传播多层精神内涵；依托特色活动为媒介空间创造更多互动形态，鼓励人们的个性化展现，从对文化的多样解读赋予文化新的涵义。园区开展的创意活动既为高校文化产业人才提供了丰富的学习路径、给予精神上的满足，又借助历史文化的个性传承唤醒青年的古今情怀、提高文化素养。

3. 公众精神消费媒介

文创园区作为全民享有、共同创造的文化场景，是与社会经济文化发展密切相关的空间，也是大众实现文化消费、获取精神满足的场所。

从大众需求出发，释放创新能量。园区对历史文脉的传承与创新离不开人的主观活动，其自身进行的研发、生产、交易、消费、展示等活动和内部硬件设施设计都为原始物理空间注入了丰富的文化内涵，为传统空间注入了现代活力。同时，在文化生产与消费中，生产者、消费者与文创园区之间交换着各类文化信息。它们相互影响、相互反馈。在此互动中园区会根据消费者的实际消费需求调整运作模式，因此，园区进行的生产和消费实质上是满足各种人群、不同受众不同文化需求的动态过程。园区为大众创造文化产品、提供文化服务，又从中获取不同受众的文化需求和文化解读，汲取经验后将其投入产品的二次创造。在此循环体系内，文创园区为大众提供了精神消费媒介，以传承文化内容、延续文化价值、为传统文化赋能，又实现生产、消费和再生产功能，丰富园区的文化内涵。它围绕大众变化的文化消费需求，通过二次创造实现了内部人才创新能量的持续释放。

以多重角色体验，培养服务意识。在文创园区内部进行文化产业专业实践教学，有利于培养文化人才以人为本的服务意识，帮助其进行正确的产业趋势判断和个人价值选择。学生既是文化的消费者又是产品的生产者，身份的转化为学生带来全方位思考的意识，可以帮助其更深刻地感知产业可持续发展中经济效益与社会效益平衡的重要性，引导学生既要紧跟大众需求创造刺激文化消费的创新产品，又要延续优秀传统文化创造正向价值的文化产品。

四 文创园区在文化产业专业实践教学中的创新应用

(一) 以文创产业园区为载体，铸造科学研究、产业孵化的众创空间

高校应充分发挥文创园区的优势，促进产教深度融合。以文创园区与学校联合培养为手段，完善交叉学科下的"双主体"办学机制，双方共同制定文化产业专业课程体系、教学内容与考核方式，共同参与人才培养全过程。同时，以园区为主要实训场地，创设文化产业专业的产业情景，为学生提供实习实践、网络沟通、社交互动、资源共享的空间，将文创园区打造成集专业研究实验室与创意灵感孵化室于一体的众创空间。

在文创园区内部建立长期共享实验室。坐落在不同区域的文创园区，沉淀着不同特色的历史文化与产业内容。高校应与不同特色的产业园区建立合作，在不同园区的创意个体和文化企业中创设便捷化、全要素、跨领域的实验室，利用不同园区的不同产业、行业，结合园区发展内容、区域资源、文化背景等，配合专业的不同研究方向和课程内容，为不同阶段的学生提供实践教学选择，创造跨学科、跨行业的长期学术交流和实践交流平台。在深度了解课程内容的基础上，鼓励学生在实验室内组成学习小组，帮助学生寻找专业兴趣点，从而有针对性地进行区分方向培养。

与文创园区合作打造创意灵感孵化室。利用园区的多种经营模式，完善高校人才创业服务平台，利用文创园区的媒介功能完成资本对接、技术支持、人才引进，构建园区与高校共赢的"苗圃－孵化器－加速器"这一创意灵感孵化模式，打造文化产业专业的创业孵化链条。串联相关创业孵化主体，整合各方要素和资源以支撑创业人才，使知识、人才、物资、资金能在此创业链中顺畅地流动，从而激励和促进创业人才将创业倾向转化为创业行动，并创造出有价值的商品和服务。[①]

文创园区自身的产业集群为创业人才提供了良好的创业环境和实在的

---

① 陈芳：《产业集群创业人才孵化因素及其作用机理研究》，博士学位论文，华中科技大学，2011。

创业机会。将园区打造为高校人才科学研究、产业孵化的众创空间,既降低了高校人才创业的成本投入,提升了学生创业概率,又增强了创业人才将创意灵感转化为实际利益的可能性,实现了人才的再教育过程。

(二) 以文创产业园区为纽带,建设资源权威、技术一流的新型智库

利用文创园区已有资源,搭建政商学多方对话平台,汇集文化企业、专家教授等高级人才,促进国内外合作,推动学术交流。

联合打造差异化智库服务模式。智库是一种稳定存在的组织、是由各种专家、学者和退休官员等组成的跨学科多领域的综合性决策机构,兼具战略研究、培养人才、建言献策、舆论引导、公共外交的多重优势。[①] 依托高校丰厚的学术资源和科研人员,文创园区与高校联合构建智库服务模式,可以确保研究成果输出的严谨性、高效性、专业性和内容的科学性、有效性、应用性,为文化产业提供集中高效的智力支持。在借鉴园区组织、原始科研组织运行特征的基础上,合理构建新型智库的组织体制。利用园区优势整合分散的资源和研究机构,以一线政策、权威资源、专业研究、国际化成果为高校文化产业专业教学提供前沿资讯。通过成果共享、知识传播、人员往来为高校提供广阔的研究思路和学习途径,从而实现学科理论创新、专业研究深入、多方联动发展。双方可以共同培养研究团队,吸纳杰出产业人才,共建有自主盈利能力的咨询研究机构。以服务大众为核心使命,针对当下客户多元化的需求提供多种咨询服务,为智库长期稳定发展创造资金来源。并以紧随产业热点、精准市场推广、优质研究内容、权威资源信息为自身目标,以差异化优势保证智库的稳定运行。

协同构建智慧智库数据共享平台。在大数据与云计算等高新技术迅猛发展的背景下,顺应时代发展趋势,利用文创园区和高校的技术资源、数据资源构建智慧智库。对已有数据(学术资源、企业资源、产业数据)进行统一梳理、归纳、储存、加工。在开放平台下整合双方数据库资源,打造智慧共享数据平台,并有针对性地定期开展数据更新讨论会,共同促进

---

① 阮凤娟:《中国特色新型高校智库建设研究》,硕士学位论文,安徽大学,2017。

智库数据的实时更新，确保其竞争力。文创园区与高校共同承担构建数据共享平台的成本与工作，在降低风险的同时，也将实现数据资源的互惠共享。

文创园区与高校共建智库，既最大限度节约智库运作成本，又提升知识成果的质量；既利用智库解决科研与战略难题，又为双方创造可观的经济效益；既在实践中促进了高校学术成果转化应用，又实现了产业知识实时更新。

（三）以文创产业园区为界面，构建产教融合、师生共学的服务平台

与园区合作，建立一站式师生共学平台，以实践与教学相结合的模式，促进产业与科研的融合，培养学校与企业之间的"中间人"。

以"双师制"为指导，深化校企培养模式。高校引进文创园区优秀企业人才兼职作为学生的行业指导教师，优化文化产业专业师资队伍。让行业参与者引导学生进入行业，为学生提供就业指导，为后期就业签约预热。同时，高校教师与行业导师保持长久联络，学习和利用双方资源优势，促进理论与实践的结合。构建"双师制"的培养模式将丰富师生的产业实践经验，缩短课堂学习与就业岗位之间的距离。不仅降低学生的创业成本，提高创业概率，还帮助教师深入产业前沿，获取最新信息，更新教育内容。与此同时，高校的学术成果也会对园区产生积极的影响。

以园区项目为契机，创造师生共学机遇。首先，将文创园区作为文化产业专业的主要实践基地，利用园区资源优势，与各个组织、平台合作，开展不同形式的线下活动，为高校学生创造实训机遇，激发创作灵感。其次，高校师生与园区企业共同参与项目实践，以具体案例、项目聚集高校人才，集中激发创意灵感。可随机组合人才，将不同研究方向的教师与不同水平的学生整合在一起，与企业一起共同参与项目，企业人才与高校人才相互学习，以研究生带动本科生，进而培养高校人才掌握知识、应用知识、操控全局、精细规划、分析问题、解决问题、团队合作的综合能力。最后，鼓励"游学制"实践，围绕项目在园区内部调研考察，同时组织项目组走出园区进行实地调研。

文创园区搭建师生共学、产教融合平台，将促进双方的交流学习，提高技术技能人才培养的质量和增强文化产业人才的文化、历史底蕴以及社会责任感、历史认同感。

文创园区为文化产业专业实践教学提供了一个体验产业前沿的教育空间，帮助高校师生从专业走进产业、养成创业创新自信、锻炼人际关系处理能力和团队合作能力。未来应充分发掘文化创意产业园区价值，探索实现产业实践、社会调查与课程内容相互检验，专家对话、创意分享与职业体验相互融合，成果研究、科技指导与人才交流相互补充的实践教学模式，构建服务社会经济发展、聚焦区域文化特色、符合学生个性化成长的实践教学体系。

北京文产

北京市文化产业发展现状及对策

景俊美 李明璇[*]

摘 要: 近年来,北京文化创意产业发展稳定,呈现稳步增长态势。文旅融合、产业集聚、比赛展会等有力地推动了北京文化创意产业的发展。同时也存在传播力不足、经营模式单一、国际影响力薄弱等问题。未来,北京可在产业经营模式、优势资源整合、人才战略和全媒体传播格局等方面持续着力。

关键词: 文化创意产业 文旅融合 文化传播 文化中心

文化是国家软实力的重要组成部分,文化产业已成为世界各国经济贸易博弈的重要战场。北京作为中国的首都,同时也是全国文化中心,在文化产业发展中处于引领地位。近年来,北京文化创意产业积极实行"互联网+""文化创意+"战略,不断进行融合与创新,引领文化产业发展,对北京经济建设具有重要意义。特别是近两年,北京文化创意产业发展稳定,呈现稳步增长态势。文旅融合、产业集聚为文化创意产业发展提供了新的增长点。北京文创产业通过线下活动提升影响力,但未充分利用社交媒体的传播特性。同时,在经营模式、国际影响力等方面还有进一步提升的空间。

---

[*] 景俊美,北京市社会科学院副研究员,主要研究方向为文化产业与文艺评论;李明璇,北京师范大学新闻传播学院硕士研究生。

一 文化创意产业发展对北京经济发展的意义

(一) 文化产业在经济发展中的地位不断提升,成为经济发展的主体

2000年10月,党的十五届五中全会通过《中共中央关于制定国民经济和社会发展第十个五年计划的建议》,第一次提出"文化产业"这一概念。近两年来,中国的工农业、金融和房地产等市场经济增长开始明显放缓,文化产业将是重点推进中国国内生产总值增长的产业体系。

根据国家统计局数据,2017年全国文化及相关产业增加值为34722亿元,占国内生产总值比重为4.2%,比上年提高0.06个百分点。按现价计算(下同),比上年增长12.8%,比同期国内生产总值名义增速高1.6个百分点。2017年文化及相关产业增加值保持平稳快速增长,占国内生产总值比重稳步上升,在加快新旧动能转换、推动经济高质量发展中发挥了积极作用。[①] 文化产业在经济发展中的地位不断提升,成为经济发展的主体,向国民经济支柱型产业迈进。2018年北京市文化产业规模突破1万亿元,达到10703亿元,规模以上文化产业的总收入同比增长11.3%。

(二) 文化创意产业引领文化产业发展

文化创意产业是经济全球化背景下的一种新兴产业形态。它以创造力为核心,融合创新思想与文化资源,对拉动消费、促进传统文化产业结构转型升级、增强文化软实力等方面起到了重要的促进作用。约翰·霍金斯在《创意经济》一书中写道,创意并不一定就是经济行为,但一旦创意具有了经济意义或产生了可供交换的产品,创意就可能是经济行为。[②]

2016年,北京文化创意产业总体发展持续向好、稳中有升,文化创意产业实现增加值3581.1亿元,比上年增长10.1%;占地区生产总值的比

[①] http://www.bjci.gov.cn/cenep/bjci_portal/portal/cm_list/showinfo.jsp?code=001010&objid=1fbe8120198b43bc85b127c787a6 8b1c&cate=.
[②] 约翰·霍金斯:《创意经济》,三联书店,2006。

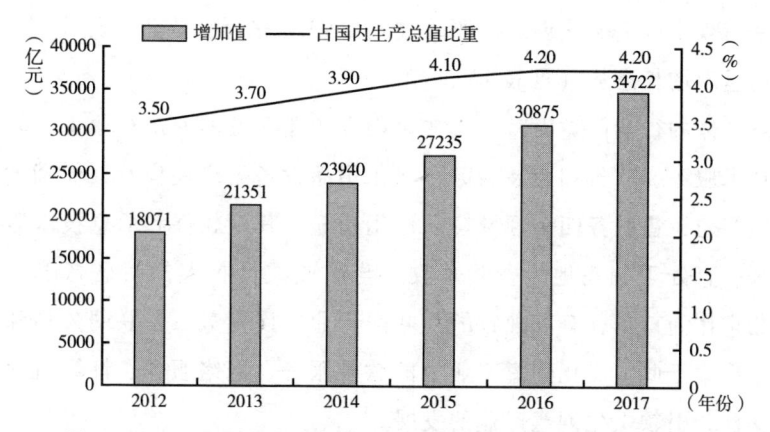

图1　2012~2017年中国文化产业增加值及占国内生产总值比重

重达到14.0%，比上年提高0.3个百分点。全市规模以上文化创意产业法人单位8033个，资产总计24919.2亿元，收入合计15224.8亿元，从业人员125.7万人。全市文化创意产业法人单位创造地方税费收入417.9亿元，占全市地方税费的10.7%；上缴国税791.9亿元，占全市上缴总量的8.9%。经过近年来的持续快速发展，北京文化创意产业的规模不断扩大，结构不断优化，发展质量和效益不断提升，支柱地位更加巩固，成为拉动首都经济发展的重要增长极。

文化创意产业首先对国内生产总值贡献作用明显；其次形成新型产业，提供大量的就业机会；最后与旅游、金融、餐饮、影视、游戏等其他产业融合，形成以文化创意为中心的新型产业链。文化创意产业已成为北京产业发展新的增长点。

二　北京文化创意产业发展现状分析

（一）总体发展稳定，并呈现稳步增长态势

近两年，北京市立足首都城市战略定位，加快推进文化创意产业创新发展、融合发展，文化创意产业发展规模不断扩大，发展质量不断提升，总体发展较为稳定，增长速度也比较稳定。在推动首都经济增长，促进产业结构转型升级中发挥着重要作用。根据北京市统计局数据，2018年1~6

月北京市规模以上文化创意产业总收入8493.3亿元,从业人员数130.7万人,均呈现增长态势(见表1)。

就具体的行业门类而言,在文化创意产业涉及的九个行业中,软件和信息技术服务、广告和会展服务、文化用品设备生产销售及其他辅助、艺术品生产与销售服务四个领域拉动作用明显。其中软件和信息技术服务近两年来一直处于领头地位,其总收入与从业人员收入都明显高于其他行业。北京作为首都,有其独特的互联网产业发展优势,互联网公司和互联网人才聚集于此。文化创意产业中的软件服务、网络服务、计算机服务也成为支柱,引领文化创意产业的发展。

除软件和信息技术服务外,其他八个行业门类总收入全部呈增长态势,从业人员平均人数也呈增长态势。由此可见,北京文化创意产业在拉动北京经济增长、促进就业等方面作用突出,已成为助推北京经济高质量发展的"新引擎"。

表1 2018年1~6月规模以上文化创意产业情况

	收入合计(亿元)	收入同比增长(%)	从业人员平均人数(万人)	从业人员同比增长(%)
文化艺术服务	203.6	6.7	6.1	0.7
新闻出版及发行服务	402.3	7.7	8.0	-0.2
广播电视电影服务	466.2	13.8	5.7	0.7
软件和信息技术服务	3757.9	23.2	73.6	4.7
广告和会展服务	1104.3	20.6	6.9	-6.0
艺术品生产与销售服务	638.9	18.0	2.1	14.5
设计服务	167.8	10.4	8.5	0.2
文化休闲娱乐服务	493.5	4.3	8.5	1.2
文化用品设备生产销售及其他辅助	1258.8	0.5	11.3	-4.9
合计	8493.3	16.6	130.7	2.2

资料来源:北京市统计局,http://www.bjstats.gov.cn/tjsj/yjdsj/whcy/2018/201807/t20180731_403112.html。

(二)文旅融合发展,"文化+旅游"产业规模不断扩大

2018年9月,根据《深化党和国家机构改革方案》,文化部、国家旅游

局进行了职责整合，新组建文化和旅游部。文化和旅游部将统筹文化事业、文化产业发展和旅游资源开发，提高国家文化软实力和中华文化影响力。文化和旅游部的成立，对于统筹规划文化事业、文化产业、旅游业的发展具有重要意义。

文化是旅游的灵魂，旅游是文化的载体。《首都文旅消费大数据报告》显示，2018年北京市旅游总收入达5921.2亿元，同比增长8.3%。报告指出，北京市核心旅游区（点）大多集中在北京文旅产业的众多优质IP上，例如故宫、颐和园、八达岭长城等。相对应的文化产业规模首次突破1万亿元；以798艺术园区、国家大剧院等为代表的现代文创IP已形成巨大市场，在文旅融合背景下，"文化＋旅游"产业规模进一步扩大。

文化与旅游的融合已初见成效，但要做到深度融合还有很长一段路要走。2019年1月，全国文化和旅游厅局长会议在北京召开。会议指出，各地要坚持"宜融则融、能融尽融"，着力推进理念融合、职能融合、产业融合、市场融合、服务融合、对外和对港澳台交流融合，要尊重规律、因地制宜、稳中求进、鼓励创新。在数字化背景下，互联网为文旅融合提供新的可能。文旅融合最重要的是创新，重点在于怎样通过创意将流量、内容、科技结合起来。

（三）产业集聚效应继续加强，各区集聚水平仍存在差距

1. 北京市发布首批33家文化创意产业园区名单

文化产业的高质量发展，离不开空间载体的支撑。近年来，北京市形成了一批文化产业园区，成为推动北京文化创意产业集聚发展的重要力量。为了给文化创意产业园区提供更好的发展环境，2018年6月，中共北京市委宣传部、北京市人民政府发布《北京市文化创意产业园区认定及规范管理办法（试行）》和《关于加快市级文化创意产业示范园区建设发展的意见》，启动首批北京市文化创意产业园区认定工作。2019年1月，北京市正式发布首批33家北京市文化创意产业园区名单。北京市还将研究出台市级园区配套支持政策，启动第二批市级文化创意产业示范园区认定。文化产业园区的发展为文化产业高质量发展提供了支撑，为城市建设注入新的活力。

表2 首批33家北京市文化创意产业园区所在区与名称

园区所在区	园区名称
东城	嘉诚胡同创意工场（包括嘉诚有树、科玛斯车间、东城文化人才创业园、嘉诚印象、菊儿胡同7号等5家）
	中关村雍和航星科技园
	北京德必天坛WE国际文化创意中心
	77文创园（包括美术馆、雍和宫、国子监等3家）
西城	中国北京出版创意产业园
	"新华1949"文化金融与创新产业园
	西什库31号
	北京天桥演艺区
	西海四十八文化创意产业园区
	北京DRC工业设计创意产业基地
	天宁1号文化科技创新园
	北京文化创新工场车公庄核心示范区
朝阳	莱锦文化创意产业园
	郎园Vintage文化创意产业园
	东亿国际传媒产业园
	751D·PARK北京时尚设计广场
	恒通国际创新园
	北京电影学院影视文化产业创新园平房园区
	北京懋隆文化产业创意园
	798艺术区
	北京塞隆国际文化创意园
	尚8国际广告园
海淀	清华科技园
	中关村数字电视产业园
	中关村东升科技园
	768创意产业园
	中关村软件园
大兴	星光影视园
	北京大兴新媒体产业基地
	北京城乡文化科技园
通州	弘祥1979文化创意园
昌平	腾讯众创空间（北京）文化创意产业园
经济技术开发区	数码庄园文化创意产业园

2. 北京各区创意产业园区集聚水平仍存在差异

由于北京特殊的地理特征和历史原因，各区之间发展较不平衡。在我国一线城市中，北京市面积约 16410 平方千米，上海市面积约 6340 平方千米，广州市面积约 7434 平方千米，深圳市面积约 1997 平方千米。北京市面积远超其他三个城市，且北部为燕山山脉，西部为太行山山脉，门头沟区、平谷区、怀柔区、密云区、延庆区，以及昌平区和房山区都分布有山地。因地理位置等因素限制，北京各区之间发展较不平衡。

在首批 33 家文化创意产业园区中，大部分集中在东城、西城、朝阳、海淀等市区，仅朝阳区就分布有 10 家，占比近 1/3。农村地区分布较少甚至没有，仅通州、大兴、昌平有少数产业园区。2018 年 7 月，北京市委、市政府印发《关于推进文化创意产业创新发展的意见》，提出北京市文化创意产业发展应"坚持区域统筹、协同联动。推动区域间文化创意产业合理分布和上下游产业联动，引导科技、资本、人才等资源合理配置，打造市场互通、优势互补、分工协作的产业发展新格局"。北京郊区虽在地理位置上不占优势，但相对市区面积广阔，同时旅游资源丰富，在文化创意产业园区发展上仍具有较大潜力。

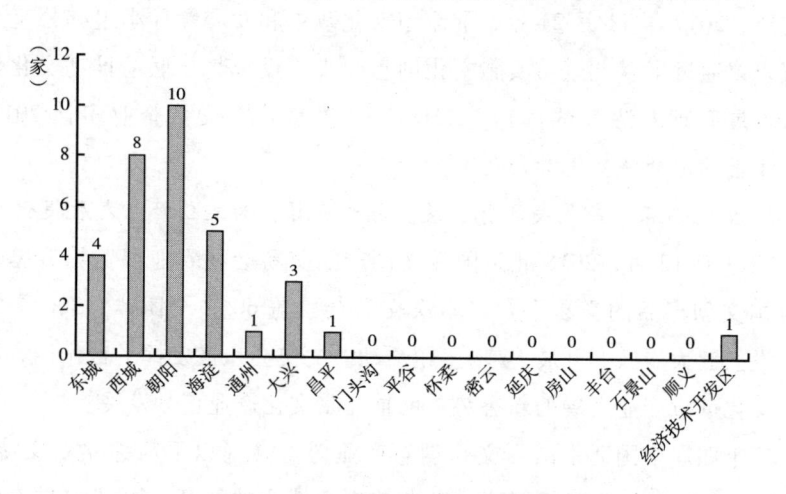

图 2 首批 33 家北京市文化创意产业园区分布情况

（四）通过举办比赛、展会等，提升了行业发展的积极性

1. 举办"北京市文化创意大赛"，助推北京全国文化中心建设

促进行业发展除了政策支持外，还可以通过举办一系列比赛、评选等，提升行业发展的积极性。为推动北京市文化创意产业不断创新，提升相关企业的知名度、美誉度和品牌影响力，吸引更多投资机构的关注和支持，自2016年以来北京市已连续举办四届"北京文化创意大赛"。第五届大赛于2019年4月18日在北京文化地标天坛公园正式启动，参赛项目涉及数字创意、创意设计、动漫游戏、非物质文化遗产及IP开发、文化体育、广告传媒、其他项目、初创项目等多个行业领域。

除突出北京文化创意产业在全国的引领带动作用，第五届大赛也辐射全国，在设置北京赛区的同时，在全国设立东北、华东、华北、华中、华南、西南以及西北七个大区赛区和港澳台赛区，带动全国文化创意产业的协同发展。同时面向海外，吸引优质创新创业项目，促进北京市文化创意产业快速健康发展。

除了设立专门的文化创意比赛，北京市还通过对一些企业的评选来奖励扶持文化创意产业。为推动金融资本服务文创产业，满足文化资本市场的需要，2017年11月21日，北京市文化改革和发展领导小组办公室专题会议审议通过了《北京市实施文化创意产业"投贷奖"联动推动文化金融融合发展管理办法（试行）》。2018年"投贷奖"支持企业多达701家，进一步推动了金融文化融合发展。

2. 文化创意产业相关展览、展会相继开幕，为文创产业发展提供平台

2018年12月，2018北京国际文创产品交易会在农业展览馆开幕。作为全国文创产品的交易平台，本次交易会覆盖60多个团体、300多家企业，设立五大展区，开展16场主题活动。文交会积极发挥平台作用，展现我国文化创意产业发展的新态势，助推北京文化产业蓬勃发展。

第十四届中国北京国际文化创意产业博览会（以下简称北京文博会）于2019年5月29日正式开幕。随着北京文博会的召开，以"奋进新时代 创意赢未来"为主题的北京文化创意产业展也同期开幕。展会以更加直观的方式将文创大赛的优秀项目展示在公众面前，充分展现了北京文化创意

产业的发展成果。同时吸引了文创产业主管部门、行业协会、投融资机构、文创企业以及新闻媒体到场参观体验。

为集中展示北京文化创意产业的资源优势、文化创意、科技创新、支柱行业、优秀企业等，由北京市国有文化资产监督管理办公室主导实施，建成了北京文化创意产业展示中心。展示中心充分利用声、影、光、电、机械等当今前沿的展陈科技手段，让参观者体会到北京文化的魅力，更直观地感受到北京文化创意产业的发展成果及未来规划。

三 北京文化创意产业发展问题及对策分析

（一）传播力度不足，知名度和影响力有待提升

文化创意产业发展应坚持以人民为中心，坚持创新成果最终服务于人民。而让人们主动了解、使用、消费文化创意产品，则需要更加灵活的宣传手段。新媒体时代，"广而告之"的手段已经不再局限于展会、比赛、网站等，更在于利用小程序、短视频、流量、电商等。创新传播方式，使受众对于文创产业的感受更加直观化、场景化。

在新浪微博搜索关键词"北京文化创意产业"，相关用户的全部微博数、粉丝数、所发微博的互动数（转发、评论、点赞）都较少，如"创意北京""北京文博会""北京文服""顺义文化创意"等用户在新浪微博的活跃度都比较低。新浪微博设立政务排行榜，通过对政务机构认证用户传播力指标、互动力指标、服务力指标和认同度指标四个维度进行综合考察，然后呈现排名。2019年5月政务微博文化榜榜单前5名分别是"侵华日军南京大屠杀遇难同胞纪念馆""中国文博""山东省图书馆""故宫博物院"和"西安半坡博物馆志愿者团队"。前50名中，与北京文化创意产业直接相关的用户只有"朝阳规划艺术馆"。

在微信公众号搜索关键词"北京文化创意产业"，相关公众号文章的阅读量都不高，如"北京出版创意产业园区"只发布过十条消息，其文章平均阅读量不足100。其他公众号如"北京市昌平区文化创意产业协会""北京文化创意大赛服务中心""中关村互联网文化创意产业园"等，在发

文频率、阅读数、互动性上都有待提升。

作为文化创意产业，如何吸引群众并满足其文化需求，离不开多样的营销宣传手段。截至2017年底，全球社交网络的总用户规模为30.28亿人，约占全球总人口的四成，发展迅猛。除了举办多样的展览、活动外，还应充分利用社交媒体传播的及时性、海量性、延展性。社交媒体不仅是普通公众信息获取和公共参与的工具，政府部门也可以利用其庞大的受众数量来提高自身影响力。要提升自身知名度和影响力，北京文化创意产业相关部门可开设微博号、微信公众号、抖音号等，并设立专门的人员进行运营管理，通过实时更新活动动态、介绍产业产品等，提升影响力。

全民UGC（User Generated Content，用户生成内容）与网红经济时代，受众的内容生产与传播同样不容忽视。音乐短视频创作分享APP——抖音自2016年上线以来，已成为"国民级"短视频产品。《2018抖音大数据报告》显示，截至2018年12月，抖音国内日活跃用户数突破2.5亿，国内月活跃用户数突破5亿。抖音国内用户全年打卡2.6亿次，足迹遍布全世界233个国家和地区，北京是2018年度"抖音之城"。2018年，抖音捧红了几个网红城市，包括西安、成都、重庆。2018年上半年西安旅游人次增长超过了50%。提到西安，人们往往想起秦始皇兵马俑、大雁塔、华清池、华山等传统旅游景点，而在抖音一则普通用户发布的"摔碗酒"短视频，就能够达到20万以上的点赞数，3000多的评论数和2000多的分享次数。北京文化创意产业具有更多的优势，应发掘其中利于广泛传播的内容，充分利用社交媒体进行宣传推广，提升知名度和影响力。

（二）经营模式仍以产业化为导向，创意人才短缺

我国文化创意产业起步较晚，目前仍以政府为主导，注重"产业"超过"文化"，仍希望以文化产业的发展扩大就业和带动其他产业的发展。以文化创意园区为例，仍以地方政府为主导，将当地优势文化资源作为核心，带动产业链上其他产业共同发展，建设资金由政府投入，并由政府监管和运作。如北京石景山数字娱乐产业基地和北京市DRC工业设计创意产业基地等，就是由政府统一规划、集中建设、给予一定的支持和优惠政策，吸引相关文化创意产业形成集聚的。在这样的经营模式下，容易产生

民众参与度低、同质化严重、创意人才紧缺等问题。在文化创意产业的发展模式中，政府可起到政策主导作用，为文化创意产业的发展提供多角度、全方位的支持，从资金、人才、研发、市场等方面推进文化创意产业的发展。

在经营模式上应坚持以市场为导向，将文化创意与商业模式相结合，在商业经营中发掘新需求，不断对产业进行调整优化。以文化创意园区为例，除了传统的"公办公营"模式外，可更多以"公办民营"的模式展开经营活动。将政府引导与企业主体相结合，政府制定规划、提供优惠政策、完善公共服务体系；企业以市场需求为导向，通过市场竞争壮大和发展，在市场运作中形成产业集聚。2000年，由北京市政府发起，北京科技园建设（集团）股份有限公司、首钢总公司和北京海淀科技园建设股份有限公司出资成立北京中关村软件园发展有限责任公司，建设中关村软件园。其承载着国家科技兴国、创新驱动发展的重要战略任务。作为政府规划、企业运作的典型模式，成立19年来，园区在开发建设、产业发展模式以及践行绿色、低碳创新园区理念等方面均取得了显著的成绩。

文化创意产业的发展离不开相应的人才。目前，北京市创意产业人才的总量、结构、素质还不能适应产业发展的需要，需要大力引进和培养。一是要重视对文化创意人才的培养问题。现阶段我国还未完全脱离应试教育的桎梏，教育方式与教育理念容易埋没一些创意人才，导致设计人才、美术人才、管理人才等文化创意人才缺乏。加快文化创意产业人才的培养，就需要将其正式纳入国家人才培养计划，例如在高校中可以设立专门的创意人才院系，培养相关人才。二是要重视对文化创意人才的引进问题。北京作为首都，对人才有着更强的吸引力，同时也应继续完善相关的人才引进政策，统筹人力资源分配以人才推动产业发展。进一步提高城市的包容性，吸纳多方面、各层次人员投身文化建设。

（三）缺乏知名品牌，需进一步提升国际影响力

改革开放以来，中国文化产业仍缺乏代表性的品牌形象。北京文化创意企业发展水平与发达国家同类企业相比仍存在较大的差距，国际影响力依然较弱。以电影产业为例，即使近几年中国电影产业风生水起，票房过

亿的作品屡见不鲜，但是仍缺乏"好莱坞"式的"大电影"产业。

文化品牌比实业品牌的建立更加艰难。越是民族的，越是世界的。作为有3000多年建城史和850多年建都史的六朝古都，北京在挖掘、创新传统文化方面有独特的优势。北京拥有良好的文化氛围与雄厚的人文资源，为文化创意产业的发展提供了良好的文化环境。诸多"百年老字号"在现代化的冲击下，离我们的生活越来越远。而重新挖掘优秀传统文化，就是要将这些优质传统文化通过创意产业的方式传播出去，打造具有市场竞争力的"北京品牌"，对于提升北京文化的国际影响力具有重要意义。但同时也要注意对文化资产有规划的利用，加大高新技术投入，开发与保护并重。

在文化产业经营方面，需要实行国际化的经营方式，了解海外市场需求，提升国际市场的覆盖面。例如游戏业的商业模式可以由"国内研发＋海外代理"模式向"海外研发＋海外直销"模式转变；电影业的商业模式可以尝试"国际化制作＋合作拍片＋国际影展＋国际院线"的方式。另外，要打造完整的文化创意企业产业链，从研发、制作、发行，到售后服务、品牌维护，都需构建完善的国家化产业链。

总之，北京作为全国文化中心、国际交往中心，应借鉴世界发达城市纽约、巴黎、伦敦等多样化的产业经营模式，整合优势资源，推出一批龙头企业和具有核心竞争力的文化产业园区。在合理发挥"文化＋"巨大动能的同时，有效发挥全时空、跨终端、可体验的全媒体传播格局，提升产业及企业传播力，为首都发展贡献更加积极而有效的智慧与力量。

北京出版业"走出去"问题与对策研究

仇 博*

摘 要：进入新时代，北京出版业面临前所未有的挑战和机遇。北京出版业不能满足于当下既有的"走出去"模式，应该以十九大报告提出"坚定文化自信，建设社会主义文化强国"为契机，积极承担中国文化"走出去"的重任，通过有效解决传播内容、传播主体和传播手段等方面制约高质量发展的问题，实现提质增效、优化发展，进一步增强国际传播力和文化影响力。

关键词：北京出版业 "走出去" 国际传播

当今世界，政治、经济及军事实力的硬性较量正在逐步让位于文化与文明的软性较量。在这种新的国际竞争态势下，文化的对外传播能力成为衡量国家文化软实力的重要指标。图书出版业作为文化产业的重要组成部分，在我国文化的对外传播中担负着重要使命。近年来，北京立足全国文化中心、国际交往中心的城市功能定位，坚持政府主导、企业主体、市场运作、社会参与，大力实施文化"走出去"工程，出版业在"走出去"方面取得了较好成绩，为传播中华文化、促进文化贸易贡献了重要力量。但进入新时代，北京出版业也面临前所未有的挑战和机遇，实现中华民族伟大复兴对出版业"走出去"提出了新的更高要求。"一带一路"为文化对

---

* 仇博，硕士，北京市社会科学院传媒研究所所长助理。

外传播提供了新的历史机遇，现代信息技术的深层次冲击也推动着出版业加快业态升级，寻求更高质量"走出去"的模式和路径。北京出版业不能满足于目前的发展现状，不能局限于当下"走出去"的既有模式，要以十九大报告提出"坚定文化自信，建设社会主义文化强国"为契机，进一步深化体制改革、加快机制创新、实现提质增效、优化发展结构、讲好中国故事、讲好北京故事，进一步加强国际传播力建设。

一 北京出版业"走出去"制约因素分析

出版业进行国际传播离不开三个要素和环节：传播内容、传播主体和传播手段。北京出版业在这些方面还存在一些问题，制约了实现更高质量的国际传播和"走出去"的长远发展。

（一）传播内容分析

1. 输出结构不均衡

输出内容方面，文化历史、中医药、语言学习、工具书等是版权输出的重要部分，而现代文学艺术作品、人文社科著作等是版权输出的弱项。网络游戏的出口向欧美市场拓展较快，增长势头强劲，但网络游戏产品通常文化含量不高，用户又大多是青少年，对主流社会的影响有限。真正能传播中华民族核心价值观、主流文化理念的文化产品"走出去"还存在很大空间。输出区域方面，输出地主要为亚洲国家和地区，对西方国家的输出还需加强。一直以来，国家层面为解决这个问题出台了一系列扶持政策，也有越来越多的出版企业加入努力开拓欧美市场的行列，但输出区域不均衡的问题仍然存在。中西方之间传统文化及思想文明背景有所不同，西方对中国存在生疏感，要得到更多认可，开拓更宽阔的国际市场，还有很多路要走。

2. "走出去"容易、"走进去"难

内容输出方面，一些书刊输出后难以获得西方读者的理解和认同，即使一些在国内畅销的图书，拿到国际市场上也出现水土不服的现象。出现这种"走出去"容易、"走进去"难的情况，主要还是因为东西方存在的文化差异导致阅读需求和文化需求的不同，文化差异与隔阂影响了国际传播的效果。因此，版权输出到海外的过程，也是中国文化与世界文化交流的过程，还需要寻找到中外文化相通的契合点，深入了解外国文化背景的思维方式和阅读习惯，只有用国外用户接受、理解的方式出版，才能让中国文化在世界文化的土壤中生根发芽。资本输出方面也面临相似问题，资本"走出去"之后还要通过合理运作来实现文化的"走进去"。资本输出除了将海外公司或分支机构作为国际传播的渠道之外，还要依托内容资源，实现市场化的生存和发展，做好国际产业布局，提升文化影响力。

（二）传播主体分析

1. 原创力不足

"十三五"时期国家实施出版精品战略，鼓励自主原创。党的十九大报告提出，要激发全民族文化创新创造活力，推动社会主义文化繁荣兴盛。北京出版业在政策激励下，推动内容创作和生产，精品力作供给能力不断增强，北京出版业的海外影响力获得提升。但从总体上来讲，出版精品的数量还与出版的总量不对等，与全国文化中心的地位也不够相符。动画产业方面这一问题较为突出。目前北京精品原创动画片数量还较少，内容有待提高，缺少体现民族文化的动画创意，在人物形象、故事情节、语言风格等方面都存在明显的仿照现象。大多数动画生产企业在选题创意、形象造型、故事内容等方面与世界先进水平有一定差距，普遍存在制作粗糙、手法单一等问题，难以获得国际市场的认可。游戏开发也有原创力不足、缺乏创意的问题。游戏策划局限于固有模式，缺乏活力和创意，美术制作难以打开想象空间，画面设计缺乏表现力和创造力。长远来看，原创力不足势必成为制约"走出去"发展的障碍。

2. 竞争力不足

国有出版集团经过转企改制，多年来参与市场竞争，加之其较为丰富的出版资源，在国内市场上已经形成了核心竞争力和发展优势。但这种"内向型"的优势也使部分企业满足于已有的市场份额，缺乏"走出去"

的热情。同时随着文化体制改革的逐步深化，一些国有出版企业虽然进行了转企改革，但组织架构、人事制度、激励机制、薪酬分配等方面的机制建设还不够完善，不能完全适应国际市场竞争的要求，在"走出去"的过程中难以取得良好的经济效益，难以形成有影响力的品牌，竞争力还有待提升。民营企业是北京地区出版业"走出去"的重要力量，尤其是网络游戏行业，网游的海外收入几乎全部由民营网络游戏企业创造。但这些网络游戏企业仍然普遍存在竞争力不足的问题。在网络游戏市场的巨大发展潜力吸引下，越来越多的游戏开发公司和小团队成立，一方面生产出比较多的游戏产品，充实了游戏市场；但另一方面，在网络游戏用户规模固定的情况下，游戏产品的输出超出了用户的游戏需求，产生了供过于求的局面。再加上原创力不足的问题，出现了严重的同质化现象，一些游戏产商纷纷跟风热门游戏，使得游戏产品用户黏度低、盈利空间小、缺乏竞争力和活力。

3. 知识产权保护意识不足

知识产权意识不强，版权保护不力，是产业发展和"走出去"的重大隐患。版权保护不力，版权交易机制不完善，不仅直接损害原创生产者的利益，还会因版权问题是产业链各个环节的关键而阻碍衍生开发，对整个产业发展造成严重危害。以动画为例，动画产业的显著特征是创意性，且动画产业链相对较长，其相关权利保护涉及面较广，如动画作品需要版权保护，动画角色名称需要商标注册等。目前，动画市场的侵权现象较为严重。如在衍生品开发中，盗版和山寨企业以市场现存的原创产品为基础，变换部分产品名称、使用方式、外包装等，进行大批量生产，以低廉价格销售，极大阻碍了原创产品的市场推广和销售。

（三）传播手段分析

1. 产业协同发展不够

随着互联网快速发展，信息传播形式发生变化，数字阅读体量增大，资本与内容的融合速度加快，出版产业面临产业环境与竞争格局的快速变革。传统的传播手段需要创新升级才能进一步提升传播能力。对传统出企业来说，通常自身具备了编、发等传统产业链条的各个环节，对外合作协同较少。数字出版也通常作为传统出版的补充，合作模式多是围绕产品开发和渠道共享，协作往往聚焦于某一领域，协作范围较小，没有构成全方位的产业布局，与像国外大型出版机构那样实现产业整体协同发展还有差距。

2. 资本运营能力不强

要融入互联网时代参与全球竞争，传统出版行业就要先转型重构，实现媒体融合发展。不能只将互联网作为传播渠道的补充，而是要多媒体联动打造传播合力。目前新媒体开发，大多是建设媒体网站、双微运营、APP开发等，这些仍然是在传播渠道方面做补充，而不是系统的转型。进行系统的转型升级，需要丰富的资金储备和融资渠道，也需要高超的资本运营本领。目前传统出版企业受限于自身规模，无法向资本运营飞跃。

3. 版权交易体系不完善

有些出版社对版权代理不够重视，不愿找版权代理机构支付代理费，宁愿面对面进行版权交易谈判。但版权输出、版权合作等环节多、难度大，如果没有全面的法律知识和版权业务知识，版权交易很难成功。另外，目前版权代理机构数量还不够多，有些版权代理人员的英语水平、法律水平、谈判能力、交际能力、服务意识等达不到专业化要求，代理业务还不成熟，发挥的作用也远远不够。北京市结合区域特点，分别在海淀区、东城区、朝阳区建成了国家版权贸易基地。版权贸易基地围绕版权交易、版权登记服务、版权交易法律服务等发挥了重要作用，为畅通版权交易渠道、促进版权产业繁荣奠定了基础。但从目前版权交易平台运行情况看，版权交易多为国内交易，还需进一步释放潜力，发挥更大作用。

二 提升北京出版业国际传播力的对策建议

（一）坚持社会效益与经济效益相统一

随着中国特色社会主义进入新时代，北京市落实新时期首都城市战略定位，加快京津冀一体化建设，全面推进产业转型升级，建设国际一流的和谐宜居之都、世界文化名城、世界文脉标志，出版业的战略地位进一步凸显。北京出版业应该坚持文化自信，以提升中国文化软实力为使命，积极承担中国文化"走出去"的重任，具体需要做好"五个坚持"。一是坚持社会效益与经济效益相统一。在"走出去"中把社会效益放在首位，坚持以人民为中心的创作导向，大力弘扬社会主义核心价值观，讲好中国故事、北京故事，做中华文化"走出去"的先行军。二是坚持政府主导与企业主体相统一。政府在"走出去"方面积极发挥主导作用，制定实施配套政策，在交易平台、服务保障等方面加大扶持力度。企业充分利用良好的政策环境，以市场化方式开拓国际市场业务，开展对外投资并购，与国际市场深度融合。三是坚持文化贸易与文化交流相统一。深化文化与对外经贸、外宣等领域的合作，让文化贸易与文化交流的融合成为北京国际交往的一大特色。四是坚持"走出去"与"引进来"相统一。利用好国内国外两种资源、两个市场，在做好文化和资本"走出去"的同时，引进优秀的国际文化资源为我所用，在双向交流中，提升北京出版业的国际竞争力。五是坚持渠道建设与内容提升相统一。一方面大力拓展国际营销网络，以渠道助推北京市出版业进入国际主流市场。另一方面发挥北京文化机构、文化精品、文化人才荟萃优势，提升出版业"走出去"的规模和质量。

（二）健全配套政策措施

1. 完善政策扶持体系

在北京出版业尚未形成较强国际竞争实力的情况下，完善的政策扶持体系显得尤为重要。完善的政策扶持体系可以通过引导鼓励、修路搭桥等方式，促进出版企业加快"走出去"步伐。为加强统筹规划，应建立健全协调推进"走出去"的工作机制，细化扶持政策，从金融支持、服务保障等各方面加强统筹创新，进一步完善配套政策体系。在用好北京市提升出版业传播力奖励扶持专项资金的基础上，综合运用文化领域、科技领域、经贸领域、知识产权领域的各类资金，加强对出版业转型升级、对外贸易、对外投资等重点项目的支持。对内容创新、出口平台渠道建设、文化科技融合等重点领域加大资金支持。对入选国家文化出口重点目录的企业和项目，加强配套支持。发挥财政资金杠杆作用，吸引更多金融资本投入出版领域。加快建设中国北京出版创意产业园、北京国家数字出版产业基地、国家版权贸易基地、国家对外文化贸易基地等园区，集聚外向型文化企业，加强服务创新，搭建好出版"走出去"的综合性服务平台。进一步利用好北京国际图书博览会、北京文博会、北京国际设计周等国际展会平台，加强海外推介，强化交易功能，提升国际影响力。

2. 支持鼓励民营企业加快"走出去"步伐

北京拥有一批在国内居于领先地位的民营出版策划、动漫网游企业。近年来这些民营企业取得了长足发展，规模不断扩大，融合发展态势良好。要在坚持把社会效益放在首位的基础上，引导鼓励民营企业发挥自身优势参与国际竞争。顺应数字出版的发展趋势，鼓励民营资本投资网络游戏、电子书和内容软件开发等，提高数字出版的质量和国际竞争力。支持民营资本参与科技、财经、教辅、音乐艺术、少儿读物等专业图书出版经营活动。支持民营资本通过对外专项出版权试点，参与"走出去"出版经营。支持民营资本投资版权代理等中介机构，开展版权贸易业务等。

3. 营造良好的市场环境和氛围

培育壮大对外文化中介机构，规范版权代理业发展，做强版权代理机构，扩大现有规模及服务范围，提高代理高附加值、复杂性强项目的能力。在交易服务基础上，为文化企业开拓海外市场提供更多更专业的法律咨询、公共信息、知识产权等服务。重视和加强知识产权保护，增强文化企业法制观念，加强诚信道德建设。加强文化执法，严格依法办事，做到"有法必依，执法必严，违法必究"，加大对盗版侵权等违法行为的打击力度。发挥行业协会自律作用，促进对外文化贸易健康可持续发展。

（三）促进出版产业提质增效

1. 加快全球布局

在互联网时代大资本运作的背景下，北京出版业要不断扩展产业边界，向全产业链、全业态发展，从而进一步提高国际市场竞争力。再借力资本市场,在国际市场竞争中加快布局,加速发展,从而更好地实现国际传播力和影响力的提升。围绕国家"一带一路"等,积极参与国际市场竞争,适应国际出版标准、规则、规范和法律等,提高出版业国际化、规范化水平。以京津冀一体化战略实施为契机,进行资源整合、优势互补,实现地区联合发展。以互联网、移动互联网、大数据等先进技术发展为引领,发展数字出版、新媒体等新兴业态,加快传统出版业转型发展。开展国际合作,通过合作、合资、代理等方式在国际市场上赢得更多合作机会。与国外出版集团建立战略合作关系,整合双方渠道优势和资源优势,扩大对外交流和对外贸易,增强在海外的影响力。

2. 探索"走出去"的新途径

一方面要做好内容创新,以当地市场为导向,找准与国际市场的对接口,发现不同市场的增长点,进行内容创新,推动中国核心文化进入国际主流价值体系。另一方面在专业领域"深耕细作",提高专业化程度,在自身领域内形成出版权威,从而在国际市场上赢得独特的竞争优势。另外,国际出版业越来越重视衍生产品开发。我国影印权、翻译权、转让许可权等使用较多,将产品改编成电影、电视剧、舞台剧等的改编权还存在开发空间,还可以创造更高的经济价值。

3. 健全"走出去"人才支撑体系

人才是提升北京出版业国际传播力的关键因素。需要加强专业人才的引进和培养,为出版业在国内和国际两个市场可持续发展提供支撑和保障。培养、引进版权输出人才,开阔国际视野,对接国际市场先进理念和成熟经验,提高版权输出业务水平。培养、引进出版翻译人才,提高翻译水平,适应输出地的文化习惯,实现精准表达。培养、引进优秀的经营管理人才,适应出版企业融合发展和开拓国际市场的需要,提升战略眼光、开拓精神和创新能力,形成全方位的人才支撑体系。

北京设计服务业专利发展战略研究

——以图形用户界面（GUI）专利为例

刘 蕾[*]

摘 要：随着移动互联网技术和通信技术的发展，设计服务业的科技化、数字化程度迅速提升并且日益全球化。我国 2014 年开始实行的图形用户界面专利制度为与数字、通信技术关系密切的设计提供专利保护。从该制度 2014 年实施至今的情况看，有许多方面值得设计服务业思考。北京的科技、文化优势，使其在图形用户界面专利的发展方面处于全国领先地位，但从 2017 年开始，对 GUI 专利的申请出现下滑趋势。这既有 GUI 专利制度本身的原因，也有国内专利审查质量控制以及各地专利资助政策变化的原因。对此，设计服务业应对制定自身专利发展战略有充分的认识，即设计服务业制定专利发展战略的必要性、层次性以及持续性。根据近几年北京 GUI 专利发展状况，提出北京设计服务业专利发展战略建议，包括全面布局各类专利，不以某类专利为局限；与制造业相结合，以产业设计化和设计产业化促进专利战略实施；开展专利运营，补充设计服务业专利短板，最大化设计服务业专利价值。

关键词：设计服务业 专利发展战略 图形用户界面专利

---

[*] 刘蕾，法学博士，北京市社会科学院法学所助理研究员，研究领域为知识产权。

设计服务业具有附加价值高、消耗资源少、环境友好的典型特征，可以转变经济增长方式、调整产业结构，对建设创新型国家和创新型城市都具有重要的推动作用。近年来，国家连续出台了关于促进工业设计发展的政策意见，明确提出工业设计要向高端设计服务转变，不断延伸工业设计服务领域。设计服务业所具有的科技含量高、辐射性强、附加值高、资源消耗少等特点，赋予了该产业鲜明的高端产业特征。根据国家统计局近年新修订发布的《高技术产业（服务业）分类（2018）》，设计服务业被确定为高技术产业。发展设计服务业能够充分发挥北京的科技、文化优势，与高新技术产业、现代制造业形成良性互动，对于调整产业结构、转变经济增长方式、促进首都经济的可持续发展具有重要意义，因此，北京发展"高精尖"产业，重视设计服务业的发展是必然的选择。

随着移动互联网技术和通信技术的发展，设计服务业所依赖的设计工具和系统都发生了翻天覆地的变化，设计服务业的科技化、数字化程度迅速提升并且日益全球化。设计服务业与技术的密切联系，使设计服务业的健康发展越来越离不开有效的专利战略。而我国的专利制度也顺应这一发展趋势，确立了图形用户界面专利，为与数字、通信技术关系密切的设计提供专利保护。从该制度2014年实施至今的情况看，有许多方面值得设计服务业思考，并在具体的专利发展战略中实施，以落实专利制度对于整个行业的激励与促进作用。

一　我国GUI专利制度的现状

图形用户界面（Graphical User Interface，简称GUI，又称图形用户接口）是一种人与计算机通信的界面显示格式，表现为计算机操作用户界面采用图形方式显示。与早期计算机使用的命令型界面相比，图形界面在视觉上更易于接受，操作上极大地方便了非专业用户的使用。用户不再需要死记硬背大量的命令，只需通过窗口、菜单、按键等方式即可方便地进行操作。随着信息技术、移动通信产业、家电产业的迅猛发展，产品屏幕化操作不断普及，用户界面日渐融入我们的日常生活，对电子产品的使用产生极大的影响。

许多国际知名公司早已意识到 GUI 会对产品使用方面产生强大的增值作用，专设部门从事 GUI 的研究与设计，并在实施了 GUI 专利制度的国家和地区积极实施专利申请，在未设立该制度的国家和地区积极推进设立该制度的立法活动。例如，苹果公司就在 OAMI（欧盟内部市场协调办公室）注册了 GUI 相关欧盟设计专利 750 余项。GUI 引发的专利诉讼也在业界激起过广泛关注，在著名的三星公司与苹果公司巨额专利侵权诉讼案中，就涉及 GUI 操作界面相关专利。

图形用户界面与产业的联系在设计服务业的发展中日益引起重视。一方面是图形用户界面与电子产品的日益不可分割，另一方面是业内大型公司的研发投入与高额诉讼争议，使产业界认为："不难预见，伴随着信息通信技术的迅猛发展，未来 GUI 设计将是企业市场竞争的利器，相关专利申请将保持快速增长势头，相应的维权案件也将屡见不鲜。"[①] 正是在这一趋势下，应对专利战、防止专利侵权诉讼败诉风险，成为国内企业非常重视 GUI 专利的一个重要原因。

根据 2014 年国家知识产权局颁布的第 68 号令，修改后的《专利审查指南》将 GUI 纳入了外观设计的保护客体。在新审查指南实施的当天，涉及 GUI 类的外观设计数量就超过 1400 件，表明了相关企业对中国市场上图形用户界面的高度重视以及企业对于 GUI 设计的强烈保护意愿。如今该制度已实施 5 年多，相关的专利数据一定程度上可以反映出设计服务业对该制度的利用情况。

二　北京 GUI 专利发展态势与竞争力分析

（一）申请数量[②]

截至 2019 年 3 月 7 日，GUI 专利全国申请情况如表 1。

[①] 公为良：《浅谈图形用户界面（GUI）外观设计专利之保护》，https://www.sohu.com/a/117871847_212987，2019 年 6 月 28 日最后访问。
[②] 本文所用 GUI 专利数据统计系通过 incopat 数据库检索获得，检索截止日期：2019 年 3 月 7 日。

表1　2014~2019年GUI专利全国申请量

单位：件

	2014年	2015年	2016年	2017年	2018年	2019年
申请数	4448	6758	8482	10205	3312	5

注：2019年数据截至3月。

表1数据表明，自2014年中国设立GUI专利制度以来，全国申请量呈波浪式发展，在2017年达到顶峰10205件，自2018年开始下降明显。这一发展状况，笔者认为体现了设计服务业界对GUI专利的认识处于发展变化中。从制度最初设立时的积极申请，变为理性看待GUI专利保护的有效性，进而做出更加有益于自身发展的选择。此外，各地专利资助政策、审查政策的变化，也应当是造成GUI专利申请量变化的原因。

（二）北京的GUI专利在全国的排名情况及分析

在以申请人分布为标准的GUI专利全国各省市申请总量排名中，北京以13681件的申请总量位居全国申请人所属省份排行榜第一，与第二位的广东省相差5000余件。

表2　GUI专利申请人省份排名TOP10

单位：件

	北京	广东	上海	浙江	江苏	四川	湖北	天津	福建	山东
申请量	13681	8246	1890	1615	670	565	555	511	413	365

而从申请对应的国民经济行业分类情况看，电气机械和器材制造业，计算机、通信和其他电子设备制造业，汽车制造业是申请GUI专利的前三大行业。

这一排名情况，与北京设计服务业在全国的发展优势相吻合。一直以来，北京设计产业就具有极好的基础条件：北京科研院所、高等院校及科技型企业密集，科技人才集中；具有电子信息、汽车等发达的现代制造业，为工业设计的发展提供了广阔的市场空间；具有设计机构、设计人才聚集的优势，各类设计公司遍布北京，高科技企业在北京建有独立的工业设计机构，许多跨国国际公司在京的研发中心也建有独立的工业设计部门。这使北京设计服务业具备极高的专业水平。

（三）各年度申请情况及分析

从各省市各年度申请情况看，北京的GUI专利申请连续多年位居全国第一，但从2017年开始呈现下滑趋势。

表3 排名前10的省市各年度GUI专利申请情况

单位：件

	2014年	2015年	2016年	2017年	2018年	2019年
北京	2349	2901	3786	3631	1009	5
广东	1126	1664	1886	2581	988	0
上海	41	315	498	819	217	0
浙江	105	202	428	622	258	0
江苏	43	94	142	276	115	0
四川	6	139	126	216	78	0
湖北	9	18	213	257	58	0
天津	94	156	36	171	54	0
福建	83	23	101	130	76	0
山东	50	75	88	105	47	0

各年度的申请数据表明，不只是北京，其他省市的GUI专利申请也并不是一直保持上升趋势。2017~2018年是转折点，各省市GUI申请量都出现了不同程度的下滑，这与前述各年度全国申请量的变化相一致。造成这一数量下滑的原因，笔者认为，可以从GUI专利制度本身和国内专利审查质量控制以及各地专利资助政策变化找到。

从GUI专利制度自身看，有着"中国GUI专利侵权第一案"之称的北京奇虎科技有限公司、奇智软件（北京）有限公司诉北京江民新科技有限公司侵害外观设计专利权纠纷一案做出一审判决，驳回原告的全部诉讼请求。该案的主要裁判理由为："针对GUI外观专利并无专门侵权认定规则的情况下，本案的审理仍适用现有的外观设计侵权规则，确定保护范围要同时考虑产品及设计两要素。"这一判决，由于强调 GUI 专利侵权判断中要考虑产品载体要素，导致业界认为："这样的结果一定程度上弱化了对权利的保护，有的企业甚至质疑带有 GUI 的外观设计申请专利的必要性，因为即使专利申请获得授权，也难以在维权阶段得到保护。"① 如果申请了 GUI 专利却无法有效维权，不能真正把权利转向实际的利益，即使授权也仅仅是纸面上的权利，企业申请积极性肯定受挫，企业后续申请决策自然转向。而且近年来国内还没有发生关于 GUI 的高额诉讼，一定程度上也使企业在对 GUI 专利重要性的认识上有所放松。

就审查质量控制而言，《专利质量提升工程实施方案》继续推行。"2018 年，在践行高质量发展、深化改革的征程中，国家知识产权局进一步推进专利质量提升工程，……重点提升实用新型、外观设计专利审查质量。"② 作为审查质量提升工程的重要方面，审查政策的调整对外观设计专利的申请也相应产生影响。审查标准的从严、从紧，实际上增加了企业获得授权的困难程度，也使企业放弃了过度申请的随意性，客观上减少了申请泛滥。

再就各地专利资助政策而言，由于专利资助政策被指有刺激国内申请人以获取资助为目的申请专利的弊端，近年来一直引起从国家到地方的反思，并对专利资助政策进行调整，避免低水平的重复申请。其中，对外观设计专利资助采取压缩措施是各地普遍的做法。2018 年 8 月，国家知识产权局发布《关于开展专利申请相关政策专项督查的通知》，将专利资助范围、标准等问题列入了重点督查工作，更多地方取消了对外观设计专利的资助。在失去资助政策刺激之后，更多的外观设计专利申请活动取决于企业的实际需要和经营决策，申请成本和维持成本以及预期的经济收益直接影响企业实施申请活动，因此企业在 GUI 专利的申请上采取了更加保守的做法。

---

① 汪妍瑜：《一个非常值得讨论的问题：GUI 外观设计专利是否一定要依附于产品?》，《中国知识产权报》2018 年 5 月 18 日。
② 《2018 专利审查大盘点》，http://ip.people.com.cn/n1/2019/0108/c179663-30509595.html，2019 年 6 月 28 日最后访问。

（四）申请人排名情况及分析

表4 GUI专利申请人公司排名TOP10

单位：件

申请人	北京奇艺世纪科技有限公司	百度在线网络技术（北京）有限公司	阿里巴巴集团控股有限公司	腾讯科技（深圳）有限公司	北京京东世纪贸易有限公司	北京京东尚科信息技术有限公司	三星电子株式会社	乐视移动智能信息技术（北京）有限公司	北京搜狗科技发展有限公司	北京奇虎科技有限公司
申请数量	2042	1843	1049	959	698	698	558	483	467	398

从申请人排名情况看，北京的企业占据了半数以上席位，可见北京企业将GUI专利置于极高的位置，极其重视。而且，不仅在北京，全国申请排名前十的企业都不是单纯的设计服务企业，而多是通信、互联网领域的知名企业，这反映出当前设计服务业与相关产业的融合程度，也反映出GUI专利有着明显的技术领域特色。从这些申请前十名企业的类型也可以看出，目前对GUI专利投入较多的是与应用软件界面、通用操作系统界面相关的企业，其他产业对GUI专利的重视程度还有待提高。尤其是在面板显示可以发挥作用的制造业领域，GUI专利还需要进一步扩大影响。

三 从GUI专利看设计服务业专利发展战略

（一）设计服务业制定专利发展战略的必要性

随着消费升级与科技迅速发展，消费者能够快速地接触到全球市场，并且对服务也有了前所未有的期待，这使各类产品和服务都越来越难从大众中脱颖而出，要增加产品和服务的吸引力，包括GUI设计在内的各种设计服务对产业的重要性只会不断增强。但现实中，各类设计同质化的现象极其明显。以应用软件为例，一个新功能开发出来，很快跟风产生出若干APP，不仅功能相似，而且在界面、排版、表现方式方面都差不多。创造并保存新的创意并且将它们以合理的形式固定下来，产生明确的权利归属，保护它们的创意脱颖而出，由此维护创造者的利益以及为其带来的经济价值，对于企业的意义因而更加重大。

从 GUI 专利对产品和服务的重要性可知，设计服务业需要制定全面的知识产权战略，尤其是将专利战略置于显著位置。当前，移动互联网普及带来的动漫游戏、网络文学、网络音乐、网络视频、数字新闻、数字电视、数字广播、数字电影等数字创意产品拥有广泛的用户基础，已经成为目前群众文化消费的主流产品。这些产品的应用背后都包含有设计服务业的内容，这也决定了对设计服务的专利保护需要深入与数字技术等相关的具体领域。

目前我国企业 GUI 外观设计专利申请量已颇为可观，但是由于 GUI 设计在我国纳入专利保护范围的时间不长，各类企业对 GUI 设计可以申请外观专利的理解并不在同一个水平。除了常见的带有应用软件界面、通用操作系统界面的产品 GUI 设计可以申请外观设计专利外，带设备专用界面的产品，如电子工具与工业设备、家用电器、办公设备、仪器仪表、电梯面板等的 GUI 设计业也都可以申请外观设计专利。尤其是随着这些行业智能化进程的加深，对其界面设计申请专利是为产品构筑更有效的知识产权保护网的必然选择。如何利用包括 GUI 专利在内的专利类型进行专利布局，需要站在全局的高度进行战略架构，这也是设计服务业需要实施专利发展战略的原因。

（二）设计服务业专利战略的层次性

专利战略并非单纯地进行偶发的专利申请活动，零散的专利申请往往会给后来者的绕道设计留下空间。它要求企业将专利活动上升到战略高度进行全面、综合的专利积累和专利布局。

对设计服务企业而言，具备一定的专利储备是维持长期发展不可或缺的条件，是其设计创意的技术实现方式、是特定的设计成果得以保护的根基。只有创造高质量的设计专利，生产高质量的设计产品，才能在激烈的竞争中取得优势。在专利的质与量方面,需要确定一定的优先顺序。当前,一些设计企业提交专利申请的数量已经达到一定规模,在下一阶段,应当在重视专利布局数量的同时,着力提升专利的质量。而对于尚未进行专利申请,或是处于初创阶段的设计企业而言,则应当及时开展专利申请工作,应尽快申请、尽早布局,制定长期的专利计划,使其伴随企业发展达到一定规模,形成更强有力的专利布局体系。

不同的设计企业处于不同的发展阶段,应当依据企业的具体情况在专利申请的数量、关注重点两个方面做出权衡,进行有层次的布局。首先,在申请保护的内容方面,除了原创的设计之外,企业可以对现有的设计内容加以利用、衍生,将设计分解成片段或部分素材后,重新组合或修改创造出新的设计进行申请。这样的好处是,既可以保护原创设计本身,还可以围绕原创设计,以其重点设计为依据,形成一个完整的权利体系。其次,在申请数量方面,既要有直接体现企业创新竞争力的核心专利,也要有防御用的外围专利。但是不管哪种考虑,都应当有前瞻性的专利布局意识,围绕重点设计多方位进行申请,实现更为周密的保护。最后,对于设计中对相关技术、工艺工具的改进,在设计与实际生产产品中由设计服务产生的直接创意,也可以考虑申请实用新型、发明等专利,以保证将设计企业对整个产业做出的各类形式的贡献均以专利形式固定,既提升企业的技术水平与科技含量,也为未来可能的竞争做好长期的知识产权防御网设计。

(三) 设计服务业专利发展战略的持续性

经济活动日益全球化、顾客需求快速变化、科技发展日新月异,对设计服务企业的设计创新活动提出了复杂化和动态化要求,企业是否拥有持续创新的能力成为企业能否永续发展的重要前提。打造企业的持续创新能力,对企业的内生增长具有重要意义,也有助于提升企业的运营效益与战略柔性。[1] 企业持续创新能力,体现在设计服务业专利战略上,也要求其保持持续性,抛弃短视的申请和维持专利行为。虽然企业根据专利保护政

---

[1] 丁佳敏:《技术多元化对企业创新持续性的影响研究——基于中国制造业上市公司的经验证据》,硕士学位论文,福州大学,2016。

策和保护程度变化选择专利策略是正常的市场选择，但考虑到企业创新活动的延续性、外观设计专利的持续周期和其外观效果的持久性，企业应当尽量保持在 GUI 专利投入上的持续性。根据服务的变化增加申请、提高申请质量，避免过大波动，这样也能够防止未来遭遇"专利战"时因为专利缺失而措手不及的可能。

四 北京设计服务业专利发展战略建议

（一）全面布局各类专利，不以某类专利为局限

北京设计服务业的专利发展战略，应当充分利用优势条件，发挥优势资源，巩固优势地位。设计服务业与数字技术的使用联系紧密，专利权会为设计企业和设计产品带来更强的保护力度。越来越多的非传统设计企业进入与数字设计相关的领域，它们具备的专利技术能力显然不以外观设计专利为限，以后的产业专利竞争将是专利综合能力的竞争。鉴于当前设计服务业专利集中在外观设计专利这一类型，有必要引导其重视其他类型专利权的获得与运用，及时总结技术创新和改良方面各类专利申请，不以单一的外观设计专利为局限。这样即使在可能出现的专利风险上不拥有核心基础专利，企业也可以具备一定的谈判资本，在涉及专利费用的问题上获得一定的主动地位，避免彻底陷入被动。

（二）与制造业相结合，以产业设计化和设计产业化促进专利战略实施

当今社会，设计服务业涉及的产业、技术、文化内容广泛，单个企业在整个市场竞争和整个产业链条上日益显得渺小，企业之间互相依赖和联合协作的趋势日益突出。设计服务业在制造领域的广泛应用，体现为设计服务业与制造业全方位、深层次、宽领域的融合发展。无论是设计汽车还是手机，设计人员只有了解这个产品应该具有的性能、规格、尺寸以及耐用性等要求，才能依据生产需要进行设计。市场对初始产品的具体要求会决定最终的设计结果，设计已经成为提高企业盈利能力的关键。基于对产

品的功能、特性、品质、品种、式样等所产生的认知,综合考虑成本、工艺、技术、原材料等因素,对产品的构成、价值要素以及各种其他要素进行创意设计,大幅度提升产品的品位和价值,提升其产业竞争力。因此,设计服务业实施专利战略,要以增强创新设计能力、加快设计产业发展、提升设计服务水平为核心,推动产业设计化和设计产业化。

(三)开展专利运营,补充设计服务业专利短板,最大化设计服务业专利价值

专利运营是近年来知识产权界提倡促进知识产权运用的一个热点,对于设计服务业的专利布局和管理而言,专利运营能够发挥明显的积极作用。原因在于,专利运营在专利市场购买专利的方式,有利于专利储备不足的企业在短期内实现专利存量增加。专利运营解决了发明人由于缺乏市场经验和产业化能力导致专利无法实施、发明成果难以转化为经济价值的问题,也为发明人和发明成果零散、无法集中起来解决大问题的困难局面提供了解决之道。专利运营可以将特定技术领域的专利加以集中经营管理,有利于技术提升开发复杂产品。企业能够通过专利运营有效地利用内部和外部的技术创意,降低创新的时间和研发成本。企业通过专利运营手段,开拓了专利资源的外部获取渠道,能够在短时间内迅速提升企业专利储备。对于设计服务业存在专利短板、可能存在专利风险的问题,专利运营提供了切实可行的布局措施。同时,对于设计服务业已有的专利,通过开展专利运营,许可或者转让给制造业企业使用,可以让设计服务业的专利改变仅仅自身使用或者存放在纸面的状态,更大程度实现其经济价值,从而最大化设计服务业专利的价值。

图书在版编目(CIP)数据

文化和旅游产业前沿. 第六辑 / 郭万超主编. ——北京:社会科学文献出版社,2020.5
ISBN 978-7-5201-6105-3

Ⅰ.①文… Ⅱ.①郭… Ⅲ.①文化产业-研究-中国 ②旅游业发展-研究-中国 Ⅳ.①G124②F592.3

中国版本图书馆 CIP 数据核字(2020)第 032196 号

文化和旅游产业前沿　第六辑

主　　编 / 郭万超

出 版 人 / 谢寿光
责任编辑 / 王　展

出　　版 / 社会科学文献出版社·皮书出版分社 (010)59367127
　　　　　　地址:北京市北三环中路甲29号院华龙大厦　邮编:100029
　　　　　　网址:www.ssap.com.cn
发　　行 / 市场营销中心 (010)59367081　59367083
印　　装 / 三河市龙林印务有限公司
规　　格 / 开　本:787mm×1092mm　1/16
　　　　　　印　张:20.5　字　数:312千字
版　　次 / 2020年5月第1版　2020年5月第1次印刷
书　　号 / ISBN 978-7-5201-6105-3
定　　价 / 98.00元

本书如有印装质量问题,请与读者服务中心(010-59367028)联系

▲ 版权所有 翻印必究